河南警察学院中原警务文库

警察法哲学论纲

孙振雷　孙卫华　著

中国人民公安大学出版社
·北　京·

图书在版编目（CIP）数据

警察法哲学论纲/孙振雷，孙卫华著. —北京：中国人民公安大学出版社，2021.3

河南警察学院中原警务文库

ISBN 978-7-5653-3891-5

Ⅰ.①警… Ⅱ.①孙…②孙… Ⅲ.①警察法—法哲学 Ⅳ.①D912.14

中国版本图书馆 CIP 数据核字（2021）第 049089 号

警察法哲学论纲

孙振雷　孙卫华　著

出版发行：中国人民公安大学出版社
地　　址：北京市西城区木樨地南里
邮政编码：100038
经　　销：新华书店
印　　刷：北京市科星印刷有限责任公司

版　　次：2021 年 3 月第 1 版
印　　次：2021 年 3 月第 1 次
印　　张：11.5
开　　本：787 毫米×1092 毫米　1/16
字　　数：206 千字

书　　号：ISBN 978-7-5653-3891-5
定　　价：48.00 元

网　　址：www.cppsup.com.cn　www.porclub.com.cn
电子邮箱：zbs@cppsup.com　zbs@cppsu.edu.cn

营销中心电话：010-83903991
读者服务部电话（门市）：010-83903257
警官读者俱乐部电话（网购、邮购）：010-83901775
公安业务分社电话：010-83906108

总　序

习近平总书记在全国高校思想政治工作会议上指出，教师不能只做传授书本知识的教书匠，而要成为塑造学生品格、品行、品味的“大先生”。他以其简约而深刻的表达为人民教师树立了崇高的职业目标。“大先生”要有高尚品格和家国情怀，还要有渊博的学识，才能胜任授业解惑、教书育人的光荣使命。作为大学教师，要成为“大先生”，需要在认真教学的同时，还要在科研上倾注精力，多出科研成果。没有扎实的科研功底，不可能成为教好书、育好人的“大先生”。与之同时，高校也负有为教师科研创造宽松环境，激励教师深入钻研的使命担当，高校要努力培养更多学术造诣深厚的“大先生”。

近年来，河南警察学院党委坚持政治建警，强化以教学科研为中心，深入推动教育教学改革，大力推进“教、学、练、战、研”一体化教学模式，校局合作有声有色，实战化教学水平不断提升。同时，围绕服务公安工作，组建科研团队，设立河南公安智库，涌现出一大批具有前瞻性和实用性的科研创新成果。高质量的科研与高水平的教育教学、高水平的社会服务实现了相辅相成、相互促进，学院正处在内涵式发展的新阶段。在“十四五”开局之年，学院推出“河南警察学院中原警务文库”系列丛书，目的在于进一步为学院教师创造良好的学术空间，为学院教师潜心治学搭建一个长期持续性的支持平台，打造公安理论研究的学术品牌，推动学院科研工作深入全面开展。

这套丛书以学院高学历、高职称优秀骨干教师为创作主体，以学院各科研团队及省部级以上课题研究成果为基础，集中展现学院紧贴前沿的科研成果。丛书将收录学院教师在公安学基础理论、警察法治、警务战略、公安思想政治工作、治安学、侦查学、网络安全执法与技术、刑事科学技术、交通工程与安全管理、警务指挥与战术、安全风险管理、河南警务改革理论与实践、县域社会治理创新理论与实践等方面的最新学术研究成果，积极为公安实践提供智力支持。相信丛书的陆续出版，必将为河南乃至全国公安理论研究贡献出应有的智慧和力量。

“一花独放不是春，百花齐放春满园”。这套丛书是学院教师不断积累警务实战经验，深入钻研公安理论，潜心思考、厚积薄发，推出的具有前瞻性、实用性的科研成果，希望从事公安理论研究的专家学者、公安实务工作者以及社会各界不吝赐教，共同关心支持这套丛书的出版，共同推动公安理论研究的深入发展。

河南警察学院党委副书记、院长

田　凯

二〇二一年三月

序言一

以习近平法治思想引领警察法学繁荣发展

自从中国法学会警察法学研究会成立以来，在各级领导的关心、广大警察法学和警务工作者的积极参与支持下，警察法学研究队伍日益壮大，警察法学学科日益走向成熟。在每年的全国学术年会上，都能看到学术新锐不断发声，都能看到新的学术成果不断推出。作为中国法学会警察法学研究会会长，我由衷地感到高兴。

警察法学研究会一直强调，警察法学研究必须坚持正确的政治方向，坚持党对学术研究的绝对领导，坚持实事求是，深入警务工作实际，以理论创新和解决实际问题为导向，积极构建具有中国特色的社会主义警察法学理论体系和学科专业体系。在新的历史时期，我们正在学习贯彻习近平法治思想。习近平法治思想博大精深，内涵丰富，论述深刻，逻辑严密，系统完备，是新时代实行全面依法治国和开展警察法学研究的根本指导思想。在新的历史时期，如何处理好党对公安工作的绝对领导和全面依法治警的关系、如何以与时俱进的马克思主义国家政权理论有效引领警务改革深入推进等重大命题是时代之问，警察法学者们应该给予积极回应。在这方面，孙振雷、孙卫华二位学者所著的《警察法哲学论纲》提供了可资借鉴的范例。在本书的第二章，二位作者对新时代警察制度的完善进行了实证考察和改革设计。在本书的第四章，二位作者对人民民主专政体制下的警察权属性与定位给出了富有时代特色和中国特色的回应。这些观点和思路既尊重了警察法治的一般规律，也坚守了正确的政治方向和学术方向，对于警察法学自身繁荣发展和国家治理现代化进程中警察法治建设实践均具有很好的启迪意义。

警察法学研究必须坚持中国特色社会主义法治道路，必须把警察法现象放在中国特色社会主义法治体系中考量，才能得出具有本土生命力的科学结论。在《警察法哲学论纲》中，二位作者运用马克思主义法哲学思维，以中国警察实践为蓝本和切入点，透彻分析了警察与法、警察价值与警察任务、警察权与警察职权、警察关系与警察法律关系、警察行为与警察责任、警察行政与警察刑事的关系等法哲学范畴问题，既有深刻的理论阐述，又有对新时代警察法治建设实践问题的剖析，并在理性思考基础上提出了很多富有建设性的立法建议和制度完善建议。特别是对于马克思主义法哲学视阈中的警察含义、新时代中国特色社会主义警察法价值取向、新时代中国特色社会主义警察法体系构建等重大问题的研究，观点独到，论述深刻，契合了习近平法治思想的基本要义，具有鲜明的原创性、建设性和应用性价值。

《警察法哲学论纲》一书的出版，展现了警察法学基础理论研究的最新成果，进一步夯实了学科理论基础，为中国特色社会主义警察法学研究再添亮色，特别令人欣慰。本书的二位作者多年从事警察法学基础理论研究，有着深厚的学术功底和令人敬佩的学术恒心。孙振雷教授在警察权理论研究和公安行政执法研究领域成果颇丰，孙卫华副教授在警察法史和比较警察法研究领域也有很多学术积累。难能可贵的是，二位作者运用马克思主义世界观和方法论分析当下的中国问题，对多年来中国特色社会主义警察法治实践进行理性总结和哲学辨析，彰显警察法治建设的中国特色，提出了警察法治建设的中国方案。希望二位作者沿着这样的研究之路继续前行，再出硕果，也希望全国广大警察法学者同样循着这样的思路，紧扣时代脉搏，不断推出既有理论厚度又有时代温度的学术精品。

是为序。

中国法学会警察法学研究会会长

中国人民公安大学原党委书记、校长、研究员

程　琳

二零二零年十二月八日

序言二

以哲学思维深化警察法学基础理论研究

拿到《警察法哲学论纲》初稿，认真读完，很觉意外。一是因为这是我所见到的国内第一本从哲学角度思考警察法学基础理论问题的著作，它有别于传统的研究进路和研究范式，恰如一股清泉，为警察法学基础理论研究注入了新的活力；二是对近年来警察法学理论界很多争鸣的问题，作者以严谨的学术态度，不媚世俗，不回避矛盾，进行了深入思考和描述，不乏独到见解，读来让人很受启发。

全书围绕警察法学的学科定位与研究范式，以及若干重大基础理论问题进行了专题研究，首次从法哲学角度设定了警察与法、警察价值与警察任务、警察权与警察职权、警察关系与警察法律关系、警察行为与警察责任、警察刑事与警察行政等对应范畴，并对相互间的法理关系进行了梳理和辨析，具有重要的理论价值。另外，全书对当代中国政治文明建设中的警察权定位、积极警察行为带来的警察责任、我国实定法上的警察权力属性与权力领域之混同带来的消极后果及其改革应对等实务问题进行了系统研究，提出了建设性改革意见，具有重要的实践价值。

作为中国行政法学研究会副会长，对警察法学基础理论与当前警务改革中的若干实践问题亦有诸多思考。我深深感觉到，近年来警察法学研究正在不断升温。研究现状大体表现出两个特点：第一，研究队伍不断壮大，不仅有警察院校的警察法学专业教师和警察实务部门专家作为主力军，也有越来越多的警察体制之外的学者加入研究队伍。体制内外观点的碰撞与争鸣，不但繁荣了警察法学学科研究，促进警察法学学科更加成熟，而且为警察立法提供了重要的智力支持。特别是2011年公安学（警察学）被确定为法学门类之下的一级学科后，警察法学逐渐被定位为法学一级学科和公安学（警察学）一级学科之下的二级交叉学科，其研究对象定位为警察法律现象。近代以来从法学和警察学双重视角对警察法律现象展开研究的进路和范式，亦被重拾并被部分优秀的当代警察法学者们进行了时代创新。研究对象和研究方法的逐渐清晰，标志着警察法学不再是传统意义上的“法学大烩菜”，而是逐渐成熟的独立学科。第二，警察法学研究成果越来越丰富。特别是中国法学会警察法学研究会成立后，以更高的平台不断汇聚研究力量，推动警察法学研究进入发展的快车道。2014年公安部牵头出版了第一本全国本科统编教材《警察法学》，对推动警察法学高等教育意义重大。2018年中国法学会警察法学研究会牵头出版了《警察法学通论》，更是近年来警察法学研究成果的集中体现。还有一大批高水平的学术论文、国家级项目成果的问世，有力推动了警察法学研究在深度和广度上不断拓展。孙振雷、孙卫华两位中青年学者此次推出的《警察法哲学论纲》为警察法学的繁荣再添新丁。希望循着这样的研究进路和范式，有更多的学者推出更多警察法学基础理论研究的优秀成果。

回顾起来，我与孙振雷、孙卫华两位作者交往已有多年。他们坚持在警察法学研究领域不断耕耘，已有不少力作问世。他们是河南警察法学研究群体的杰出代表，也是全国警察法学基础理论研究群体的杰出代表。嘱我作序，我欣然允诺。

以上寥寥，代为序。

北京大学法学院教授、博士生导师
中国法学会行政法学研究会副会长
湛中乐
二零二零年十二月五日于南宁

目　录

第一章　从哲学到警察法哲学的进阶

第一节　哲学、部门哲学与警察法哲学

一、警察法哲学是对警察法现象及其发展规律的哲学思考

哲学是系统化、理论化的世界观，是关于自然、社会和人类思维的抽象的知识体系。它对各个学科领域具有普遍的指导意义。以哲学一般理论为指导，不同的学科形成了各自的部门哲学，如法哲学、经济哲学、宗教哲学等。在很多古老而成熟的学科领域，部门哲学甚至衍生出具有鲜明二级学科特色的子部门哲学。在法学领域，这一现象就极为典型。除法哲学一般理论外，还有刑法哲学、行政法哲学、民法哲学等子部门法哲学。子部门法哲学理论既是法哲学一般理论的重要组成部分，又对各自的部门法学具有基础性指导意义。从一定程度上讲，一个学科领域是否已经形成相对成熟的子部门哲学可以视为该学科是否成熟的标志。

作为子部门哲学，同时也是应用哲学的重要内容，警察法哲学就是对警察法现象及其发展规律进行的哲学思考。警察法现象，关乎政治、法律、经济、社会与伦理道德等，是一个跨领域多元化的综合问题，单靠自身是无法解释的，必须引入哲学思维。警察法哲学不仅从纵向维度关注警察法律现象的历史发展，也从横向维度关注警察法律现象的内部各要素及其外部关系。警察法哲学是科学的警察法世界观和方法论，是整个警察法学的基础性理论。从归属上讲，警察法哲学是法哲学的重要组成部分。在警察含义、警察价值等研究内容上，它也与警察哲学有诸多交叉部分，当然关注视角是不同的。

在整个警察法哲学体系中，警察与警察法、警察价值与警察任务、警察权与警察职权、警察关系与警察法律关系等基本范畴的研究是核心内容。通过对基本范畴的研究，能够科学认识警察法现象的内在构造与一般规律，从而确立科学的警察法世界观，以应然认知引领实然的警察法治建设。从基本

范畴研究入手，围绕警察法学的学科定位、研究对象、研究方法、学科体系等一般问题进行思考，努力为构建中国特色社会主义警察法哲学奠基是本书写作的初衷。

二、警察法学的研究对象与学科定位

在我国，关于“什么是警察法学”的探讨纷争一直未曾间断，但总的趋势是学科在不断走向成熟。2012年以来随着中国警察法学研究会的成立（其前身为2010年成立的中国法学研究会、中国警察协会警察法学研究会）及警察法学研究的不断深入，警察法学的基本含义和学科构建逐渐成型。2014年公安部政治部组编全国公安高等教育（本科）第一本官方规划教材《警察法学》，并在全国公安院校大力推广警察法学教育，进一步促进了警察法学和警察法学教育的繁荣发展。2018年中国警察法学会再次组织全国警察法学专家编著《警察法学通论》一书。与公安部规划教材《警察法学》不同的是，《警察法学通论》是一部典型的著作，是近年来警察法学研究的标志性成果。另外，还有一大批警察法学领域的国家级研究项目、权威期刊论文和学术著作问世，警察法学的基础理论研究渐次成熟。

研究对象是一个学科独立并区别于其他学科的根本标准。就警察法学的研究对象而言，学术界也是进行了多年的探索才逐渐形成共识的。有的学者从法学的一般理论出发，将警察法学研究对象概括为“警察法律现象及其发展规律”①，并将警察法学作为法学的二级学科进行研究。这一观点强调了警察法学的法学归属并认识到了其学科独立性，值得肯定。但是，持此观点的学者仅仅把警察法学作为法学学科的重要组成部分，而忽视警察法学与公安学（警察学）的内在关系来探讨其研究对象，从而显得有所偏颇。从外延归属上讲，警察法律现象既是警察现象，也是法律现象。警察现象及其发展规律是公安学（警察学）的研究对象，法律现象及其发展规律是法学的研究对象。所以，对警察法律现象的研究还应当从公安学（警察学）视角给予足够关注。也有学者认为，警察法学是“以警察法律制度及警察法治实践活动为研究对象的科学，是以警察职能为标准而产生的一门新兴的综合性的学科”②。这一观点有一定的合理性，但将实践中的警察职能划分与理论上的学科构建混为一谈似有不妥，在警察法哲学领域，警察职能划分不能成为学科独立的标准。警察法律制度和警察法治实践活动是警察法律现象的两个重要内容。

① 高文英、孟昭阳著：《警察法学的研究现状及其发展完善》，载《公安教育》2002年第5期。

② 程琳著：《加强警察法学研究推进警察法治建设》，载《公安教育》2011年第2期。

但是，作为一门科学，警察法学不仅要关注现象，还要透过现象探索警察法律现象背后的内在规律。

综上所述，警察法学的研究对象是法学和公安学（警察学）双重视角下的警察法律现象及其发展规律。这样的研究定位既体现了逻辑上的内在统一性，又与警察法学自身研究内容相一致，体现出警察法学作为法学和公安学（警察学）之下二级交叉学科的独立性。

在法学和公安学（警察学）双重视角下，首先，法学学科的一般理论问题是警察法学的根本性理论基础，脱离了法理学、宪法学与行政法学、刑事法学等法学一般理论，警察法学研究将缺失终极价值取向、理论土壤和方法论，难以为继。其次，警察法学与公安学（警察学）基础理论具有天然的必不可分的联系。例如，警察含义直接关乎着警察法的体系构建与警察执法的正当性；警察规律的探索才可能使警察法凸显出现实性和实践的可能性并适时创新。离开了公安学（警察学）作为理论支撑，警察法学的研究土壤就会贫瘠，许多重大理论和实践问题将无法解决。事实上，近代以来，对中国警察法学研究影响深远的大陆法系法学家们的研究中，也一直没有忽视从警察社会现象及其发展规律的角度作为切入点，展开警察法学的研究。再如，日本法学家室·井力先生在其《日本现代行政法》一书中，就是从分析传统警察概念与警察种类、警察目的、警察手段等问题入手，将警察法放在宪法与行政法的大框架下展开研究的。在法学和公安学（警察学）双重视角下，警察法学就是以警察法律现象及其发展规律为研究对象的法律科学①。

三、警察法学的研究方法

警察法学的研究方法属于哲学方法论范畴。从方法论角度讲，警察法学的研究方法就是从世界观的高度来学习和把握警察法律现象及其发展规律的方法、方式、手段等的总和。警察法学的基本研究方法有以下几种：

第一，阶级分析方法。作为以警察法这一上层建筑为研究对象的学科，阶级分析方法是其基本的研究方法。社会利益格局决定社会阶级结构，社会阶级结构决定国家权力设置和法律制度构建。这在警察法领域也不例外。以警察机关体制和警察权的一般理论研究为例，离不开用阶级分析方法对我国现阶段基本国情的分析。当前对敌斗争形势的极端复杂化和人民群众内部矛盾的凸显，使得人民民主与人民专政两个方面内涵发生了新变化，这直接影

① 高文英、师维主编：《警察法学》（第二版），中国人民公安大学出版社 2017 年 9 月版，第 16 页。

响对警察职能配置的制度构建。

第二，价值分析方法。价值选择揭示了实践活动的动机和目的。价值分析方法揭示了法的应然状态——法应当是怎样的。法律的价值批判使人们对恶法的统治保持警觉。法律的价值选择使立法者、执法者和司法者尽可能协调各种价值之间的冲突，谋求法律价值实现的最大化。就警察法学而言，通过对警察法律现象的价值分析，可以明确警察法的价值定位，即警察法一方面，是规范和限制警察权的法，从而在立法层面实现合理的制度设计。另一方面，运用价值分析方法还可以为警察执法确立正确的指导原则，如警察公共原则、警察比例原则等。因此，价值分析方法是警察法学的重要学习方法。

第三，实证分析方法。实证分析是指在价值祛除的前提下，通过对实践的观察建立起事物认识标准和认识结果的方法。实证分析方法解决的是法律实然问题。价值分析方法告诉我们为什么创设这样的制度；实证分析方法告诉我们为什么会发生这样的问题。具体来讲，实证分析方法又包括以下具体方法：一是法律社会学方法。它属于直接观察方法，要求学习者要走入社会实践，进行观察、实验、访谈、问卷、抽样调查、个案调查等，一般用于解决现实问题。二是历史实证学习方法。它属于间接观察方法，要求研究者要收集、分析文献，通过研究历史资料探究规律，思考现实，预测未来。三是比较法研究方法。从 19 世纪中期开始，比较法学成为独立法学学科，比较法学习和研究日益受到重视。它要求研究者通过历史与现实的比较、国内法与国外法的比较，寻找异同，解决问题。在警察法学领域，比较警察法学研究近年来也日益繁荣，通过对不同国家和地区的警察法律现象进行比较，从而实现警察制度的移植和本土化已成为一种基本范式。四是经济分析方法。例如，通过犯罪成本分析进而进行犯罪制度设计，就可以实现抑制犯罪的目的。再如，通过效率分析可知，改革初期的效率优先兼顾公平原则指导下的警察法律资源配置，与当前的统筹各方利益促进分配公平原则指导下的警察法律资源配置就表现出很大的不同。

第二节　警察法学基本范畴的错位与复位

毫无疑问，近年来警察法学的研究方兴未艾。无论是警察法学基础理论研究还是警察法学实务研究，抑或是比较警察法学研究，都表现出蓬勃发展的趋势。但是细细梳理会发现，在蓬勃发展的外衣下，似乎隐藏着若干病态研究现象。警察法学的基本范畴有哪些？逻辑起点是什么？价值归宿是做什么？有没有一个贯穿警察法学始终的问题主线？这些哲学意义上的问题研究显得极为单薄，甚至是空白。即使个别问题有所被关注，也时有错位。例如，警察监督是警察法学的一个基本范畴。警察监督是对警察权运行的规范和制约，警察在其中是行为对象，而不是行为主体。与它对应的另一个基本范畴应该是警察保障。警察权的运行不但需要必要的监督，而且需要必要的保障。这是一个问题的两个方面。缺乏保障或监督任何一方面，警察权的运行都会出问题。近年来出现的很多警察执法权威受到挑战的热点案事件，一个很重要原因就是过于强调警察监督而疏于警察保障。甚至很多学者往往把警察监督与警察救济作为一对对应范畴定位。警察救济是指对警察许多人的私权救济，如警察行政复议、警察行政诉讼等。他们认为，警察监督是对警察的约束，警察救济是对相对人的保护，二者共同构成了警察法律关系的平衡。笔者不否认相对人私权救济的必要性，但是相对人私权如何获得必要的救济是另外一个层面的问题，并非与警察监督是对应范畴。因为在警察监督中，警察是行为对象，在警察救济中，相对人是行为对象。警察主体和警察相对人是基本对应范畴，并不必然推导出警察监督和警察救济也是对应范畴。如果把警察救济的含义界定为是对警察权益的保障，笔者倒是认可它们的逻辑对应关系。可见，逻辑对应关系的研究非常重要，当前在警察法学基本范畴的研究中，必须纠正一些错误的认识倾向，认真寻找并梳理出最基本的范畴概念和对应关系。这些内容是警察法哲学的出发点和基础。只有根基牢固，大厦才能越盖越高。

一、警察法学的逻辑起点是警察法治实践而不是秩序或其他

逻辑起点是一个学科最基本的问题，是学科的起始点，延伸至学科的所有领域，具有普遍的概念意义。警察法学的逻辑起点是什么呢？对此，已有学者进行了研究。如缪文升教授就认为，警察法学的逻辑起点是警察权与公民权的动态平衡①。这些研究对于促进警察法学学科繁荣有重要作用。笔者以为，寻找学科的逻辑起点，才能提炼学科的研究对象，进而论证学科的独立性和归属。唯物主义哲学认为，人类认知的一般规律是实践——理论——实践，即实践是人类认知的逻辑起点。首先在实践中发现问题，接着去研究问题，寻找解决方案，最后反作用于实践。就是在这样一个不断循环的过程中，人类认知不断得到升华，不同的科学研究领域也逐渐形成。警察法学亦不例

① 缪文升：《警察权与公民权的动态平衡：警察法学研究的逻辑起点》，载《公安研究》2014 年第 11 期。

外。警察法学的逻辑起点也应当是实践，只不过是人类实践的某一特定领域。这一特定实践领域是怎样的领域，限定在什么样的范围内，搞清了这些问题，警察法学的逻辑起点自然就有了答案。

因为警察法学是公安学（警察学）之下的二级学科，公安学（警察学）的逻辑起点对警察法学逻辑起点的确定有基础性意义。探究警察法学的逻辑起点，就必须先探究公安学的逻辑起点。关于公安学的逻辑起点，有学者认为是警察的权力、义务①，也有学者认为是治安②。还有学者提出，中国特色社会主义警察学的逻辑起点是中国特色社会主义警察的基本属性，即人民性、党性、公共性和法治性的有机统一③。笔者以为，概括起来，公安学（警察学）的逻辑起点应是警察实践。警察的权力、义务是在特定的警察实践活动中的权力、义务，治安也是警察实践活动的内容和目标之一，警察的基本属性更是通过警察实践得以体现。当然，警察实践内容极其丰富，如警察法治实践、警察文化实践等。作为公安学（警察学）二级学科的警察法学是从警察法治实践出发，研究警察法律现象及其发展规律的。所以，警察法治实践是警察法学的逻辑起点。

警察法学同时还是法学的二级学科。探究法学的逻辑起点对于探究警察法学逻辑起点同样具有基础性意义。法学的逻辑起点有“权利说”“行为说”“义务说”等不同观点。近年来还有学者提出，法学的逻辑起点是人④。如前所述，遵循人类认知一般规律，科学研究的普遍逻辑起点应是人的实践活动。法学研究的逻辑起点也应当是法治实践活动。从这一意义上说，关于逻辑起点的“行为说”观点或许是较为科学合理的。从法治实践活动出发，可以对法律主体的自量和变量进行探究，可以对各方主体的权利义务进行探究，可以对公权力和私权利的平衡进行探究。换言之，通过对人类法治实践的思考、抽象、提炼，可以形成普遍的科学理论。就法学领域而言，从人类的法治实践出发，可以抽象出法学学科领域的一般理论。所以，法治实践应是法学的逻辑起点。法治实践内容也十分丰富，包括宪治法治实践、刑事法治实践、民事法治实践等。警察法治实践只是法治实践的特定内容之一。但是它是作为法学二级学科的警察法学逻辑起点。

行文至此，可以得出的结论是，在公安学（警察学）和法学双重视角下，

---

① 叶氢：《关于公安学学科建设的几点思考》，载《中国人民公安大学学报》1999 年第 5 期。

② 尹春生：《警察学的逻辑起点刍论》，载《中国人民公安大学学报》1996 年第 5 期。

③ 程小白：《试论中国特色社会主义警察学的逻辑起点与范畴体系》，载《江西警察学院学报》2011 年第 1 期。

④ 胡玉鸿：《人是法学研究的逻辑起点》，载《民主与法制时报》2017 年 9 月 14 日版，第 137 期。

警察法学的唯一逻辑起点是警察法治实践。秩序、警察、警察权等都是警察法学研究的重要范畴，但是不符合人类认知的一般规律，都不能作为警察法学的逻辑起点。警察权与公民权的平衡贯穿警察法学所有领域，是学科研究的主线，把这种公私权平衡视为警察法治实践的内容亦无不可，由于这种平衡不能代表警察法治实践的全部，因此在逻辑上也很难简单地说，它就是警察法学研究的起点。

二、警察法学的价值归宿仍然是警察法治实践不是学术

价值来源于自然界，并随着人类的进化而进化，随着社会的发展而发展，价值的终极本原只能是运动着的物质世界和劳动着的人类社会。价值属于关系范畴，从认识论上来说，是指客体能够满足主体需要的效益关系，是表示客体的属性和功能与主体需要间的一种效用、效益或效应关系的哲学范畴。价值作为哲学范畴具有最高的普遍性和概括性。价值归宿就是某一事物的价值或效益的最终影响力。警察法学作为一个特定的科学领域，研究其价值归宿能够有效地避免形而上学和学术虚无主义。

近年来，警察法学术界存在一种令人担忧的倾向：以基础理论研究和构建学科体系为名，过度抽象地思考警察、警察权和警察法律关系等内容，并陷入非此即彼的极端学术论误区。在这方面，警察权的法律性质的讨论最具典型性。警察权是行政权、司法权还是兼具二者共同属性，这个问题从1995年《人民警察法》起草开始就争论了很多年，至今仍然难以完全达成统一意见。警察权到底应该是什么性质，从应然角度不难判断。之所以难成共识，一个很重要的原因是很多学者混淆了应然问题与实然问题，混淆了抽象的警察权与具象的警察职权，大而化之地讨论问题。这从一个侧面反映出警察法学研究在一定程度上在陷入形而上学和学术虚无主义。

为了学术而学术，表现出的是学术研究的认识论偏差和学科自身理论积淀不够。增加理论积淀，丰富学科基础理论，最首要的一条就是要尊重和遵循人类认识的一般规律。人类认识的一般规律是从实践到理论再到实践的反复过程。警察法学的逻辑起点是警察法治实践。警察法学的研究活动就是第二个认知阶段即理论阶段。理论研究的价值归宿不在于丰富理论本身，而是再回归实践、指导实践。这种回归或曰价值归宿的认识在马克思主义哲学上被称为认识的能动作用。人类认知的过程就是这样一个从实践到理论再到实践的不断反复的过程。这种反复会在某一节点上促使人的认识产生质的飞跃，即从感性世界飞跃到理性世界，并在理性世界里不断提升、完善对世界的认识。马克思主义哲学还进一步认识到，人类的认识到此远远没有结束。当实

现了理性飞跃后，还仅是能够了解世界、解释世界。人类理性的最大意义或者说价值归宿是用这种理性去指导自己的行为，去能动地改造世界。毛泽东同志在《实践论》中一针见血地指出，马克思主义看重理论，正是，也仅仅是，因为它能够指导行动。如果有了正确的理论，只是把它空谈一阵，束之高阁，并不实行，那么，这种理论再好也是没有意义的①。从这样的意义上讲，警察法学的价值归宿一定是实践，而不是学术。认清了这一点，警察法学研究就有了正确的世界观作为指南，就能够避免形而上学和学术虚无主义，从而将警察法治实践作为警察法学的价值归宿而不是学术。

当然也要避免另一个倾向，即过度关注警察法治实践，陷入注释法学和经验主义研究误区，不能实现从感性世界向理性世界的飞跃。

三、警察法律关系的平衡是警察法学贯穿始终的主线

警察法律关系将在后文专题探讨。本部分仅从它在警察法学体系中的地位这一角度，着重谈谈它对于警察法学研究的重要作用。本部分的研究范式和方法论意义大于警察法律关系知识阐述本身。

警察法律关系是警察法调整警察关系的结果，是主观的、能动的、动态的。警察法律关系包括警察主体与警察相对人的关系、警察主体与警察人员的关系、警察主体与警察监督主体的关系，等等。其中，警察法律关系的平衡实质上是各法律主体之间权利义务的平衡。因为在警察法律关系中，核心的关系是警察主体和警察相对人的关系，所以警察法律关系的平衡的核心是警察主体公权力与警察相对人私权利的平衡，简称公私权平衡。警察法的所有内容都与公私权平衡有着直接或间接的关系，警察法学研究的所有问题也离不开对公私权平衡及其影响力的思考。

例如，警务监督问题，监督的直接对象是警察主体及其警察人员。他们是警察职权的行使主体。但是他们执法是否规范关系到相对人私权是否被侵害。监督到位了，警察职权得以恰当行使，相对人私权则得到充分保障；反之，相对人私权可能受到不同程度的侵害。每一起涉警控告案事件的调查也离不开相对人的配合，私权是否受到侵害甚至成为认定警察职权行使是否恰当和如何追责的重要标准。所以，在警务监督中，警察公权与相对人私权之间存在微妙的平衡关系。除警务监督之外，警察处罚、警察强制、警察管理、警察保障等其他领域也存在警察公权与相对人私权平衡的考量。所以，警察

① 周向军、车美萍主编：《马克思主义经典著作精选与导读》，山东大学出版社 2005 年版，第 304 页。

法律关系的平衡是贯穿警察法学始终的基本主线。用平衡论观点指导警察法学研究，是防止学术研究跑偏和研究结论不全面的基本要求，具有重要的方法论意义。

第三节　近代以来中外警察法学研究范式的演进

一、清末至民国时期的警察法学

清末至民国时期，政局动荡，社会稳定面临重大挑战，对警政与警察法殊为倚重，成为警察法学研究相对繁荣的一个重要原因。清末至民国的警察法学研究大体有两个高峰期：一是清朝末年。这一时期西法东渐，很多西方警察法学研究著作被翻译到中国，也有一批关注研究警察法学的优秀学者，如黄遵宪、何维道、谭传凯等。其中何维道先生 1906 年著《警察学》被认为是中国近代最早的警察法学专著。该部著作虽然名称叫《警察学》，但是内容却是关于警察制度的论述。二是二十世纪三四十年代。这一时期基于警察在国家政治生活和社会生活中的重要地位，警察立法和警察法学的研究都较为发达，涌现出李士珍、余秀豪、郑中楷、酆裕坤和范扬等一大批有影响力的警察法学家。2018 年 6 月，西南政法大学但彦铮先生牵头勘校出版了一套民国时期警政研究丛书，共有郑中凯的《警察法总论》、范扬的《警察行政法》等 16 本著作。这套丛书集中反映了民国时期警察法学研究的学术成果和研究范式，具有极高的学术价值。

旧中国的警察法学研究体现出两个特点：一是在研究成果上体现出对国外警察法学研究成果的译介、传承与借鉴；二是注重从警察的一般问题入手，从警察学视角展开对警察法律现象的研究。这些研究成果与研究范式在今天看来仍有很大的启迪意义。

二、中华人民共和国成立初期至二十世纪八九十年代的警察法学

中华人民共和国成立之初，警察立法有所建树，《人民警察条例》（1957 年）、《治安管理处罚条例》（1957 年）和《逮捕拘留条例》（1954 年）等一大批警察法规出台，在巩固新生的人民民主政权方面发挥了积极作用。但是，这一时期警察法学研究几无建树。真正意义上的社会主义警察法学研究应当说肇始于二十世纪八十年代，并大体循着三个进路展开：

第一，警察法学是与警察有关的法律问题的研究总称。这一进路的研究

并不将警察法学作为独立的学科领域，只是有关警察法律问题的研究汇总。循着这一进路的代表性研究成果有中国人民公安大学组编的《公安法规教程》(1988年）等。二十世纪九十年代中期以前的研究以此为主流，这从一个侧面反映出警察法学研究早期的不成熟，但是这些研究具有基础性作用，对于后来的学科研究具有启蒙意义。直到今天仍有一部分宪法学者、刑法学者、行政法学者、诉讼法学者、犯罪学者等其他领域学者参加中国警察法学会的各类学术活动并不断推出交叉学科成果，就是这一研究进路的延续。

第二，警察法学是行政法学的一个分支，警察法学就是警察行政法学。这一研究进路是二十世纪九十年代中期以后逐渐形成的，以一批宪法与行政法学者对警察法学研究的介入并推出若干研究成果为标志。按照这一研究进路展开的警察法学研究认为，警察法学就是警察行政法学，它不但是法学的分支，而且是行政法学的分支，宪法与行政法学的基础理论对于警察法学研究具有基础性指导意义。近20年来，这种研究取得了一大批研究成果，如惠生武教授主编的《警察行政法概论》(1991年)，江波、湛中乐主编的《公安行政法》(1994年）等。

第三，警察法学是独立学科，应该以警察法治实践为逻辑起点，在探索警察法律现象及其发展规律的基础上展开研究。1988年，河南成立了国内第一个省级警察法学研究会，打造研究平台，开展了一系列研究活动。这样一种学术进路从改革开放之初即由部分学者坚持并传承至今。这一研究进路的主要代表性成果有：刘式浦主编的《警察法学》(1991年)、米建忠撰写的《警察法学初探》(载《中国人民公安大学学报》1989年第2期)、邓国良撰写的《试论警察法学的研究对象和范围》(载《中国人民公安大学学报》1989年第4期)、姚伟章撰写的《浅议警察法和警察法学》(载《中国人民公安大学学报》1989年第4期）等。这一研究进路虽然比前两种研究进路有了明显进步且建树颇多，但仍显遗憾的是，从警察学（公安学）角度关注和思考警察法现象明显不够，仅仅是努力将警察法学打造为独立法学学科。研究视角的单一限制了学科的发展空间。

三、新时期警察法学研究

世纪之交，随着市场经济的发展成熟，中国社会治安形势跌宕起伏，也在发生着深刻变化。随之带来警察治安任务的巨大调整和勤务模式的根本改革。由此肇始至今，警察立法极为活跃，警察法学研究亦更加繁荣。仅将警察法律现象作为法律现象的一部分开展的研究似乎不能对丰富多彩的警察法治实践作出充分解释。警察的含义到底是什么，警察的价值和功能应如何认识，一系列关于警察的哲学问题进入学者们的思考范畴。在这一时期，在运用法学基本理论为指导思考警察法现象的同时，越来越多的学者开始注重警察学（公安学）视角下对警察法律现象的思考。以 2011 年公安学增列为法学门类下的一级学科为转折点，将警察法学作为法学和警察学（公安学）之下的二级交叉学科的呼声越来越高。从法学和警察学（公安学）双重视角研究警察法学的学者越来越多。这一时期的代表性成果有惠生武所著的《警察法论纲》(2000 年)、陈晋胜所著的《警察法学概论》(2002 年)、师维和高文英主编的《警察法学》(2014 年)、程琳主编的《警察法学通论》(2018 年)等。这一研究范式既有对近代以来警察法学传统研究思路的传承，又对当前学术研究中出现的种种问题进行了反思，为警察法学学科发展挖掘出新的理论源泉，丰润了其哲学内涵，拓宽了其发展空间。本书认可并承继这一研究范式开展警察法哲学的基本问题研究。

四、域外警察法学研究

域外警察法学研究多年来有着深厚的理论积淀，但系统的警察法哲学专门研究成果尚不多见，大多都是从警察哲学、法哲学、政治哲学、经济哲学等其他不同视角对警察和警察法律现象的思考。应该说域外警察法哲学研究虽然是碎片化的、多角度的，但不乏真知灼见。这些多角度研究为警察法哲学发展奠定了重要基础，是警察法哲学发展的重要思想源泉。在这些域外学者中，葛兰西、哈贝马斯、德萨米、梅拜和比尔五位思想家的成就尤为值得关注。

葛兰西是西方马克思主义早期代表人物，他的文化领导权理论、市民社会与国家政权理论影响深远。这些理论与传统马克思主义理论相比令人耳目一新。在这些理论中，葛兰西非常关注法治与国家治理的广泛参与性，强调法律的教育功能和同化功能，强调政党在实行法治中的重要性。葛兰西说："如果说国家代表着对全国实行法治的强制力量和惩罚力量，那么政党就代表着优秀分子对这种法治的自觉拥护，而且把这种法治看作是必须教育全体群众加以拥护的一种集体社会形式。"虽然立论基础和功能指向有极大差异，但是葛兰西的这些思想从更广阔的视野，对于我们认识警察与国家关系、警察与执政党关系以及警察与法治的关系具有重要启迪意义。这些思想与我们所说的国家治理与警政建设必须强调人民性与社会性的统一、必须强调政治建警与依法建警相结合等理论具有很多的一致性。

哈贝马斯是法兰克福学派第二代著名人物，著名的德国思想家。他提出了很多有见地的国家治理与法治理论。其中，不乏很多对警察法治建设极具指导意义的内容。哈贝马斯与警政建设有关的理论大体包括以下几个主要方面：第一，他认为法律处于事实与规范之间，法律的事实性与规范的有效性应当有机统一。从法律实践层面看，今天我们强调警务执法应当注重社会效果与法律效果的统一，与哈贝马斯的观点异曲同工。第二，哈贝马斯提出了程序主义法律范式，以交往理性为立足点，以对话协商为核心，对现实社会的民主、正义给予了充分关注，强调了社会主体的平等性与对话权，实际上从更高层面对法律实践提出了要求，与我们提出的化解社会冲突、构建和谐稳定社会的思想不谋而合。

泰奥多·德萨米被马克思称之为“比较有科学根据的法国共产主义者”。他在其经典名著《公有法典》中提出了有关公有制背景下的警政建设理论。他认为，社会的发展趋势是走向公有制、平等和和谐。在未来的公有制下，政治警察、普通警察、感化警察和刑事警察变得没有对象了，只有城市警察（交通警察和治安警察——笔者注）被保留了下来，警察的阶级性和阶级职能消失。同时，他认为警察的职能又将回归历史上罗马市政官那样的职能，警察主要负责市政管理，即一般国家政务。德萨米以公有制为基础研究警察性质和警察职能，与我们今天探讨中国特色社会主义警政存在基本相同的阶级基础和经济基础，在社会发展规律的把握上也基本属于共产主义范畴的。所以，德萨米关于公有制下警政建设的许多思想值得我们关注，如重视警察的公共服务职能开发、警察队伍和警察职能需要精简等。

梅拜是英国警察法史学家。他提出了关于警察分类和公私警察关系的若干理论。梅拜把西方警察的产生和发展分为两个阶段：古代警察和现代警察。区分的标准是合法性、组织结构与功能。在古代，公共警察和志愿执法人员、私人保镖和更夫这些非正式警察的合法性都是被承认的，但是在组织上古代警察没有严格分工，是非专业化的，在功能上甚至是非职业化的，一人身兼数职。在现代，私人警察从属于公共警察，没有自身的合法性，在组织上强调警察的职业化建设，兼职警察不再像古代那样发挥主体作用，在功能上也逐渐出现了严格的内外部专业分工①。梅拜的警察二分法理论虽然有其科学的一面，但是也还存在一些问题，如近年来警察私有化发展迅猛，在很多领域甚至完全替代了公共警察的职能，这是用梅拜的二分法理论难以解释的。再如现代警察是否必须是职业化的问题近年来也有学者给出了新的思考。现代警察主要靠一定的技能完成任务，而这种技能掌握通过短期培训即可解决，在某些纯技能型领域（如治安巡逻等），兼职警察完全可以胜任，不一定所有

① 王大伟著：《欧美警察科学原理》，中国人民公安大学出版社 2007 年版，第 439~440 页。

的警察领域都实行职业化。当然，在其类型化研究中，梅拜对警察所有制多元化、警察权力的合法性及警察运行机制等的思考，对于我们今天构建中国特色社会主义民主警察制度提供了很多有价值的思路。

罗伯特·比尔是另一位西方警察法学家。他提出了一系列建警理论，被称为世界近代警察之父。他以英国内政部长身份，于1829年推动的伦敦警务改革，被称为第一次世界警务革命。这次改革内容主要有以下几个方面：第一，将高度集权的警察权下放给地方政府，实现了国家警察权与地方警察权的合理划分，调动了地方政府参与警政工作的积极性。第二，变静态警察勤务模式为动态勤务模式，实行大巡警制，将警力摆在街面上，给群众看得见的安全感，实现对社会治安面的动态控制。第三，强调警察的服务职能。警察不仅仅是打击犯罪的战士，还是服务群众的守护人。第四，使警察从军队中分离出来，成为独立职业。这次警务改革对后世影响深远。罗伯特·比尔的改革思想也成为世界警政理论宝库中的一颗明珠，至今仍具有重要的指导意义。

另外，阿尔都塞的国家机器二分论、普兰查斯的法律与暴力关系论、法律与国家关系论，以及其他一些西方马克思主义学者的思想，还有推动第二次世界警务革命的理查德·西尔维斯特的警察专业化理论、推动第四次世界警务革命的约翰·安德逊的社区警务战略理论等西方各国警学专家的诸多理论，都在不同程度上成为警察法哲学的重要理论源泉。

第二章　警察与法

第一节　什么是警察

一、中国传统的警察含义

在我国古代，对“警察”一词的研究史料已经比较丰富。《说文解字》中提到：警，戒也，从言从敬；察，覆也，从“宀”从祭。谓以手持肉，祭天求示，得神意而明白。《左传》中说，“军卫不彻，警也”。《孟子》中说：“明足以察秋毫之末。”唐代学者颜师古在为《汉书》作注释时专门提到：“密使警察，不予宣露也。”这是据考证最早的将警察二字连用并与现代警察含义较为接近的论述。后来，《金史·百官志》记载：“诸京警巡院，使一员，正六品，掌平理狱讼，警察别部，总判院事。”这一史料记载是很多国内外学者认为辽金元时期的警巡院是世界上最早专门警察机构的重要依据之一。此外，在《周礼》《论语》《宋史》等史料中均有对警察的记述。概括起来，在我国古代，“警”是事先戒备、预防的意思，“察”是事后调查、查明原委的意思；“警察”即“警之于前，察之于后”的意思。从属性上看，在我国古代，警察主要是作为动词使用，很少作为名词使用，以警察指代治安机构的情况到目前尚未见到。

著名法律史学家韩延龙先生在《中国近代警察制度》（中国人民公安大学出版社 1993 年版）中曾对“警察”一词进行过专门考证。他认为，作为名词使用的“警察”在中国出现较晚，是近代以来的事情，是近代从日本引进的外来语，在我国古代史料中没有与之相对应的概念。厦门大学陈鹏教授也认为，真正公法意义上提及“警察”这一概念，始自晚清时期日本法学著述在中国的传播①。清末西风东渐，很多改良主义者和维新派人士倡导学习西方警

① 陈鹏著：《公法上警察概念的变迁》，载《法学研究》2017 年第 2 期。

政。1895 年，何启、胡礼桓发表《中国宜改良新政论议》，提出在中国设置巡捕的设想。郑观应也在其《盛世危言》中指出，解决当时严重治安问题的根本之道在于效法西方，设立巡捕。1898 年，康有为上书清政府建议裁绿营、改旗兵，改营勇为巡警。同年，黄遵宪等人在湖南巡抚陈宝箴支持下创办湖南保卫局，这是中国近代警察的萌芽。湖南保卫局章程将警察的职能界定为四项：编查户口、维护治安、管理卫生和交通、轻罪处罚。1901 年，清政府仿照八国联军侵占北京期间的治安模式设立善后协巡总局，后又改称工巡总局，负责京师社会治安。1905 年，清政府设立总领全国警政的“巡警部”。中华民国临时政府时期中央设立内务部，下设警务局，专司警政事务。北洋政府时期，正式效仿欧美各国设立警察厅。国民党政府时期，中央设内政部，各地设警察厅、警察局或公安局。新中国成立后，1950 年，经周恩来总理核准，将中国警察统一命名为中国人民警察，中国公安机关也称人民警察机关。1957 年颁布《人民警察条例》，1995 年颁布现今实行的《人民警察法》。在这一发展过程中，警察含义的演变轨迹是比较清晰的。《现代汉语词典》将警察定义为：国家维持社会秩序和治安的武装力量，也指参加这种武装力量的成员①。在今天的台湾、香港、澳门等地，仍然使用“警察”一词命名其治安机关。应当说，作为名词使用的“警察”概念是在近代以来中外法律文化不断碰撞与融合中逐步确立并发展起来的。

二、西方的警察含义

西方“警察”一词一般被认为源于古希腊文和拉丁文，在英语中为 Police，在德语中为 Die Polizei，在法语中为 La Police。在古希腊，警察的原初意思是一般国家政务。之后几经演变，到十七世纪，警察专指内务行政。十八世纪后期开始，警察的含义进一步缩小，与现代警察含义基本接近，仅指内务行政中的公共安全秩序维护。法国大革命时期的刑法就规定，警察为保持公共秩序、自由、所有权及个人安宁而设。根据《牛津英语字典》对 Police organization（警察机关）一词的解释，它一是指负有维持社会治安职责的政府执法部门，并因国家、时期不同而在职权范围上有很大差异；二是指维持治安、防范和打击违法犯罪的行政力量，有时也指警察部门的全部成员或某一地区的警察力量。乔治·拉什的《刑事司法词典》将警察解释为：“从事维护公共秩序和安全，以及调查逮捕犯罪嫌疑人或被正式指控的罪犯的市、

① 《现代汉语词典》，商务印书馆 1983 年 1 月第 2 版，1996 年 2 月第 182 次印刷，第 600 页。

县或州的警官的集合体①。”克劳卡斯认为，警察是享有国家授予的在国家领土范围内使用暴力的机构或个人②。

不难看出，与中国强调警察的阶级功能和工具属性的传统认知不同，西方警学研究者更多地是从国家层面和社会属性上看待警察的，是将警察界定在社会职业和社会角色中上认知警察含义的。

三、马克思主义法哲学视阈中的警察含义

与以往政治家、法学家、哲学家和社会学家们的观点不同，马克思、恩格斯在其相关国家政权理论中以历史唯物主义和辩证唯物主义的视角，透析了警察含义。列宁、毛泽东等老一辈马克思主义践行者更以生动的实践，丰富和发展了包括警察理论在内的社会主义国家政权理论。新的历史时期，当代中国共产党人领导全国各族人民创立了中国特色社会主义理论。多年来警政改革的理论与实践探索成为中国特色社会主义的重要组成部分。梳理并发展马克思主义法哲学视阈中的警察含义，对于当下的中国特色社会主义警政建设具有重要启迪意义和指导意义。以下，笔者从警察的阶级属性、国家属性、社会属性和法律属性四个方面系统展开对警察含义的解读：

（一）警察是生产力发展到一定阶段的产物，特定时期生产关系的动态变化决定着警察的阶级属性差异

马克思在《黑格尔法哲学批判》中指出，“国家”这种同市民社会的本质不相容的彼岸之物通过自己的代表来反对市民社会，从而巩固自己的地位。“警察”“法庭”和“行政机关”不是市民社会本身赖以捍卫自己固有的普遍利益的代表，而是国家用以管理自己、反对市民社会的全权代表③。马克思的论述全面揭示了警察的产生和阶级属性。首先，警察不是从来就有的，是在生产力发展到一定阶段的产物。这个阶段就是出现了三次社会大分工、出现了剩余财产和贫富分化、出现了阶级的阶段。人类社会发展到了这个阶段，随着阶级矛盾的不可调和，国家也就出现了。作为国家不可或缺的重要组成部分，警察与法庭、行政机关一并产生，使得既得利益阶层的特殊地位因此而巩固和较长久的存在。所以，从产生的那一刻起，

---

① ［美］罗伯特·兰沃西、劳伦斯·特拉维斯著：《什么是警察——美国的经验》，尤小文译，群众出版社2004年版，第4页。

② ［美］罗伯特·兰沃西、劳伦斯·特拉维斯著：《什么是警察——美国的经验》，尤小文译，群众出版社2004年版，第5页。

③ 《马克思恩格斯全集》第1卷，第306页。

警察就是阶级统治工具，永远不可能成为市民社会公众捍卫自己普遍利益的代表。阶级性是警察的本质的和首要的属性。其次，不同时期的警察阶级属性表现出很大的差异。因为生产力是不断发展的，因而不同时期的生产关系也是处于动态变化之中的，处于生产关系不同链条上的各个利益阶层的地位当然也不是静止不变的。优势的利益阶层不断地加强警察等国家权力，试图尽可能地维持自己的统治，而劣势的利益阶层则不断地斗争，试图夺取警察等国家权力，从而改变自己的劣势，成为优势利益阶层。社会就在这种动态的斗争变化中不断发展。在这个过程中，警察成为利益争斗的核心和重要武器。所以，我们可以这样断言，警察不仅是阶级统治的工具，而且是超越了时代的动态的阶级统治的工具。关于这一点，列宁在《忘记了主要的东西》中，以资产阶级国家警察为例，有过深刻的描述。他说，在一切资产阶级共和国中，甚至在最民主的资产阶级共和国中，警察也是压迫群众的主要工具，是君主制往往能够复辟的保证。警察或者由于被直接收买，或由于“庇护”富人，成为富人操纵的工具，他们一方面殴打各区的“平民”，一方面纵容资本家。列宁还指出，由于警察脱离人民，成为职业团体，成为一批专门“豢养”出来用暴力对付穷人、享有较高待遇和特权的人，所以在资产阶级统治下，决不能依靠警察来实现有利于劳动群众的重大的和根本的改革，不管在哪种民主共和国中，警察必然会成为资产阶级最可靠的工具、支持者和维护者①。

（二）警察是国家政权的暴力组成部分，是维护公共安全秩序的国家武装行政力量

首先，作为国家政权的组成部分，警察具有暴力性、武装性和强制性。国家的最大存在价值就是以其暴力和强制为阶级统治服务，所以作为国家政权的组成部分，警察的暴力性和强制性自不待言。为了使这种暴力性和强制性发挥作用，当政者往往像武装军队一样把警察也武装起来，也就是以国家的名义赋予警察武装性。以此为逻辑起点，西方有些警察学家认为，“警察是享有国家授予的在国家领土范围内使用暴力的一般权力的机构或个人”②。

其次，作为国家职能而不是阶级职能的直接体现，警察的作用表现为对公共安全秩序的维护。通过国家这一转换器，警察的阶级职能上升为国家职能，其对阶级秩序的维护也上升为对公共安全秩序的维护，警察的阶级本性得以在形式上被巧妙地掩盖，而成为全民的公共的服务器。在这里，警察的

---

① 《列宁全集》第 24 卷，第 321 页。

② ［美］罗伯特·兰沃西、劳伦斯·特拉维斯著：《什么是警察——美国的经验》，尤小文译，群众出版社 2004 年版，第 5 页。

阶级性与公共性得到了非常好的统一。这种统一性的直接表现就是警察以国家名义依法对公共安全秩序的维护。为了进一步说明这种警察的阶级性与公共性的关系，笔者从管理学和政治学的角度，分别展开论述。从管理学的角度看，警察是社会控制的一个组成部分。一般来说，社会控制有两种类型：正式的或外部的和非正式的或内部的控制。个人自愿遵守规则即为非正式控制，社会法制、团体规则、纪律等对个人的行为强加限制则为正式控制。现代警察存在的目的（社会控制）可以通过三个方面的职能反映和体现出来：维护秩序、执行法律和提供服务。所以说，警察就是政府的社会控制机构，维护秩序是警察的首要职能。正如有些西方警学专家所说："维护秩序是一种社会控制。警察是负有广泛社会控制职能的正式组织[①]。"从政治学的角度看，恩格斯曾经从政府管理的对象说明政治权力的公共性。他在论述国家的特征时指出，国家必须拥有军队、警察、监狱等强制机构。这种特殊权力不仅压迫被统治阶级，也是为了解决统治阶级内部的矛盾和纠纷。古代雅典国家只有 9 万公民，对 36.5 万奴隶来说是一个特权阶级，有奴隶主贵族组成的国民军，是对付奴隶反抗的暴力工具，同时"为了也控制公民使之服从，宪兵队也成为必要的了"[②]。宪兵队就是由奴隶组成的弓箭手，即警察，是专门用来维护统治阶级内外部秩序的公共权力。在我国古代同样建有类似于警察的职能机构，以镇压平民反抗和对付地主阶级内部的各种不安定因素。在近代英国，也是因为社会秩序混乱和动荡不安才直接导致了近现代警察的诞生。所以，维护公共秩序始终是警察这一政治现象存在的根本依据和直接作用。当然，阶级性与公共性共存于警察这一政治共同体中，二者之间是相互渗透、包容共存的，并不是表现为阶级性时就没有了公共性，也不是表现为公共性时就没有了阶级性。事实上，在不同的历史时期和社会条件下，警察的这两大特性和作用表现得不尽相同而已。当阶级矛盾比较激烈时，警察的阶级性就会更加明显一些，就会更多地站在统治阶级一边，对被统治阶级实行镇压；当阶级矛盾缓和，社会平稳发展时，警察更多地就会表现出公共性，为全体社会成员服务，维护社会正常发展。对警察职能和作用的这种特性把握，有利于我们准确地分析社会现实和对警务工作准确定位。

第三，按照国家权力的划分体系，警察权属于行政权，警察属于国家行政力量范畴。现代宪法学认为，国家权力可以划分为立法权、行政权、司法权等不同权力类别，分别交由不同的国家机关行使，并互相监督和制约。资

① ［美］罗伯特·兰沃西、劳伦斯·特拉维斯著：《什么是警察——美国的经验》，尤小文译，群众出版社 2004 年版，第 15 页。

② 《马克思恩格斯选集》（第 4 卷），人民出版社 1972 年版，第 167 页。

产阶级学者倡导三权分立，并以此指导宪政实践，无产阶级学者反对僵化的三权分立，但认同国家分权。例如，列宁领导建立的苏联就将法律监督权作为一级国家权力单位加以安排。我国则实行的是人大领导下的“一府两院”模式。无论在哪种模式之下，警察权都从来没有作为一级国家权力单位对待，而是归于行政权之下的二级权力单位。也就是说，警察权属于行政权，警察属于国家行政力量范畴。有些学者认为，警察具有行政和司法双重属性，笔者不敢苟同。出现纷争的焦点在于侦查权的属性定位。笔者以为，按照现代分权理论，侦查权分为侦查决定权、侦查执行权和侦查监督权。侦查决定权涉及公民的基本人身和财产权益，由检察或审判机关行使。而基于警察的行政执行属性和专业力量保障，侦查执行权由警察机关行使。侦查监督权可以由相关国家力量或社会力量行使，如检察机关、新闻媒体等。这样就实现了国家权力的相互制约与平衡。也就是说，侦查决定权具有司法权属性，侦查执行权具有行政权属性，侦查监督权具有综合权力属性。事实上，包括中国在内的世界大多数国家的侦查权体制正是这样打造的。很多学者将侦查权混同于侦查执行权的概念，笼统地认为侦查权属于警察权，才错误地导致警察权具有行政和司法双重属性的结论。应当说，按照现代国家权力的划分体系，包括侦查执行权在内的警察权属于行政权，是国家二级权力单位，警察是典型的国家行政力量。

（三）警察是适应犯罪控制之需要、为公众提供一般社会福利的公共社会行为

从犯罪学角度讲，任何犯罪都有一个成本核算和环境诱因问题。如果犯罪的成本远远大于收益，犯罪人感觉到犯罪的代价太大，则不会将犯罪欲望付诸实施。同时，黑暗、杂乱、粗俗等复杂环境比起明亮、整洁、文明等简约环境来，显然前者的犯罪几率会大大上升。所以，要有效控制犯罪，就必须从两个方面着手：一是做好犯罪成本核算，设计合理的犯罪惩罚制度并严格执行；二是努力打造良好的环境，尽可能压缩犯罪的可能空间。在这两方面，警察都大有作为。警察可以不断加强现代化侦查能力，通过强力打击犯罪来执行犯罪惩罚制度，从而遏制犯罪，保护社会公众的安全。警察可以努力做好社区警务，营造良好治安环境，预防犯罪的发生，为公众提供公共安全服务。我们把警察的这些工作以及由此给社会公众带来的积极受益称为警察福利。警察的社会属性由此充分展现。这种社会属性与它的阶级属性并不冲突，警察在为全体社会公众提供公共安全服务的同时，也打牢了统治阶级的执政之基，实现了其阶级职能。

（四）警察是依法设立并依靠法律强制力保障实施的公共行政权力

考察警察的产生与发展，就会发现，从警察产生的那一天起，其作为特定的国家现象，就与法律密不可分。因为警察权作为典型的公权力，是一把“双刃剑”，使用得当会取得良好效能，使用不当则会构成对私权利的严重侵害，进而影响国家政权稳固和社会安定，所以对警察权的定位和行使要把握恰当的尺度，这个尺度就是法律。警察和警察权必须依照法律设立，不能滥用而无所监督制约。同时，警察活动的顺利开展也离不开法律强制力的保障。正是有了法律强制力保障，警察权威才得以树立，警察职能才得以顺利实现。从这两个意义上讲，警察的法律属性就表现为权力来源的法定性和权力实施保障的法定性。

第二节　国家：警察与法的共同政治归属

一、政治属性是国家的根本属性

自从亚里士多德的《政治学》第一次让政治学成为独立学科后，关于政治、政体、国家等特定概念的讨论就一直未曾间断。近代中国经由日本将西方的政治概念引入中国。孙中山先生曾经对政治一词有过精辟的解释。他说，“政”是指众人之事，“治”就是治理。管理众人之事就是政治。现代意义上的政治是指对公共事务的治理。政治属性就是公共事务治理决定权的归属和治理的根本方式。人类进入阶级社会后，国家随之产生。列宁指出，“国家是维护一个阶级对另一个阶级统治的机器”①。“国家是阶级矛盾不可调和的产物和表现”②。国家产生的目的就是更好地进行公共事务治理。恩格斯曾指出，“国家的本质特征，是和人民大众分离的公共权力”③。这一论断一针见血地指出了国家的根本属性就是政治属性，即国家就是公共事务治理的权力。那么，这种权力由谁来掌握和行使呢？显然是由列宁所说的统治阶级来掌握和行使。列宁在《论国家》中进一步指出，“人分为受治者和治者，治者高高在上，称为统治者，成为国家代表”④。这些统治者以国家代表的身份将其意志

① 列宁著：《论国家》，《列宁全集》第29卷，第435页。

② 列宁著：《国家与革命》，《列宁全集》第25卷，第374页。

③ 恩格斯著：《家庭、私有制和国家的起源》，《马克思恩格斯全集》第21卷，第135页。

④ 列宁著：《论国家》，《列宁全集》第29卷，第434页。

和行为转化为国家意志和行为，声称代表全社会的公共利益，从而使其阶级统治在形式上具有正当性和合法性，并可以要求全体社会成员严格遵守。所以，国家从产生的那一刻起，就是为政治而生。政治属性是其根本属性。所谓的社会属性不过是统治阶级为了更好地维护统治秩序而附加的属性而已。

政体集中反映国家的政治属性。亚里士多德说，“政体就是政府，是权力尤其是最高权力的分配方式”[①]。亚里士多德还进一步研究了国家政体的功能要素，实际上也就是国家的权力构成模式或基本组成部分。他认为，国家政体应由立法、行政和司法三个要素组成，其中，立法要素排在首要位置，它表现为与公共事务有关的议事机构[②]。充分讨论后，议事机构按照一定的程序表决通过法律文件并向社会公布。法律是转化为国家意志的统治阶级意志的基本载体和实现方式。从这一意义上讲，国家是法的政治归属，是法在形式意义上的缔造者。

但是，国家意志的贯彻仅有立法是不够的。正如亚里士多德所言，行政也是不可缺少的。根据需要负责的公共事务领域的不同，可以分成若干不同的行政机构，如市政管理机构、文化管理机构、公共安全管理机构等。无论是古希腊还是古代中国，国家规模都不大，被称为城邦或诸侯国。公共事务领域也没有划分得像现在这样细致。在古希腊，城邦公共事务管理统称为警察。直到 1530 年的德国《帝国警察法》，仍然将警察视作一切国家活动。不过随着社会生活的复杂化，从十七世纪开始，军事、财政、司法等事务便逐渐从警察事务中分离出来。至十八世纪，警察概念便几乎与内务行政相对应，此即所谓的“第一次脱警察化”[③]。发展到今天，警察逐渐被严格限定在治安行政的范围内，与其他行政有了鲜明的界分。在行政和警察概念不断演变过程中，有两点结论是明确的：第一，无论是早期的城邦制或分封制，还是后来的民主制或其他政体，警察都是作为行政的一部分存在的，没有被单独列出而与立法、司法并行。第二，警察和其他行政力量一样，都是国家意志的执行者，具体表现为立法机构制定的法律的执行者。在很多情况下，警察还要以其暴力条件协助或保障其他行政机构执行国家意志。失去了由统治阶级意志转化而来的国家意志，警察也就没有存在的必要性了。所以，国家是警察的政治归属，是警察在形式意义上的缔造者。

至此，可以得出的结论是，警察与法的关系，就是警察与国家的关系、

① ［古希腊］亚里士多德著：《政治学》，姚仁权编译，北京出版社 2007 年 10 月版，第 45 页。

② ［古希腊］亚里士多德著：《政治学》，姚仁权编译，北京出版社 2007 年 10 月版，第 83～84 页。

③ 陈鹏著：《公法上警察概念的变迁》，载《法学研究》2017 年第 2 期。

法与国家的关系这二者的结合。国家是警察与法的连接器，通过国家意志的产生与贯彻，警察与法便紧密连接在一起了。随着人类政治文明的演进，警察离不开法的规范和保障，法的实施也离不开警察的支撑。警察与法都是国家机器的有机组成部分。

二、国家的政治属性决定警察与法的现实表现

在《黑格尔法哲学批判》中，马克思指出，“国家”这种同市民社会的本质不相容的彼岸之物通过自己的代表来反对市民社会，从而巩固自己的地位。“警察”、“法庭”和“行政机关”不是市民社会本身赖以捍卫自己固有的普遍利益的代表，而是国家用以管理自己、反对市民社会的全权代表①。马克思的这一论断，深刻揭示了国家本质以及国家对于警察、法庭和行政机关等国家机器的决定性影响。国家代表公权力，与市民社会领域的私权相互矛盾、相互制约。国家公权力代表统治阶级意志转化而来的所谓“公众意志”，体现了其政治属性。警察和代表法律实施的法庭、行政机关，从本质上讲，是国家管理的工具。一个国家中有什么样的统治阶级就有什么样的国家政治属性，也就决定了有什么样的警察和法律来为其统治服务。反过来讲，从警察和法律的现实表现也能直观地反映出一个国家的政治属性。

三、警察与法反作用于国家政治形态

虽然国家政治属性决定了警察与法的现实表现，甚至可以说，国家作为整体，对作为其组成部分的警察与法起着决定性作用。但是，警察与法对于国家政治形态也有一定的反作用。警察权的行使得当与否关乎社会秩序是否良好。社会秩序动荡会危及统治秩序，会促使统治阶级主动调和内部矛盾和外部矛盾，甚至从政体上进行改良。法的实施效果关乎社会公平正义。法的实施效果良好时，社会公众对法治的认可度就高，统治阶级的法治基础就稳固；法的实施效果不好时，社会公众对执政者提出的法治认可度就低，统治阶级的法治基础就岌岌可危。尤其是警察法的实施效果，会直接影响统治阶级的执政之基，导致政治上层建筑发生量变。可见，警察与法也会反作用于国家政治形态，促使其进行一定程度的变革。并不是警察与法就是纯粹的国家机器，纯粹的阶级统治的工具。国家的整体与部分之间的这种互动值得关注。关注并平衡好这种互动是实现良法善治的充分条件。

① 马克思著：《黑格尔法哲学批判》，《马克思恩格斯全集》第1卷，第306页。

第三节 民主警察制度：现代国家警察法的基本内核

一、警察与法的对立统一

（一）法是警察权的正当性基础

恩格斯曾经指出，文明国家的一个最微不足道的警察，都拥有比氏族社会的全部机关加在一起还要大的“权威”[①]。那么，文明国家的警察为什么拥有如此的权威，并能让社会公众自觉接受和服从呢？因为代表统治阶级利益的警察权力，通过立法已经转化为对于社会公众具有强制约束力的合法的国家暴力。社会公众之所以接受并服从它，是因为之前对于立法机关、立法程序和立法效力的认可，以及对于自己作为国家公民身份的认可。通过立法，警察权力就具有了正当性基础，国家就可以调动各种公共资源给予保障。

（二）警察权是法顺利实施的重要保障

法律由立法机关制定，但是法律的实施离不开两个要素：一是全体社会成员的服从，二是行政机关（包括警察机关）和司法机关的严格履职。恩格斯在《论住宅问题》中指出，随着法律的产生，就必然产生出以维护法律为职责的机关——公共权力，即国家[②]。在这里，恩格斯并不是说法律先于国家而出现，而是强调法律的实施离不开警察等国家公共权力的维护。离开了警察、法庭、监狱等国家暴力机关的约束，全体社会成员也难以自觉服从法律的规制。所以，警察权和其他国家公共权力资源是法律顺利实施的重要保障。

（三）授权与限权：警察与法的博弈

公权力具有天然的扩张性。孟德斯鸠说，一切有权力的人们使用权力，一直到遇到界限的地方才休止[③]。所以，对公权力要给予必要的限制。警察权是最典型的公权力，广泛涉及公民的基本权利，如果没有严格的限制，也会陷入权力腐败的深渊。民国时期的警察法学者余秀豪先生曾经对于警察的授权和限权问题有过精辟论述。他说，“警察因保持公共安宁秩序，而有限制人民自由之权力作用，惟此权力作用之行使，非警察可以绝对自由。若使此权

---

① 恩格斯著：《家庭、私有制和国家的起源》，《马克思恩格斯全集》第 21 卷，第 195 页。

② 恩格斯著：《论住宅问题》，《马克思恩格斯选集》第 2 卷，第 539 页。

③ ［法］孟德斯鸠著：《论法的精神》（上），张雁深译，商务印书馆，1961 年版，第 154 页。

力强大而无限制时，则人民将处于绝无自由之奴隶境地，抑亦为近世立宪思想所不承认。故对于限制人民自由之国家权力，非有一定之界限不可”[①]。这就出现了一个有趣的悖论：一方面不得不赋予警察广泛的公权力以保障其作用的实现，另一方面又要给予警察必要的限制，防止其擅权越界。如何在二者之间做好平衡，现代法治国家给出的方案是立法。通过立法对于警察授权和限权。警察法的一般标准就是警察权的边界。从警察的角度看，它一方面离不开法律的授权保障，另一方面又在努力挣脱法律的限制监督。从法律的角度讲，它一方面要授予警察必要的公共权力，另一方面又要努力把警察权关在制度的笼子里。警察与法律的关系始终处于这种博弈中。从历史上看，在实行君主专制的国家，警察制度发达但法治不发达（如封建社会的中国）；在实行民主共和的国家，警察制度不发达，但法治发达（如早期的古代希腊）。这从一个侧面印证了警察与法律的此消彼长，对立统一。当然，近代以来的民主与法治不断成熟，警察与法律逐步实现了动态平衡，警察的限权与扩权以法律为唯一标准，克服了人治因素的消极影响，呈现出良性发展态势。

二、民主警察制度的一般问题之思考

（一）民主警察制度的基本含义

按照现代民主政治的一般要求，民主警察制度是指与特定的民主政治模式相适应，以警察权的分权与监督为内容，以法治为载体的警察制度。民国警察法学家酆裕坤曾在考察西方（特别是英国）现代警察起源时指出，现代警察产生于民主政治时期，其基本特征是警察的职业化和民众对于警察的合作与监督[②]；实行民主政治和法治可以促进警察进步[③]。的确，民主警察制度本身就是民主政治制度的重要组成部分，一定意义上甚至可以说是民主政治的窗口。所以，没有民主政治就不可能产生民主警察，有什么样的民主政治，就有什么样的民主警察制度。

民主警察制度的基本特征有四：第一，强调权力分解。首先，警察权不仅仅是国家权，还是公共权。国家权是国家专有的权力，不能由非国家力量分享，这是其阶级性使然。公共权包括国家权，而且在现代社会里国家权是公共权最主要的部分，但不是全部。普遍存在于现代社会中的非国家力量也享有很多公共管理的权限，如行业自律组织、社会公益团体等。一个健康社

① 余秀豪著：《警察学大纲》，但彦铮勘校，法律出版社 2018 年 6 月版，第 10 页。

② 酆裕坤著：《现代警察研究》，但彦铮、孙峰勘校，法律出版社 2018 年 6 月版，第 53 页。

③ 酆裕坤著：《现代警察研究》，但彦铮、孙峰勘校，法律出版社 2018 年 6 月版，第 54 页。

会首先是一个民主社会。一个社会的民主化程度很大程度上取决于国家给社会中的非国家力量让渡了多少权力空间。好的政府是“守夜人”的政府而不是“全职保姆”的政府。在民主化程度比较高的社会中，警察权也不仅仅是国家权，也要有一部分让渡给非国家力量行使，警察权的主体是多元化的。由国家垄断警察权的社会一定不是民主发达的社会。其次，警察权内部是要层层分解，分别授予不同主体行使的。警察权集中于一个法律主体的模式就不再是民主模式，而是专制。中世纪的警察制度最为典型。分权是防止专制的最好形式，这已为所有民主发达国家的发展史所充分证明。当代美国的警察制度是最典型的分权制度。在美国，警察权广泛存在于各个执法部门，并不限于被称为警察机关的部门，几乎所有具有执法权的政府部门都具有程度不同的警察权。第二，强调责任划分。现代国家普遍追求并力行依法治国，权责相一致是依法治国的基本要义。所以，对于公权力设定的同时，必然要明确公权力主体的法律责任。权利与权力之间、权力与权力之间都要有清晰的边界，当然责任与责任之间也要有清晰的边界。责任明确是权力得以恰当行使和运行高效的基本前提之一。“法无明文规定不得为”除强调权力行使的界限外，当然也包含责任界限的明确。第三，强调制衡监督。孟德斯鸠是分权制衡理论的集大成者。他对于现代法治的最大贡献不在于系统整理和发展了分权思想，而是创造性地提出了权力制衡思想。他在《论法的精神》中说：“一切有权力的人都会滥用权力，这是万古不易的经验。要防止滥用权力，就必须以权力约束权力。”多少年来，无数政治家和法学家对孟氏的这两句名言推崇备至。笔者以为，基于权力的扩张性，对权力必须进行约束。从这一意义上讲，笔者赞同孟氏的主张。但是，孟氏提出制衡权力的途径是“必须以权力制约权力”，笔者对此不完全苟同。制约权力的途径应当有二：一是以权力制约权力；二是以权利制约权力。以权力制约权力即权力的制衡，当然是必须的。以权利制约权力即权力的监督也是不可或缺的。在现代民主的谱系里，权力的制衡和监督是“把权力装进笼子里”加以规范所依托的两大基本保障。对于民主警察制度而言，警察权的相互制衡和监督也是其必要内容。第四，以法律为载体，强调法律至上。民主是法治的内容，法治是民主的载体。民主警察制度和民主政治制度的其他部分一样，也离不开法治的保障。在两千多年前，亚里士多德就在其千古名著《政治学》中提出，法治的基本要义有两个：一是要有完善的良好的法律制度；二是全社会成员都要普遍地将法律至上作为自己的最高行为理念和准则。这里的全社会成员当然也包括警察主体这样的公权力主体。民主警察制度必须以法律的形式固定下来，不因执政力量的变更而变更，警察群体普遍树立起法律至上理念，形成对法律负责的职业习惯，是民主警察制度的生命力所在。仅仅依靠政策手段和职业道德训练不是构建民主警察制度的根本之道。

（二）民主警察制度的影响要素

一项法律制度的生成、发展和成熟往往要受到多种因素的制约，警察制度也不例外。在民主政治的背景下，作为民主政治的重要组成部分，民主警察制度是当今世界法治发达国家的普遍选择。在其特定的发展过程中，民主警察制度的一般影响要素具体包括以下五个方面：

第一，经济基础。马克思在《资本论》中说，经济基础决定上层建筑。民主警察制度作为现代社会国家上层建筑的重要组成部分，当然也受到经济基础的决定性影响。改革开放三十多年来，我国经济体制发生了深刻变化，社会主义市场经济基本建成，与之相适应的民主政治建设也在稳步推进。市场经济要求政府职能从管理向服务转变，从消极行政向积极行政转变，警察机关的职能定位、执法理念、勤务方式也都要随之调整。在警察资源配置上，首先要实现警察权的民主化安排和法治化运行，否则就与社会主义市场经济的内在要求相悖逆。所以，在民主警察制度构建过程中，经济基础要素是首先要考虑的要素。

第二，政治体制。一国的国家制度包括政治制度、经济制度、文化制度等诸多元素。政治制度又包括国家性质、政权组织形式和国家结构形式等内容。警察制度属于政权组织形式的重要内容之一。在宪法学上，政权组织形式又被称为政体，受到国家性质的制约。有什么样的国家性质就有什么样的政权组织形式。所以，警察制度也受制于国家性质。民主警察制度的构建必须是在实行民主政治的国家里才有可能。

第三，历史传统。法律文化是有传承的，这种传承不以任何个人或政治集团的意志为转移。“二战”后，日本受美国影响，进行警察制度的被动改造，但是多年来中央集权的传统影响仍然潜在地发挥作用，最后形成的是分权的形式、集权的实质。刑讯逼供在很多实行中央集权的国家里之所以屡禁不绝，和漫长的中世纪纠问式诉讼模式的惯性文化影响不无关系。所以，一国的历史文化传统对警察制度的影响不容忽视。我们在建设民主警察制度的过程中，必须对多年来的法治文化传统和警察文化传统进行整理，做到科学的取舍，以有助于民主警察制度建设的本土化改良。

第四，法治成熟度。法治成熟度是一个社会文明程度的重要标志。民主警察制度是现代法治文明的产物，并以法治为其载体和保障。在法治不成熟的社会里难以建成民主警察制度。当代中国自改革开放以来已经在法治进程上有了长足发展，但是距离法治国的基本要求仍然有一定距离。可以说，当代中国正在迈向法治的进程中跋涉。相对应地，民主警察制度的建设也不是一蹴而就的，而是需要有一个循序渐进的过程。这个过程是民主政治进程和法治化进程的一部分，不能单兵突进。近几年来个别地方进行的警务改革探索因为走的步子大了些而倍感艰辛就是很好的佐证。

第五，特定治安形势。警政建设的最终目的是社会治安的良性状态。不同时期的治安形势对于警察主体地位、警政任务、警察勤务等的影响具有很大作用。在世界民主发达国家，“警不入阁”是基本政治定律。但是在特定国家的特定历史时期，复杂多变的治安形势可能会暂时改变这一定律。当代中国，改革开放走入攻坚阶段，社会治安形势前所未有的复杂，警察机关面临的治安责任和治安任务极其艰巨，必须给予特别充分的政治和法律保障，使其有能力调动全社会的警务资源，方能完成维护社会政治稳定的治安使命，为改革开放提供良好治安环境服务。所以，各级警察机关主要领导由同级党委常委或政府副职兼任，在这样的特殊历史时期是合理的。但是我们也必须清醒地看到，警察作为一种社会历史现象，自有其内在发展规律，特定时期的特定做法不应成为长远的制度安排。等到社会治安形势趋缓，社会主义现代化事业进入平稳发展阶段时，警察机关回归本位当是常理中事。这样的思路在当年明治维新时期的日本和近代法国、德国等都曾适用过，从侧面说明了特定治安形势对警察制度安排的影响。

综上所述，民主警察制度建设是在经济基础、政治体制、历史传统、法治化成熟度和特定治安形势等多重因素交互影响下的产物。其中，经济基础是根本动因，政治体制是决定因素。当代中国的民主警察制度建设必须在综合考量以上诸因素的情况下进行整体设计和路径选择。

（三）民主警察制度的基本架构

按照民主的内在要求，任何一项公权力制度都要进行科学的分权机制设计和完善的监督制约机制设计，并且都要以法律的形式固定下来。就民主警察制度而言，以下几部分组成了其基本架构：

第一，央地分权。民主政治要求在中央政府和地方政府之间进行权力资源的合理分配，并实现相互制衡。表现在宪法上就是政权组织形式的选择。无论是在单一制国家还是联邦制国家，任何做大中央政府权力或地方政府权力的做法都不是民主选择。民主警察制度的构建当然也要合理划分中央政府和地方政府的人权、财权和事权。中央政府负责国家警察体制的整体设计和安排、中央警察机关的建设、涉及国家利益、跨区域警务以及高精尖业务领域的治安事务。地方政府负责地方警察机关建设和地方社会治安事务。相较而言，在世界各国三种基本模式的警察体制中，央地共管模式、央地分权模式比中央集权模式更容易建成民主警察制度。

第二，两警分设。刑事和行政是警察执法的两大基本领域。在执法主体资格、执法权力配置、执法手段选择、执法程序要求和执法监督救济等方面，这两大执法领域表现出很大差异。世界各国普遍对刑事警察和行政警察进行了不同的法律设定。分权思想指导下的民主警察制度建设内在地要求警察权进行适度支解和两警分设分立，这有利于警察权的规制，避免警察主体利用两种不同的执法角色转换实行恶意法律规避，侵害公众权益。

第三，全员建警。全员建警是指警察所有制形式的多元化和警察参与主体的多元化。关于警察所有制形式的多元化，后文将有专题论述，本部分主要阐述警察参与主体的多元化问题。警察参与主体的多元化是指警政建设不仅仅是警察主体自己的事情，还必须有执政党、立法机关、各级政府和社会公众的共同参与。执政党负责顶层设计并给予政治和政策保障；立法机关负责机构配置和法律保障；各级政府负责人力和财力保障；社会负责治安协助和民间警务资源的培育。警察机关自身只是法律执行机构，只负责法定职责范围内的警察事务执行。

第四，内外监督。公权力监督之必要性及其对民主化要求的充分体现自不待言。就监督的路径和模式选择而言，需要构建内外结合的全方位监督体系。首先，要建立警察主体的内部监督体系，包括警察主体和警察人员的自我监督、警察机构相互之间的监督制衡和内设专门监督力量的监督。其次，要建立警察主体的外部监督体系，包括来自立法机关、司法机关、政府监察机关和社会公众的监督。内部监督具有成本小、效率高的优点，但是监督的力度和深度不够，外部监督具有更彻底、更透明、更权威的优点，但是往往成本大、周期长。所以两种监督应优势互补，共同发挥作用。

（四）单一制国家结构形式下不存在实行民主警察制度的体制性障碍

在人类历史上，警察作为一种特定的社会现象，一直与人类政治文明的演进如影随形，同生共长，甚至可以说，它本身就是人类政治文明不可或缺的组成部分。人类社会的政治文明先后经历了奴隶社会警察制度、封建社会警察制度、资本主义社会警察制度和社会主义社会警察制度等多种历史形态的警察制度发展。但民主警察制度作为民主政治的重要内容，是随着近代以来民主政治的确立与普世化而逐渐生成和发展起来的政治文明产物。从国家结构形式上，实行联邦制的国家中很多建立了民主警察制度（如美国、德国等），实行单一制的国家中也有很多建立了民主警察制度（如法国、日本等）。实践证明，国家结构形式不是民主警察制度建设的障碍。只要实行民主政治，建设与之相适应的民主警察制度就是必然选项。我国是单一制国家结构形式的国家，同时又是以中国特色社会主义民主政治为政治体制改革的目标，构建中国特色社会主义民主警察制度既存在可能性也是必然选择。

三、新时代中国特色社会主义民主警察制度建设

（一）中国实行民主警察制度的必要性与可能性之思考

中国共产党历来重视民主建设。在1941年《党与抗日民主政权》一文中，邓小平同志就阐释了实行民主政治的优越性。他指出，民主政治的好处，正在于它能够对社会各方面的意见给予及时反映和平衡。民主政治能够保证我们将群众的表现作为测验政策正确与否的基本标准。民主政治能够使我们对事物感觉灵敏，随时具有高度的警惕性。民主政治还能够把接收群众监督落到实处，克服党员堕落腐化的危险，保持党的纯洁性。正是基于对民主的重要性的认识，邓小平同志同时提出要“加强民主教育”，“要善于在一切工作中……大大发扬大众的民主主义作风，与一切不民主的现象作斗争”。可以说，包括民主警察制度在内的民主政治制度是中国共产党多年来孜孜以求的目标，虽然历经坎坷但矢志不渝。当然，中国共产党追求的民主政治是现代政治文明与中国特色相结合的民主政治，是社会主义民主政治，不能照搬西方各国的模式，因为没有一种模式是放之四海而皆准的，民主政治只有与各国国情相结合才能展现出其特有的现代政治文明的魅力。

多年来，作为整体改革的一部分，中国的警务改革探索从来没有停歇过。历史进入新时代，中国已基本具备建设民主警察制度的经济、政治和社会条件。民主警察制度作为现代中国警务改革的目标定位也逐渐清晰。围绕中国的警务改革走过了一个怎样的道路、警务改革目标为什么定位在民主警察制度等一系列问题，笔者进行了以下过程整理和思考。

笔者以为，民主政治是以宪法为前提，以限权为核心，以法治为保障，以人权为目的的政治规范体系。也就是说，民主政治存在的价值和追求的终极目标就是人权。相对于人权而言，宪法、限权和法治都只是实现人权的途径和手段。制定宪法规范、建立法治国家和规制公共权力，都应当而且必然服从和服务于尊重和保障人权这一目的。作为整个国家民主政治建设的一个组成部分，警政建设自然也不例外。民主政治视野下的警政建设应当首推以人权保障为终极目标的警政理论的革命。

1829年，英国首开近代警政先河，当时的资本主义处于自由竞争阶段，行政法理念是“警察行政”。中国近代警政理论和警察制度“受教”于西方列强，但是，在中国人眼里，这些警察与中国的“捕快”无二，“维护正义”这一警政理论和警察的首要价值没有被中国本土化。1931年，中华苏维埃中

央临时政府设立了国家政治保卫局、内务部民警管理局和刑事侦察局，标志着中国共产党领导下的人民警察机关的正式成立。与此同时，在国民党反动派统治区，警察机构则从整体上完全成为阶级统治和镇压的工具。此时阶级矛盾是社会的主要矛盾，突出强调警察的阶级属性和工具作用具有现实需要。在这样的背景下，无论是在红区还是白区，“法治”“民主”“权利”等概念尚难以深入人心。中华人民共和国成立初期，由于稳定新生人民政权的需要，防范和打击特务分子的破坏，成为公安机关重要的工作内容。这一时期警察价值取向的核心是安全和秩序，警察的积极行政作用被淡化也成为必然，民主警察的概念仍然没有被提上建设议程。1949 年 10 月 30 日，在第一次全国公安工作会议上，周恩来总理指出：“国家安危系于一半，国家安危你们担负了一半的责任，军队是备而不用的，你们是天天要用的。”这句话的确反映出中华人民共和国成立初期面对巩固新生政权这样的治安形势，执政高层具有的警察理念。这一理念包含有特定历史条件下的“安全”警察观、警察工具论和浓厚的政治色彩。在这种警政理论指导下，“政”“法”一体，难言法治和民主。中间又经过十年“文革”的磨砺，警政理论一直在政治泛化和缺乏理性的社会矛盾解决运动中徘徊不前。

当然，从深层次分析，强调安全和秩序的警察价值，突出警察的阶级工具作用，重视警察集权有其深厚的中国传统文化土壤。在中国传统法律文化中，有一个恒久的命题就是“长治久安”，直至近代警政改良也没有冲破这一文化内涵的深厚影响力。其体现的核心价值是被浓厚的政治色彩包裹的“秩序”。因为“秩序”至上，就会在一定程度上忽略、漠视甚至侵害社会成员个体的正当权益，伤及基本人权。在这种警政理论指导下，从警察立法、警察执法到警察队伍建设都会出现忽视人民“安居乐业”只重“长治久安”的发展趋势。

值得重视的是，2005 年 5 月，在规格空前的全国社会治安综合治理先进集体和先进工作者表彰活动中，时任中共中央总书记、国家主席胡锦涛同志强调了通过搞好社会治安综合治理，构建和谐社会，维护社会稳定，实现保障人民安居乐业的思想。由此，在新的历史时期，“安居乐业”与“长治久安”摆在了同等重要的位置加以认识。党的十八大以来，习近平同志在多个场合提出，要让人民群众在每一起案件中感受到公平正义。2017 年 5 月 19 日，习近平总书记在会见全国公安系统英雄模范立功集体表彰大会代表时，向全国公安机关和公安队伍提出了“对党忠诚、服务人民、执法公正、纪律严明”的总要求。其中，执法公正的要求标志着以公平正义为核心的新时代警察价值观得以确立。这是关于警政理念变革的重要转折。

进一步讲，作为民主政治框架下警察理论革命的一个开端，公平正义警察价值观的提出为警政实践改革提供了价值引导和目标指引，全社会正义价值观的确立为以民主警察制度为核心内容的警政实践改革奠定了思想基础，使民主警察制度建设成为可能。警政的历史发展又使民主警察制度成为迈向法治、努力建设民主政治的当代中国的必然选择。经过三十年社会全面发展和价值观深刻调整的中国社会已经具备了建设民主警察制度的基本环境条件。

（二）国家警察与地方警察的分立分设是民主警察制度的基础性内容

民主警察制度建设的核心内容是警察所有制的多元化，其实质是警察权的合理配置，具体实现形式是国家警察、地方警察和民间安保力量三位一体的体系构建。其中，国家警察与地方警察的分离分设是民主警察制度的基础性内容。

国家警察和地方警察分离分设是法治国家的普遍警政模式。国地警察混设极易使警察权因过于集中而背离其设权初衷，走向变质异化，进而对国家利益、地方利益以及民众利益造成三重损害。实行国地警察分离分设，则不仅可以使警察权最大限度实现其正面功能，而且大大有助于整个国家的民主政治建设和警察法治建设。在我国，实行国地警察分离分设，首先，其是顺应了民主政治发展的一般规律。警察权的纵向切割，包括警察事务在内的省级地方自治，社会治安省级终责等，是我国民主政治建设的当然内容。其次，实行国地警察分离分设也符合各省区非均衡发展的现实国情。我国幅员辽阔，各省区经济社会发展悬殊甚大，经济水平、文明素质、治安突出问题和警务能力也大不相同。国地警察分设之后，地方政府不仅可以依据自身财力，自主灵活地决定本行政区警察机关的机构规模、人员编制、装备待遇等，还可以从本地社会治安实际出发，自主决定管控重点、管理方式、工作机制和服务规范等。这就避免了“大一统”警察体制带来的许多难题和弊端，使得地方警察队伍和业务建设更好地适应本地区经济社会发展需要。

现代警政历史实践表明，世界各国实行国地警察分权的基本路径均有所不同。有的国家从建国之初就对国地警察的分离分设进行了制度设计，并积极付诸实践，取得了很好的警政效果，美国就是典型例证。也有一些国家是在地方警务实践基础上产生了国家警务需求之后，才组建了国家警察机关并明确界分了国地警务的分界，使二者在各自的轨道上履职运行，在这方面英国是典型例证。还有一些国家，如我国，则是国地警察混设，两者的业务界限也不作明晰划分，中央警察机关是全国警察机构的领导机关，并非真正意义上的国家警察机关，其国家警务基本上由地方警察机关具体实施的。这种警察体制在一定时期内虽然也可以暂时完成国家赋予的警察职能，但体制弊端也是显而易见的，特别是在国家利益和地方利益发生冲突时，往往难以实现二者的平衡。表现在具体个案上，就是警察权行使的着眼点不同，从而可能产生截然相反的社会效果。

我国是一个中央集权制国家，中华人民共和国成立后的七十年里，警察权一直以国家名义行使。从 1957 年的《人民警察条例》到 1995 年的《人民警察法》，都没有涉及警察权的国家和地方划分问题。在市场经济和民主法治背景下，国地警察混设的种种弊端便日益凸显。一方面，地方警察机关常常越俎代庖，从事本该属于国家警察权范围内的警务活动。例如，在打击严重经济犯罪和知识侵权等方面，两警混设使得有的地方政府能够利用法律依托，貌似合法地实行地方保护主义。再如，缉私权本属国家警察权范畴，但有的地方政府却利用手中掌握的警察缉私权，变相纵容走私活动，以损害国家整体经济利益为代价，刺激地方经济发展。另一方面，国家警察机关也常常本末倒置，过多干预地方警察权范围内的警察事务。例如，初中级警察教育培训本是地方警察事务，但事实上却被中央警察机关基本垄断。中央财政每年都给各省核拨专项经费，县级公安机关的主要负责人还要由中央警察机关负责培训。这些中央警察机关代行地方警察权的种种表现，不仅会造成中央政府不堪重负，还可能挫伤地方警察机关的积极性，助长其推责和等靠心理。

笔者一直认为，政权性质和组织形式决定警察权的结构和体制，对警察权的授予、结构、制衡等设计又从一个侧面反映出民主政治建设的性质和水平。世界法治国家的民主政治体制大体可以分为中央集权体制和地方自治体制两类。相应地，这些国家的警察权体制也大体分为中央集权制和国家地方分权制两种类型。“二战”以后，法治国家宪政发展的一个鲜明特点是，无论哪种体制都不再是纯粹的中央集权制或纯粹的地方自治制，而是努力在集权与自治之间达到一种平衡。我国自秦汉以来一直是典型的中央集权的政权体制，与这种政权体制相应的也是高度集权的警察体制。这种过于集权的警察权体制带来的一个副作用是国家警察过多地过问地方警察事务，地方警察缺少足够权力自主处理本地警察事务。同时，地方警察机关也有借口推卸责任和消极作为，将大量的矛盾和困难向中央警察机关隐形上移。这也是造成大量涉法上访案件聚集京城的一个体制性原因。我国民主政治建设的一个重要目标是扩大地方自治，包括警察机关在内的地方政府官员应当按照宪法的规定，真正由当地民众选举产生并向他们负责。这也要求地方警察必须具有充分的权力自主处理本地警察事务，以期赢得选民的拥护。在这方面，日本给了我们很好的启发。日本近代以来经历过两次重大警务改革。第一次是明治维新时期的警务改革，主要是学习欧洲模式，由此确立了中央集权的警察体制。第二次是“二战”以后的警务改革，主要是学习美国模式，由此确立了地方分权的警察体制。经过半个多世纪的实践探索，当代日本的警察体制最终演变成本土化改造后的混合警察体制，警察权由中央政府和地方政府合理划分，分别行使，既有分权又有集权，警察权体制已比较稳定和成熟。

参照法治发达国家的警政建设发展道路，根据我国的现实国情，笔者以为，在国家警察与地方警察分离分设的具体制度设计上，需要解决以下三个问题：第一个问题是机构设置。一个时期以来，我国警察权的支解和让渡改革已经有了很大的进展。国家安全警察、监狱警察、缉私警察等已基本单立门户，铁路警察、林业警察、水上航运警察等行业警察也相对独立。但也不难看出，我国警察权结构变化仅限于横向的支解，基本没有触及纵向的分权。下一步改革应当在纵向分权即国地警察分离分设上狠下功夫。具体说，就是在中央政府设立国家警察总局，按照区域划分设立若干国家警察分支机构派驻各省区，市以下不设国家警察机构。所有国家警察事务由国家警察机构负责承担。以省为单位，在省市县三级设立地方警察机构，负责地方警察事务。地方警察机构基本维持现行警察体制。需要特别说明的是，按以上思路改革现行警察体制，必须澄清两点认识：一是在认识上必须避免实行“两警分设”，就是实行警察垂直领导的误区，这二者是有本质区别的。在我国人民公安史上，实行警察机关垂直领导曾经有过血的教训，应当高度警惕悲剧重演。警察机关的性质和职能决定了实行简单的警察机关垂直领导不符合中国国情。二是实行“两警分设”要注意法律成本的控制。建立国家警察机构不是在现有警察机构之外增设新的机构，而是着眼于现有警力资源，在充分论证基础上进行优化重组。第二个问题是职责划界。事权划分是“两警分设”中与机构设置相伴而生的必然课题，也可以说是“两警分设”的一个核心问题。我国国地警察事权划分不可突破现行国家政体，不能改变警察队伍的政治属性和社会属性。“两警分设”所涉及的体制改革、机构设置、职责划分以及工作协调等问题，可通过修改《人民警察法》加以明确。在责权划分上，凡属关涉国家利益的、跨省区的、全国联网不可分割的警察事务，都应当由国家警察一体承担，如涉及国家税收命脉的缉私警务，涉及国家核心利益的反恐警务，涉及国家主权的边防警务，涉及市场经济秩序的重大经济犯罪侦查，铁路、民航、航运、高速公路管理、要人警卫以及与外警的交流与合作等。对于与地方经济社会发展关系密切、社会化功能突出的警察事务，则交由地方警察行使，如治安管理、消防管理、普通道路交通管理、户政与人口管理、一般刑事案件侦查、部分刑罚执行以及社区警务等。第三个问题是分工合作。在实践中如果没有良好的分工合作机制，可能造成警务资源浪费，甚至两警冲突，消耗警务效能。在具体合作机制上，一是要情报信息互通有无，必要时可以建立统一共享的警务情报信息资料库；二是具体业务要相互配合。例如，在重大刑事案件侦查中，国家警察需要地方警察给予警力协助时，地方警察必须及时支援。必要时可在各自内部设立警务协作部门，有关协作的权利、义务和责任应当以立法加以明确规定。在这方面，欧美民主法治国家和很多国际警务机构（如国际刑警组织等）的成熟机制值得我们学习。

（三）专门警察：一个归属于中央事权的特殊警察领域

专门警察是指在某一特定行政领域专司安全与秩序职责的警察力量。专门警察是警察权扩张与行政内部资源整合相结合的产物。作为公权力，警察权具有天然的扩张本性。以空间领域不同为标准，这种扩张可以分为两个方面：一是在行政权内部的扩张，也就是向其他行政权领域的扩张。例如，很多欧美国家在税务系统设置的税务警察、在海关系统设置的缉私警察等专业警察，都是这种扩张的典型体现。当其他行政权不足以实现行政目标时，警察权协助诸般行政的功能促使警察权介入，与其他行政权相结合，共同完成行政任务。在这一过程中也实现了行政资源的动态整合。二是在行政权外部的扩张，也就是向社会领域的扩张。例如，警察特种行业管理范围的扩大、反恐警务中警察检查权的强化等，都是这种扩张的典型体现。在探讨专门警察的问题上，警察权在行政权外部的扩张不作为重点关注。专门警察主要是警察权在行政权内部扩张的结果。以扩张形式不同为标准划分，警察权的扩张也表现为两个方面：一是主动扩张，又被称为警察权的积极扩张。在国家安全、反恐怖等领域，警察权的扩张往往是主动的，因为这是警察权的原生领域，如果不主动应对，则难以完成维护国家安全和公共安全的基本职能。二是被动扩张，又被称为警察权的消极扩张。这种扩张往往是为了配合其他行政权行使而应其他行政部门要求进行的扩张。例如，在美国邮政部门设立的邮政警察、在意大利财政部门设立的财政警察、在我国部分城市设置的城市管理行政执法警察等。

与普通警察相比，专门警察有以下特点：第一，一般不隶属于地方政府，而由中央政府垂直领导，属于国家警察范畴。因而，专门警察并不按照行政区划进行地域配置，而是按照行业领域治安需求实行行业配置。第二，它负责的行业领域往往与国家利益或社会公共利益密切相关而有设置专门警察的必要性，如环境生态、航空、铁路等行业领域。第三，专门警察不但要符合一般警察的职业要求，还要具备特定行业的专业条件。例如，铁路警察就需要对列车结构和运行原理、铁路调度与运行、站点分布与沿途地理情况等非常熟悉，否则难以胜任专门警察的工作。第四，专门警察机关是独立的警察机关，具有以自己名义独立执法的权力，不同于经济犯罪侦查、禁毒、交通警察等公安机关内设警种。后者不具有独立执法权限（除非法律有明确授权）。

设置专门警察是世界各国警政建设的重要内容。在英国，大学校园警察、公园警察、水上警察等专业警察经过多年的发展已经非常成熟，各成体系。它们不但在各自领域具有治安管理权限，对于发生的刑事案件也享有独立侦查权。在美国，几乎所有具有执法权的联邦机构都建有自己的专业警察力量，体现了美国警察权的分散特点。像国籍和移民局、环境署、海关总署刑事调查局、缉毒署、烟酒火器局和国税局刑事调查部等专门警察机构，都有自己充足的执法资源，执法能力毫不逊色于联邦调查局和各地方警察局。在俄罗斯，内卫警察和税务警察是两支重要的专业警察力量。内卫警察隶属内务部管辖，内卫警察部队司令同时担任内务部副部长，全俄分 7 个内卫军区，实行垂直领导。税务警察由联邦税警总局领导。税警总局隶属政府，下设区域性税警机关及一些地方税警机关，是保障俄罗斯联邦经济安全力量的组成部分。在其他国家和地区，设置专业警察也是普遍做法。限于篇幅，不再一一赘述。

专门警察的建立，一方面适应了专门领域的特殊治安需求，另一方面也是警察权分解与制衡的体现，是民主警察制度的重要组成部分。但是，近年来专业警察的领域不断延伸，出现了过度扩张的趋势。在我国，除传统的铁路、民航、交通、林业、缉私、高速公路等专门警察机关外，近年来又在陆续设立一些新的专业警察，如校园警察、城管警察、公交警察、油田警察、矿区警察、工程警察、环境生态警察等，专门警察的领域不断延伸。那么，专门警察有没有边界呢？设置专门警察有没有科学的标准呢？

笔者以为，如果不合理划定专门警察的边界，最终会导致各行各业都出现警察的身影，“警察国”的非法治状态会悄然形成，这对社会和公民是危险的。设置专门警察大体应当遵循以下三个标准：第一，执法领域应当与国家安全利益或公共安全利益有着特殊的关联性。专门警察力量属于国家警察范畴。国家警察负责与国家安全利益或重大公共安全利益有关的治安事宜，如恐怖犯罪、走私犯罪、环境资源犯罪、税务犯罪、有组织犯罪、毒品犯罪的防控与侦查，边防、移民、出入境等行政执法管理。在这些领域的违法犯罪活动与国家安全或公共安全利益有直接关联性和超地域性，不宜由地方警察和民间安保力量负责。铁路、民航等专门警察所涉领域也往往跨地域并直接影响国计民生。这些领域自应设置相当规模的专门警察予以守护。如果某一领域与国家安全或社会公共安全没有特别的关联性，甚至完全可以由地方警察承担，则无须耗费成本投入组建专门警察。第二，其他行政手段力所不及而使警察权的介入成为必要。民国时期警察学家李士珍曾将警察的功能概括为三点：积极警察作用、消极警察作用和协助诸般行政作用。其他行政权与警察权的最大差别是不能对人身自由进行强制，从而在执法强度上大大削弱，在遭遇执法阻力时离不开警察权的强力支撑，警察协助诸般行政功能由此生成。其他行政权与警察权的这种特殊关系决定了警察权既不能在正常情况下越俎代庖，代替其他行政权，又要在职权设置与行使上实现有机对接。所以，作为警察权向其他领域的延伸，专门警察及其权限的设置必须以其他行政手段力所不及而有介入必要时作为前提条件。第三，具有相对独立的执法空间。这里的执法空间包括地域空间和行业空间。地域空间体现出专业警察执法空间不同于一般地域治安的独特性，如水上警察的执法空间体现为特定的水上区域，林业警察的执法空间体现为特定的林业区域。行业空间体现出专业警察执法空间不同于一般社会治安的独特性，如税务警察的执法空间体现为特定的税收执法领域，缉私警察的执法空间体现为特定的海关执法领域。地域空间和行业空间只要具备其中之一即可视为具有设立专门警察的必要性。按照以上标准设置专门警察，就会有章可循，科学设置，并使专业警察的运行得到有效规制。

遗憾的是，目前我国专门警察的设置、权限、执法程序和执法监督还没有完善的法律体系，应当借助《人民警察法》修改契机，通过立法完善将专门警察建设逐步纳入法治化轨道。

（四）民间安保力量：市场经济不断成熟条件下民主警察制度的重要组成部分

现代警察法学认为，民间安保力量是一国警察力量的重要组成部分。它与国家警察和地方警察各有职业空间，互相补充，互相支撑，共同构成了民主警察制度的基础。在民主发达国家，立法普遍明确规定民间安保力量的法律主体身份和基本权限。在我国，社会主义市场经济初步建立，包括民主警察制度在内的与之相配套的一系列民主政治制度正在逐步建立中。作为民主警察制度的重要组成部分，民间安保力量的培育和发展也势在必行。所以，相关理论问题的探讨极具现实意义。

在市场经济条件下，我们原先国家垄断警察领域的现象难以为继。社会组织和企业安全保卫、大型商事活动安全保卫、商事纠纷调查、私人安全保障、特定商品押运等民间治安需求大量出现。这些需求不宜也无法再像计划经济条件下那样由国家无偿给予解决。这就为我国民间安保力量的培育和发展提供了必要和可能。

从国外的民间安保力量发展来看，也大体经历了一个适应市场经济发展内在要求的从无到有的发展过程。以美国为例，它的民间安保力量的数量目前已经远远超过了国家警察，业已成熟的“小政府大社会”的治理形态，就包涵了国家警察的有限职责管辖和民间安保力量的广大业务空间。虽然目前我们与美国所处的经济社会发展阶段尚有差异，但其民间安保力量发展的历史经验值得像中国这样的经济后发国家所借鉴。当然，在倡导民间安保力量大力发展的同时，也要警惕民间安保力量拥有合法组织身份和一定的警察权后可能产生的一些副作用。为此，在对民间安保力量的授权上，应当遵循以下基本原则：一是与国家警察相衔接。民间安保力量业务是国家警察业务的延伸和补充，两种权力之间的联系与衔接是必须考虑的。二是与职业责任相适应。凡是单位内部和大型活动治安保卫中所需要的权力，原则上都应授予民间安保力量。同时，就纠纷事件调查证明所必需的权力进行专门的规定。三是与宪法原则相协调。对民间安保力量的授权不能损害国家和集体利益，不能给侵犯公民的合法权益造成便利。同时，在确保其拥护中国共产党领导的前提下，从授权上排除其武力干预其他社会事务的可能，始终保全其商业服务的产业属性。在组织形式上，民间安保力量大体可分为两种类型：一是以调查证明为主要业务的机构。这类民间安保力量组织应采取合伙制的所、社组织形式，运营模式应类似于律师事务所。二是以安全保卫和安全防范为主要业务的机构，这类民间安保力量组织应按照公司法规定实行商业公司组织形式，如保安公司等。我国目前的保安公司已生发多年，但运作模式却很初级，需要业务拓展和升级改造，在发展同业竞争的同时，要逐步形成武装押运、私人保镖、大型活动保卫、机场铁路安检以及油田、矿山、学校、工厂、金融单位等专项和行业保安公司，进而逐步形成全国范围的大型集团公司。

还需要特别提及的是民间安保力量与公共警察的法律关系。它们之间应当是指导与被指导关系，但不存在身份上的贵贱优劣之分。公共警察机关作为民间安保力量的主管部门应担负起总体规划、业务指导、审批监督等职责。所有公共警察部门都应从本职业务上对民间安保力量予以密切衔接和良性配合，对诸如案件移送、证据移交、结论认可、信息共享等业务事项依法提供便利和支持。退休和辞职的公共警察可以有条件地充任民间安保力量，并可担任领导骨干。优秀的民间安保力量同样可以通过统一招录进入国家警察行列，其中有的专家还可以根据需要单独选入公共警察部门。

第三章　警察价值与警察任务

第一节　什么是警察价值

一、警察价值的一般问题

探讨警察的价值问题，实际上就是探讨警察为什么存在，警察存在的意义是什么，或者说，就是探讨为什么有警察的问题。马克思主义认为，价值实质上是物的属性，这种物的属性与人的需要关系密切，为人们所利用。或者说，价值是物所表现出来的对人有用的属性[①]。在马克思看来，价值是被人们总结出来并为人们所服务的客观存在意义。警察价值作为价值的一种特殊表现形态或特殊形式，本质上是作为客体的警察现象与作为主体的一定社会群体及个人之间的意义关系。社会主体的警察价值需求是产生警察价值的根源，具有特定功能属性的警察实践则是创造警察价值的物质形式。

在国外，关于警察与警察价值的研究，体现出多元化与包容性。有学者从政治学角度进行了思考，如英国学者菲利蒲·约翰·斯特德在其《英国警察》一书中提出，对于民主警察制度来说，警察的力量过于强大固然不好，但警察的力量不够强大也同样是很危险的，这两种极端都会损害国民的自由，因此必须尽力保持这一平衡。也有学者从法理学角度进行研究，如美国学者博登海默在其《法理学——法律哲学与法律方法》一书中提出，社会进程中的秩序具有某种程度的一致性、连续性和确定性。所以，以维护秩序为己任的警察法也应当具有一致性、连续性和确定性。当然这种一致性、连续性和确定性是相对的。还有学者从犯罪学、社会学、经济学等不同视角进行了警察与警察价值的探讨，如黑格尔的《法哲学原理》、马克思的《“新莱茵报”审判案》、恩格斯的《家庭、私有制和国家的起源》、泰·德萨米的《公有法

---

① 《马克思恩格斯全集》(第26卷第3册)，人民出版社1974年版，第139页、第326页。

典》等都有对警察与警察价值的重要阐述。概括而言，国外关于这一领域的研究起步较早且深入，并有效引领了不同时期不同国家的警察法治改革。

在国内，关于警察与警察价值的研究，应该说主要发端于改革开放之后。较有代表性的成果有戴文殿教授主编的《公安学基础理论》（中国人民公安大学出版社 1992 年版）、胡大成、周家镶两位教授合著的《警察政治学》（南京大学出版社 2004 年版）、王大伟教授的《欧美警察科学原理》（中国人民公安大学出版社 2007 年版）、张兆端教授的《警察哲学》（中国人民公安大学出版社 2008 年版）等。国内学者的研究大多集中在法学、政治学和警察学三个领域。一般认为，从警察价值的具体形态入手，秩序、正义、自由和安全是警察价值的四个基本要素。较为一致的认识是，警察价值是其从法律角度的体现。警察价值是警察立法的逻辑起点和终极归宿。有什么样的警察认知和警察价值就会有什么样的警察立法。这些关于警察价值的研究对警察立法和警察执法产生了重要影响。但是当中国经济社会发展进入新的历史时期后，学术界关于中国特色社会主义警察价值的专门研究鲜有问世，这从一个侧面反映出理论研究的滞后。警察法时代价值研究的滞后是当前警察立法推进艰难的一个重要原因。加强新时代中国特色社会主义警察价值内涵的研究阐释，引领警察立法实践成为当务之急。

二、警察价值诸要素

（一）秩序

秩序是自然界和人类社会发展过程中逐渐沉淀而成的规律性现象。以其生成过程不同为标准，秩序可以分为自然秩序和社会秩序。前者是客观形成的不以人的意志为转移的规律性现象，主要存在于自然界，如“物竞天择”“优胜劣汰”等；后者是在人的主观意志影响下逐渐形成的规律性现象，主要存在于人类社会，如“长幼有序”“遵守公德”等。法律及警察主要维护的是社会秩序。马克思曾对社会秩序进行了深刻的总结，他说秩序是一定物质的、精神的生产方式和生活方式的社会固定形式，建立社会秩序的目的归根结底是要创造一种安居乐业的条件。在阶级社会中，秩序总是首先起着维护统治阶级利益的作用①。人类学认为，对秩序的需要根植于人对安宁生活的本性需求，只有秩序存在了，人的其他需求才可能实现。所以，在警察追求的几种基本价值中，秩序为其他价值提供了前提条件。

笔者认为，在社会秩序构建和维持方面，警察的作用有三：一是对政治

---

① 张文显著：《法哲学范畴研究》（修订本），中国政法大学出版社 2001 年版，第 196 页。

秩序的巩固和维持。在我国现阶段，警察的政治秩序价值主要体现为巩固宪法所确立的基本国家制度，如巩固中国共产党的执政地位、巩固人民民主专政的国家性质、巩固以人民代表大会为核心的政权组织形式等内容，为社会主义民主政治建设服务。二是对经济秩序的巩固和维持。在我国现阶段，警察的经济秩序价值主要体现为依法严厉打击破坏社会主义市场经济秩序的各类违法犯罪活动，促进市场经济发展所需的良好秩序环境的形成，为社会主义市场经济发展服务。三是对社会生活秩序的巩固和维持。在我国现阶段，警察的社会生活秩序价值主要体现为保障社会公众的合法权益不受非法侵害，为人民群众安居乐业创造良好环境。概括起来，在现阶段，我国警察的秩序价值就是保稳定、保发展、保民生。

（二）正义

“正义”在英文里被称为“justice”，是正确判断的意思。古希腊的亚里士多德用“正义”一词指代人的正确行为。在近现代西方思想家那里，“正义”更多地是被当作道德标准，用来评判社会制度优劣的。在很多语境下，“正义”甚至被看作是社会制度的首要价值。法律则一直被视作维护和促进正义的艺术或工具。虽然正义的含义非常丰富，但是逐渐成为其普遍含义的是法律意义上的正义。在法律上，正义是指公正的制度。按照美国法学家庞德的观点，正义不是指个人的道德品行和相互间的理想关系。正义意味着对关系的调整和对行为的安排，这种安排是一种体制性安排。罗尔斯在《正义论》中更为明确地指出，正义的制度是被作为分配公民的基本权利和义务、划分社会公共利益的基本保证。从社会构成上看，正义包括两个基本方面：一是实体正义，它表现为各种社会资源、社会合作的利益和负担分配的正义问题；二是形式正义，它表现为社会争端和冲突的解决的正义问题。作为行政执法与刑事执法的基本主体，警察的严格、公正、文明、规范执法就是维护社会形式正义并最终实现实体正义的重要手段之一。这就要求警察执法要符合基本的道德价值，实现规范的普遍性以及在法律面前人人平等。在当代中国，警察行为的实施应该有别于传统的警察行为，应该是以维护社会的公共安全秩序、提供公众服务和实现法治为其执法目标。也就是说，按照正义的要求，强调警察行为目的的正当性在当代中国具有现实意义。

（三）自由

自由的含义可以从三个层面上进行理解和阐述。首先，在哲学层面上，自由与必然是一对相对应的范畴，是指人类对客观世界认识和改造所达到的一种状态。其次，在政治学层面上，自由是与民主相对应的一对范畴，是指人们从被约束中解放出来的状态或对国家事务的参与空间。再次，在法律层面上，自由是与权利相对应的一对范畴，是指不同的社会成员在国家权力所允许的范围内活动的能力或状态。法学和警察学所关注的主要是社会生活中的自由，主要包括社会政治生活、经济生活和文化生活中的自由。社会各阶层成员在基本的社会关系中有多少可以按照自己意志活动的权利空间，是判断某一社会自由程度和民主程度的重要标准。在实践中，人们在获得和行使自由的过程中时有相互冲突，这就需要一种公意机构来裁定纷争、保护自由，于是警察作为国家的代表得以出现。然而，警察在保护和实现人们的自由中又必须以限制和剥夺人们的某些自由为前提，于是警察与自由之间构成了一对需要与排斥的矛盾体，也就导致人们的自由的实现与警察之间产生永久的冲突。冲突如何协调，和谐如何实现，在对警察价值的本原探索中，我们逐渐对警察与自由的关系有了理性的认识：警察在人们实现自由的过程中是必要的，正如“国家是必要的‘恶’”一样，“警察也是必要的‘恶’”。同时，对于警察这种“恶”必须加以限制和监督，以保证自由最大限度地不被它侵害。

关于警察和自由之辩证关系以及自由作为警察价值之认同，英国近代专职警察的产生过程便是典型例证。从十八世纪中叶开始，在半个多世纪里，英国警察制度的改革者们一直在苦苦探寻一种新的警察制度而努力。但大多数英国人一方面希望建立良好社会秩序，另一方面又反对建立一支正规化职业警察力量，不支持改变传统警察现状。刚刚经历过君主专制痛苦的英国人认为，个人自由非常重要，一支强大的掌握公权力的警察力量对自由会形成巨大威胁。再加上英国维护地方自治政府的传统因素，警政改革几乎成为不可能。但是，当1780年6月伦敦爆发了近代史上最严重的戈登暴乱时，传统治安力量的不足立刻显露出来，于是动用军队来维持治安。对此，人们开始反思通过警政改革建立一支非军事化的文职警察力量来应对当时社会动荡的必要性。近代职业警察最早的倡议者、苏格兰地方行政长官帕特里克·科奎豪恩在他于1797年出版的警察学专著《论大都市警察》中，专门阐释了警察与自由的辩证关系。他认为，警察具有保护自由的积极作用，而不是对自由构成威胁。而警察的这种积极作用主要表现为，通过强制性力量来规范人们的行为，引导人们在享受自己自由的同时不损害他人的自由。另外，关于人们担心的中央政府与地方政府的关系会受到负面影响，从而有损地方政府自治权的问题，也在英国“现代警察之父”罗伯特·皮尔那里得到了妥善解决。他提出了“央地共管”的警察模式。在这种模式下，警察的权力既源于国家宪法，也源于地方法律。在治安责任由中央和地方分担的同时，关于警察的人事权、财政权和事权也由中央政府和地方政府合理分摊。罗伯特·皮尔的改革方案被认为是英国警察史中非凡的成就，赢得了当时英国各个阶层的认可，以至于1829年《伦敦大都市警察法》审议时竟然没有一票反对而被高票通过施行。世界上第一支正规的职业警察力量——伦敦大都市警察由此诞生。之后，英国议会又相继通过了《城市自治团体法令》（1835年）和《郡警察法令》（1839年），有力推动了全国各地新式警察力量的建立。新警察逐渐赢得了市民的尊重和接纳。

当然，应该承认警察与自由的平衡和协调在实践中是非常不容易的，因为受到自身阶级属性和权力属性的制约，警察群体在它们执法活动中要完全成为民众利益的代表确实不是一件容易的事情。人们对警察的职业理解和认可也远没有达到应有的水平。事实上，人们对警察的感情是矛盾而复杂的，一方面在自己自由受到他人侵害时希望警察在自己身边，另一方面在警察限制自己的自由时采取敌对的态度。这就要求警察努力塑造自己的公意代表形象，作为法律的执行者，要清楚地知道警察的权威并非来自自身的权威，而是来自法律的授予，来自民众的首肯。同时，也要求民众在基本的意义上认识到警察是我们自由的必须，警察的存在和对我们部分自由的限制是我们实现自由中不得不做的权利的让渡。从更高层面来讲，在现代民主国家，警察的力量过于强大固然不好，但警察的力量不够强大也同样是很危险的，这两种极端都会损害国民的自由，因此必须尽力保持这一平衡。

（四）安全

马克思在《论犹太人问题》中提到，安全本来就是警察的概念，也是市民社会的最高社会概念。按照这个概念，整个社会存在的价值就在于保证它的每个成员的基本权利不受侵犯①。美国心理学家马斯洛按照由较低到较高的层次把人类的基本需求分成生理需求、安全需求、社交需求、尊重需求和自我实现需求五类。其中，安全需求包括对人身安全、生活稳定等的需求。与心理学的关注点不同，我们在这里研究的安全主要是指宏观层面的安全，不专门研究特定的公众个体安全。它包括两个方面的问题：国家安全和社会公共安全。当代世界绝大多数文明国家，都把维护安全作为警察的基本职责和任务，并通过法律加以规定。

国家安全一般是指作为政治权利组织的国家机器所建立的社会制度的生存和发展的保障。它包括政治安全、经济安全、军事安全、文化安全、信息安全和生态环境安全等十一个方面的内容。警察维护国家安全的主要职责就是依法预防、制止和打击危害国家安全的违法犯罪活动。进入现代以来，不

① 马克思：《论犹太人问题》，《马克思恩格斯全集》第1卷，人民出版社1956年版，第439页。

少国家和政府为了加强国家安全保卫工作，相继从传统的警察组织中分化成立了专职的国家安全部门和国家安全警察。除专职的国家安全警察、军事警察力量外，信息警察、网络警察、文化警察以及处置各类突发事件的特种警察等新的警察力量也因适应新的维护国家安全形势的需要应运而生。

社会公共安全是指不特定的多数人的生命健康和公私财产安全。维护社会公共安全是世界各国警察的主要职责和常规工作。《人民警察法》第 2 条第 1 款就规定："人民警察的任务是维护国家安全，维护社会治安秩序，保护公民的人身安全、人身自由和合法财产，保护公共财产，预防、制止和惩治违法犯罪活动。"

三、新时代中国特色社会主义警察价值取向

警察价值有阶级性和时空性。在不同时代、不同国家的警察法律制度中，警察的价值属性和角色定位有所不同，警察的任务边界和执法要求自然也有所不同。正如台湾警察法学者李震山先生所言，警察之意义具有强烈的时空性，单从某一角度、某一时代或某一国度为基点研究警察的概念，都将赋予警察两个字不同之内涵①。警察含义如此，警察价值亦如此。

新时代中国特色社会主义警察价值研究应当从三个维度上展开：

一是警察价值的"社会主义"维度。社会主义警察价值的核心要求在于体现警察的"人民性"。社会主义国家旗帜鲜明地提出警察的阶级性，反对西方资产阶级学者提出的所谓"警察中立论"和"国家警察论"，强调以人民为中心构建新型警察模式。1957 年《人民警察条例》第 1 条就明确规定："中华人民共和国人民警察属于人民，是人民民主专政的重要工具之一，是武装性质的国家治安行政力量。"

二是警察价值的"中国特色"维度。中国特色社会主义法治的核心要义是坚持党的领导、依法治国与人民当家做主的有机统一。与之相适应的是，中国特色社会主义警察价值取向的基本要求之一应当是政治建警、法治建警与民主建警相统一。中国特色社会主义警察价值的确立必须考量并体现这一要求。

三是警察价值的"新时代"维度。当今时代，传统安全风险与非传统安全风险并存，各国面临恐怖主义、网络犯罪等共同挑战。加强全球安全治理，打造安全有序的人类命运共同体成为各国共同的目标。就中国而言，正处在战略机遇期和矛盾凸显期的历史交汇点，社会治安态势复杂。2015 年 10 月

---

① 李震山著：《警察法论——警察任务编》，台北正典出版文化有限公司 2006 年版，第 3 页。

29日，习近平同志在党的十八届五中全会第二次全体会议上指出："今后5年，可能是我国发展面临的各方面风险不断积累甚至集中显露的时期。"他还进一步判断指出，各种风险往往不是孤立出现的，很可能是相互交织并形成一个风险综合体①。因此就要不断提升国家治理能力和治理体系现代化水平，用法律的、政策的、经济的、文化的等多重手段综合施策，有效应对。在全面依法治国的语境下，要习惯并善于用法治思维、法治手段治国理政。正在修订完善的《人民警察法》及《治安管理处罚法》等警察法典，也必须充分考量新时代维度下的现实国情，对警政建设准确定位，以科学的警察价值取向引领警察立法实践。

综合以上三个维度的考量可知，新时代中国特色社会主义警察价值的再平衡极为必要。在价值内容上应当更加丰富，在各价值要素内部关系上应当进行新的取舍排序。

第二节　警察价值决定警察任务

一、警察任务的一般问题

（一）任务与警察任务

任务是指承担的工作内容。警察任务是指警察依据法律规定承担的工作内容或工作职责。

警察任务是一个法学概念。警察任务是通过警察法确定的。但是应然法上的警察任务和实然法上的警察任务往往存在一定的差距。应然法上的警察任务是根据特定国家特定地区的警察性质确定的警察应当具有的任务。由于统治阶级对于法治认识水平的差异和立法机关立法技术的不完善，常常导致制定出来的实然法律规范不能充分表述警察的应然任务。努力实现应然法上的警察任务与实然法上的警察任务趋于一致，是警察法的目标。

从历史上看，各国警察任务基本上却经历了一个从简到繁的立法过程。在现代警察发源地的英国，早期的警察任务只有三项：维持治安、追捕犯人与指挥交通。第二次世界警务革命之后，警察任务日渐丰富。例如在美国，警察任务包括了拘捕犯罪人、扰民调查、危难救助等广泛的任务内容。"举凡

① 中共中央宣传部：《习近平总书记系列重要讲话读本》，学习出版社、人民出版社2016年版，第65页。

不属于其他市政府机关之事情，悉交警察局负责办理”①。我国民国时期的警察甚至还有训练壮丁、教化民众、协助征兵、不正当营业等任务。警察任务的日渐繁重与统治阶层对警察的依赖日重以及法治的欠发达有莫大关系。法治越发达，政府其他职能部门越完善，警察任务越应简单明了，边界清晰。当前，我国警察任务繁巨而疲于应付，甚至提出“有求必应”的社会性承诺导致自身不堪重负，民众反而不甚认可，这种现象皆因警察任务规定不清晰所致。正在进行的《人民警察法》修订，应在警察任务内容和边界厘定方面有所突破。

（二）各国实定法上的警察任务

对于警察管理层来讲，必须对警察任务保持清醒的认识，才能科学合理地调配警力，实现最佳警察目的。对于一线警察人员来讲，只有对警察任务认识到位，才能清楚自己的行为边界，做到警察权行使到位不越位。所以厘清警察任务不仅有重要的理论意义，也有重要的现实意义。

因为法系归属和法律传统的差异，世界各国在警察任务立法方面模式不尽相同，大体分为两大类型：

第一种类型：在警察基本法上对于警察任务加以明确规定，代表性国家有法国、日本、俄罗斯、韩国、芬兰等。例如在法国，《法国国家警察职业道德准则法令》（1986 年）第 1 条规定：“国家警察在法国境内承担保障自由，捍卫共和国制度，维护和平和公共秩序，保护人民生命和财产安全的责任。”在日本，《日本警察法》（2004 年）第 2 条第 1 款规定：“警察担负着保护个人生命、身体、财产安全的责任，以一切预防犯罪、打击犯罪、侦查犯罪、逮捕嫌疑人、管理交通等维护公共安全与秩序的任务为自己的职责和义务。”在俄罗斯，《俄罗斯联邦民警法》（1999 年）第 2 条规定：“民警机关的任务是：保障人身安全；预防、制止犯罪和行政违法行为；查明和侦破犯罪；维护社会秩序和保障公共安全；保护私人、国家、市有以及其他所有制形式的财产；在本法规定的范围内，帮助自然人和法人，以保护他们的权利和合法权益。”

第二种类型：一般不在国家警察基本法上对警察任务进行规定，而是将警察任务分散规定在一些具体的警察任务法中，甚至与警察具体职责糅合在一起，不作明显界分。这一类型的代表性国家有英国、美国、德国、澳大利亚等。例如在英国，不同时期不同领域的警察法案都有对警察任务的规定，并为全体警察一体遵守。《英国严重有组织犯罪和警察法》（2005 年）等法律

① 余秀豪著：《警察学大纲》，但彦铮勘校，法律出版社 2018 年 6 月版，第 26 页。

在多处条款规定的警察任务包括：预防和侦查有组织犯罪；应其他执法机关要求采取协助执法行动；配合检察官或法官令状的执行；其他任务。在澳大利亚，《澳大利亚联邦警察法》（2005 年）和《澳大利亚打击犯罪委员会法》（2003 年）等警察法律在多处条款中规定有警察任务内容，概括起来主要有三项：侦查犯罪、保护性服务和杂项任务。在德国，根据《德国联邦警察法》（1997 年）以及各州警察法规，警察的任务大体包括：刑事犯罪预防、侦查与刑罚追究，国际警务合作，宪法机关成员保护，证人保护，公共秩序维护和其他任务。

概括起来，各国警察法规定的警察任务大体可以归纳为以下几点：第一，警察任务的确定因各国警察与警察法历史发展不同而有所不同，警察任务的立法体例与警察机关体制类型和国家结构形式不完全一致。例如，日本是央地共管的混合制警察机关体制，但以警察基本法的成文立法例对警察任务加以明确规定，英国是不成文法的典型国家，却也在成文的警察单行法中对警察任务和职责有很多明示性规定。第二，虽然各国警察法关于警察任务的规定表述不一，侧重点也不尽相同，但内容大体一致，主要包括以下几方面：一是保护公民个人人身和财产安全不受非法侵犯；二是保护公共安全，维护公共秩序；三是预防和侦查犯罪；四是提供警察服务；五是法律明确规定的其他任务。

（三）我国实定法上的警察任务

《人民警察法》第 2 条第 1 款规定："人民警察的任务是维护国家安全，维护社会治安秩序，保护公民的人身安全、人身自由和合法财产，保护公共财产，预防、制止和惩治违法犯罪活动。"据此，我国实定法上的警察任务可以概括为以下几个方面：

第一，维护国家安全。国家安全包括国家政治安全、国家经济安全、国家生态安全等多方面安全，关乎国家生死存亡的根本问题，维护中国共产党的执政之基，维护人民民主专政的国家政权稳定，维护国家长治久安是人民警察的首要任务。这一任务体现了人民警察的阶级属性。

第二，维护社会治安秩序。社会治安秩序包括公共秩序、公共安全和社会管理秩序等内容，点多面广，既关乎国家政权安危，也关乎社会稳定，关乎人民群众能否安居乐业，是公安机关的基本工作领域。公安机关是国家负责社会治安管理的专门职能机关，维护社会治安秩序是公安机关的基本任务。

第三，保护公民的人身安全、人身自由和合法财产。公民的人身权利、财产权利受法律保护是宪法规定的基本权利。依法保护公民的人身安全、人身自由和合法财产权益是人民警察的重要任务。这一任务的实现有赖于以下几个途径：一是通过加强治安防范，有效预防针对公民权益的各类违法犯罪的发生。二是通过有力的行政处罚和犯罪侦查，有效打击针对公民权益的违法犯罪，彰显社会公平正义。三是有效应对各类威胁公民人身安全和财产安全的突发事件，对公民进行危难救助。四是扎实做好社区警务，营造良好治安环境，引导公民加强自我防范。

第四，保护公共财产。《宪法》第12条规定："社会主义的公共财产神圣不可侵犯。国家保护社会主义的公共财产。禁止任何组织或者个人用任何手段侵占或者破坏国家的和集体的财产。"我国是社会主义公有制为主体的国家，公共财产是国家经济命脉和社会发展物质基础所在，保护公共财产不受侵犯是人民警察义不容辞的责任。

第五，预防、制止和惩治违法犯罪活动。人民警察的这一任务与前四个任务是交叉关系。维护国家安全，维护社会治安秩序，保护公民的人身安全、人身自由和合法财产，保护公共财产，离不开对违法犯罪活动的预防、制止和惩治，对违法犯罪活动的预防、制止和惩治本身就是前四项任务实现的重要途径和内容。对违法犯罪活动的预防、制止和惩治是人民警察基本任务之一。

从内容上看，《人民警察法》这五项任务与各国警察法规定的警察任务大体一致，也与我国人民警察的性质基本吻合，既体现了对国家和社会公共利益的维护，也体现了对公民个人权益的保护，多年来在人民警察执法勤务中发挥了重要的规范指引作用。

二、警察价值与警察任务的辩证关系

（一）警察价值引领警察任务

警察任务由警察性质决定的，不同性质的警察承担的任务各有不同。但是警察任务一经确定，如何实现则与警察价值有重要关系。警察价值观是引领警察任务实现的精神指引。当然，警察任务的实现受到多重因素的影响，如警察人员的数量和质量、警察装备能否满足警察勤务需要等。但是，警察价值观指引具有的职业文化影响力是无可替代的。没有正确的警察价值观指引，警察作为一个职业群体将缺乏凝聚力和战斗力。

警察价值观一定是在长期的警察发展过程中，逐渐形成并浸染了鲜明的警察职业特点的一种职业文化。同时，警察价值观的形成又往往带有鲜明的时代烙印和阶级烙印，这是由警察的自身属性所决定的。资本主义国家强调警察中立，强调警察只对国家负责，警察是超阶级的，因而将抽象的秩序、正义、自由等作为警察的价值。但警务实践往往证明，世界上没有什么超阶级的警察，警察作为国家的重要组成部分，永远都是为统治阶级服务的。这一点在马克思、恩格斯和列宁等经典作家那里早已经被充分论证。所以，资本主义国家警察的价值观带有其特定的虚伪性和欺骗性。社会主义国家强调警察的人民性，强调对人民的民主和对敌人的专政。在我国，明确提出了“为人民服务”“以人民为中心”的警察理念，强调警政建设和警察勤务要努力满足新时期人民群众对民主、法治等美好生活的新期待，要努力在每一起案件中让人民群众感受到公平正义。新的时代对警察价值观塑造提出了新的要求。这些警察价值观成为新时期警察执法的重要精神指引。

（二）警察价值通过警察任务得以实现

警察价值属于精神层面，警察任务属于物质层面。在哲学上，精神与物质是相辅相成，对立统一的。离开了精神，人类的物质活动会失去动力和方向，离开了物质，人类的精神活动会无所依托，虚无缥缈。警察价值虽然对于警察任务有着重要的引领作用，但是，警察价值的实现也离不开警察任务的保障。通过警察任务的实施，社会公众能够深切感受到警察努力传达的正义、自由等警察价值，会对警察所维护的秩序更容易接受，会在与警察的法律互动中，共同提高法治素养。全体社会公众法治素养的提升，又可以为警察价值的丰富和升华创造良好的社会环境，从而在警察和社会公众之间产生一种良性的精神互动。这种全社会的警察文化意识的培养对于警察来讲是有重要意义的，当然也是统治阶级所乐于见到的。

三、新时代中国特色社会主义警察价值的形成与实践意义

（一）新时代中国特色社会主义警察价值是多年来警察法治建设成就的继承与发展

中华人民共和国成立以来，新中国共有三次警察立法高峰。第一次警察立法高峰是在中华人民共和国成立之初的五十年代。当时为了巩固新生的人民民主政权，在迅速建立全国性警察机关的同时，以 1954 年《公安派出所组织条例》、1954 年《中华人民共和国逮捕拘留条例》、1957 年《人民警察条例》、1957 年《中华人民共和国治安管理处罚条例》（以下简称《治安管理处罚条例》）等为代表的警察组织法和警察任务法相继出台。第二次警察立法高峰是在改革开放初期的二十世纪八十年代至九十年代中期。当时面对商品经济快速发展带来的动态社会治安形势变化，配合警务改革的推进，相继出台了 1986 年《治安管理处罚条例》、1992 年《人民警察警衔条例》、1995 年《人民警察法》等警察组织法和警察任务法。第三次警察立法高峰是本世纪初

期，随着执法规范化建设的深入开展，2004 年《公安机关组织管理条例》、2006 年《治安管理处罚法》等一批法律法规相继出台。当然，这期间，还有一些党和国家的政策性文件以及许多警察执法相关法律法规也陆续出台，成为警务工作的有力支撑，如《中共中央关于进一步加强和改进公安工作的决定》《公安机关督察条例》《人民警察使用警械和武器条例》等。据我们初步统计，截止到 2018 年 1 月，公安工作涉及的法律共计 82 部，行政法规共计 55 部，公安部规章共计 90 部。另外还有数量众多的监狱警察法规、司法警察法规、国家安全警察法规等其他规范性法律文件。这些警察立法是多年来警察法治建设成就的集中体现，为不同历史时期警务工作提供了基本遵循。党的十八大以来，全面依法治警和全面深化警务改革向纵深推进，顶层设计与警察立法有机结合，改革成效显著。总结提炼多年来的警察法治建设成就，积极回应新时代警务实践突出问题，调整中国特色社会主义警察价值取向，有效引领当前和今后的警察立法实践，为当前和今后的警务改革提供法治保障，成为当前中国特色社会主义警政建设的重大命题。

（二）新时代中国特色社会主义警察价值有效引领新时代警察立法实践

2012 年党的十八大报告提出，公平正义是中国特色社会主义的本质要求。在 2013 年 2 月中央政治局就全面推进依法治国进行第四次集体学习时，习近平同志再次强调，要努力让人民群众在每一个司法案件中都感受到公平正义，所有司法机关都要紧紧围绕这个目标来改进工作，重点解决影响司法公正和制约司法能力的深层次问题。2017 年党的十九大在科学分析中国社会主要矛盾已经转变为人民日益增长的美好生活需要和不平衡不充分的发展之间的矛盾后，进一步指出公平正义是人民群众美好生活期待的重要内容。这一系列论断，既充分认识到实现中华民族伟大复兴道路上的风险困难，也提出了当前和今后司法工作的目标是促进公平正义。这就为新时代警政建设指明了方向。新时代警政建设必须围绕最大限度实现公平正义和最大限度防范和化解改革风险这两大目标做文章，为实现民族复兴的中国梦保驾护航。与之相适应，新时代的警察法也应当以促进公平正义为首选价值取向。

在新的价值指引下，新时代警察立法就有了合理定位和重点难点。正在进行的《人民警察法》修改、《治安管理处罚法》修改、《刑事诉讼法》修改和即将启动的其他警察立法工作都必须在这一价值指引下进行讨论和制度设计。

第三节　警察基本法与警察任务法的价值平衡

一、警察基本法的价值平衡

（一）新时代警察任务应全面体现秩序、正义、自由和安全的基本价值要素

如前所述，警察的一般价值体现为秩序、正义、自由和安全。虽然在不同时期不同地域侧重点有所不同，但是完整的警察任务对这四个方面的警察价值内容都应有所体现。我国《人民警察法》第2条第1款规定："人民警察的任务是维护国家安全，维护社会治安秩序，保护公民的人身安全、人身自由和合法财产，保护公共财产，预防、制止和惩治违法犯罪活动。"这一任务规定强调了秩序（维护社会治安秩序），强调了安全（维护国家安全），强调了正义（预防、制止和惩治违法犯罪），强调了自由（保护公民的人身安全、人身自由和合法财产），从整体上看都有所涉及。但是仍然存在三点缺憾：一是仅仅强调了国家安全，忽略了社会公共安全。警察法哲学视阈中的公共安全包括国家安全和社会公共安全。单一强调国家安全忽略社会公共安全反映出警察立法理念的偏差，应当以适当表述表明对社会公共安全的关注。二是虽然通过对预防、制止和惩治违法犯罪进行明确宣示表达了警察正义价值的贯彻，但是整个条款没有出现公平正义的明确提法，似乎警察任务没有将正义价值放在应有的位置对待。即使是对违法犯罪的预防、制止和惩治，也不仅仅是对正义价值的体现，它同时体现的也是秩序、安全和自由价值。三是对自由价值的体现不全面不充分。自由是与权利相对应的哲学范畴。人身安全、人身自由和私有财产权固然是公民的基本自由和权利范畴，应予以保护，但是警察法哲学所关注的主要是社会生活中的自由，主要包括社会政治生活、经济生活和文化生活中的自由。这些在《人民警察法》规定的警察任务中都没有体现。2016年12月1日，公安部向社会公布《人民警察法》（修改征求意见稿），其中在第3条规定："公安机关的任务是维护国家安全和公共安全，维护社会治安秩序和社会稳定，保护公民、法人和其他组织的合法权益，保护公共财产，预防、制止、查处和惩治违法犯罪活动。"与现行法规定的警察任务相比较，确实有了很大进步，但是上述问题仍然没有完全解决。在新的时代条件下，在修法中对警察任务应如何全面体现秩序、正义、自由和安全的基本价值要素进行研究和立法表述意义重大。

（二）新时代警察任务应进一步彰显警察正义价值，全面反映警察安全价值，更好对接人民群众对美好生活的新期待

中国社会发展进入新时代，社会主要矛盾发生变化，人民日益增长的物质文化需要同落后的社会生产之间的矛盾已经转化为人民日益增长的美好生活需要和不平衡不充分的发展之间的矛盾。这一重大政治论断为制定党和国家大政方针、长远战略提供了重要依据。我们要在全面把握我国的基本国情和社会主要矛盾，深刻理解“变”与“不变”的辩证统一的大背景下，认识警察价值和警察任务的调整。

与物质文化需要相比，人民美好生活需要的内容更广泛。它不仅包括物质文化需要这些客观“硬需要”的全部内容，还包括其衍生的获得感、幸福感、安全感和尊严、权利等具有主观色彩的“软需要”。民主、法治、公平、正义、安全成为“软需要”的重要内容，成为人民美好生活向往的不可或缺的组成部分。

在现行《人民警察法》第 2 条规定的警察任务中，国家安全放在首位，秩序维护排在第二位，公民基本权益保障排在第三位，公共财产保护排在第四位，作为综合任务落脚点的预防、制止和惩治犯罪排在最后。结合《人民警察法》出台的历史背景考察，启动《人民警察法》制定程序的二十世纪九十年代初期，动乱弗定，人心向稳，“稳定压倒一切”，维护国家安全和稳定秩序首当其冲。当时出台的若干法律《人民警察法》《集会游行示威法》等都不同程度反映出这样的立法指导思想。在当时的历史背景下这种取舍是必须的，实践证明，对于当时中国平稳度过那一段特殊时期并推动市场经济改革进一步深化起到了重要的保障作用。

中国社会继续向前发展，进入新时代的中国，社情国情发生新的深刻变化，社会主要矛盾的变化就是其中的集中表现。人民群众对于公平正义、社会公共安全和自由的需求日益凸显。这一重大变化直接影响警察价值的重心调整，进而影响警察任务的调整。首先，警察正义价值必须放在国家安全价值同等的地位对待，并充分反映在警察任务中，以回应人民群众对美好法治生活的新期待，适应变化了的新的社会主要矛盾调整。其次，公民的基本自由和权利应当在顺序上提前至国家安全和公平正义之后。这一位序既和宪法规定的公民权利与义务部分的位序相一致，也是公平正义价值的另一个角度之体现，体现了新形势下民生警务的基本要求。试想，如果人民警察连最基本的公民基本自由和权利都难以保障，何谈“人民性”和“在每一起案件中感受到公平正义”。另外，社会治安秩序作为最后的落脚点，是所有任务的兜底性任务，放在最后位序。

综上所述，在现行《人民警察法》和公安部《人民警察法》（修改征求意见稿）基础上，建议将我国人民警察任务的立法表述作如下修改：

“第 X 条：人民警察的任务是维护国家安全和社会公共安全，维护公平正义，保护公民、法人和其他组织的合法权益，保护公共财产，预防、制止、查处和惩治违法犯罪活动，维护社会治安秩序和社会稳定。”

二、警察任务法的价值平衡

（一）警察行政法的价值平衡

警察执法两大基本领域是警察行政和警察刑事。警察行政法是基本的警察任务法之一。当前《行政处罚法》《治安管理处罚法》《行政复议法》等重要的警察行政法规正在启动修订，《行政程序法》也经过了多年酝酿，并出台了专家草拟稿。应该说近年来警察行政立法成果卓著。但是在程序正义方面仍然有一些价值偏差和任务立法的缺位。

第一，应当统一警察行政程序的基本要求。程序公正是现代法治的基本要求。表明身份、不利变更告知并听取陈述申辩、公开、利害回避等基本程序要求应当在基本行政法中明确宣示并要求执法人员严格遵守。虽然当前在《行政处罚法》《行政强制法》《治安管理处罚法》等警察任务法规中已有所规定，但是规定不尽统一，影响警察执法的规范化。在统一的《行政程序法》短期内难以出台的情况下，建议在《公安机关办理行政案件程序规定》中现行设专节或专门条款予以统一规定。

第二，尽快推行行政听证的普遍化。听证是欧美国家实行多年的成熟行政程序，充分体现了行政民主化，特别是在关系公民重大权益保障的执法中能最大限度实现事前的公权力控制，将对相对人权益的侵害降到最低。然而，自 1996 年《行政处罚法》将其首次引入我国后，二十多年来施行得艰难曲折。一个很重要的原因是，受到来自于行政执法者的强烈抵触。因为听证对于执法人员的综合法律素养和专业水平提出很高的要求，大大增加了执法风险。利益折中的结果是，从《行政处罚法》到《治安管理处罚法》都实行的是有限听证，即将听证限定在较大数额罚款、责令停产停业和吊销许可证领域，而对于行政拘留、没收和各类行政强制行为则被排除在听证范围之外。实践证明，大量错误行政案件的发生与不设听证程序关系密切。在不断迈向法治成熟的当代中国，无论是执法专业化水平和社会的法治化程度都有了大幅度提高，已经具备了听证普遍化的客观条件，建议在相关立法中明确听证普遍化制度。否则，何以落实宪法规定的“国家尊重和保障人权”的原则规定？何以彰显程序公正并使人民群众充分感受到法治温暖？何以落实党的十九大提出的“将权力关进制度的笼子里”？在警察行政法领域，存在大量的巨额罚款、行政拘留、没收、查封、扣押、冻结、强制传唤、留置盘查、强制戒毒、收容教育、收容教养等涉及公民重大权益的行政处罚或行政强制，实行听证普遍化更具有重大现实意义。

第三，快速办理程序。真正的公正是法律成本和效率的最佳平衡。很多案件本身情节简单，当事人对事实和性质认定无异议，法律适用清楚，但是如果按照一般程序办理会增加不必要的程序成本，且效率低，执法效果不理想。在这种情况下，创设快速办理程序就成为必要。对于一些后果不严重但个别事实证据调取困难的案件，鼓励当事人认错认罚，进而快速办结，对于执法机关和各方当事人都有益处。2018 年的《公安机关办理行政案件程序规定》充分借鉴刑事诉讼中的认罪认罚从宽处理政策和快速审理程序，创造性地设立了行政案件的快速办理程序，半年多就取得了初步效果，建议在下一步的《治安管理处罚法》等基本法修改中予以吸收。

第四，应实行全面的司法审查监督。当前，对于警察行政行为的司法审查监督主要是两个途径：一是警察行政诉讼，二是警察行政决定的司法执行。但是警察指导、警察调解、警察规范性文件制定、警察交通事故责任认定、警察技术鉴定等大量警察行为并不在司法审查监督范围之列。这就为警察不当执法留出了空白地带。对行政行为的全面司法审查是 WTO 规则的一般要求，我国作为世贸组织重要成员国，应当在包括警察行为监督方面全面落实这一基本规则要求。这也是确保公民基本自由和权利不被公权力恣意侵犯的一般要求，是警察与自由的价值平衡要求。

（二）警察刑事法的价值平衡

警察刑事法是警察任务法的另一个重要领域。多年来我国警察执法中存在“重刑事、轻行政”的传统思想，刑事立法一贯受到重视，虽然在警察刑事执法规范化方面也取得了很大的成绩，但仍有一些方面存在价值失衡和任务重点偏移的现象。

第一，民生犯罪立法和执法重视程度不够。新时代中国强调人与自然和谐共生，强调绿水青山就是金山银山，强调生态环境保护，契合了人类发展的长远趋势和中国的阶段性国情要求，回应了人民群众的民生关切。笔者前文也提到，在警察价值取向上，也应当对此有所回应。针对食品药品犯罪、生态环境犯罪、自然资源犯罪、金融诈骗犯罪等民生领域的犯罪，应进一步增加立法力度和执法力度。2018 年公安部组建食品药品犯罪侦查局负责对食品药品犯罪、知识产权犯罪和生态环境犯罪的侦查工作，是一个好的开端。下一步应在现有改革基础上，推动专门警察机构改设专门警察机关，赋予相应的独立执法资格，扩大食品药品犯罪监管、生态环境犯罪监管、金融犯罪监管等领域的专门警察队伍，努力提高民生犯罪监管和打击的专业化水平，最大限度保障民生和经济社会的和谐健康发展。

第二，应实行更严格的罪刑法定和无罪推定。罪刑法定和无罪推定分别是刑事实体法和刑事程序法的基本原则，也是警察正义价值和自由价值在警察任务法领域的体现。理论上和立法上的认识已经全面到位，但执法司法实践中仍有一些价值理解和任务实施的缺位错位现象。当前正在进行的扫黑除恶专项斗争，以人民为中心，回应社会关切，巩固政权稳定，促进社会和谐发展，意义重大。但是个别地方在“黑”“恶”边界把握上时有偏颇。一般性案件勉强以涉黑涉恶犯罪认定，是否能经得起历史检验值得深思。严格遵循罪刑法定和无罪推定原则的贯彻落实，从“下指标”“完成任务数”等错误思维中跳出来，既是精准执行中央扫黑除恶政策的基本要求，也是正确理解和落实新时代警察正义和自由价值观的基本要求。

第三，认罪认罚从宽处理的刑事政策应得到进一步贯彻落实。认罪认罚从宽处理政策与快速审理案件程序相辅相成，是欧美国家“诉辩交易”制度的借鉴和本土化改良，对于充分保障当事人权益、节约法律成本，最大限度实现法律效果与社会效果相统一，最终实现公平正义具有重要意义。实践中对这一政策的认识和贯彻落实仍然不够彻底。实践中，部分可以适用认罪认罚从宽政策的案件因为把握不好政策边界没有适用或不敢适用。有一些不符合立法本意和适用条件的案件可能又错误适用了这一政策，导致放纵了一些重大犯罪分子，产生不良社会影响。需要从深层次的法律价值上认识这一政策的内涵和意义，做到准确适用，不枉不纵。

第四，以审判为中心的侦查体制改革应继续加大力度。以审判为中心的司法改革和核心是强化庭审的抗辩性和法官的独立性。人民警察代表侦查机关的一切侦查活动都必须立足于法庭抗辩，服务于公诉机关的公诉需要，而不是以自己的判断标准确定是否该侦查终结，是否证据充分。检察领导侦查或者检察引导侦查是世界刑事诉讼的一般规律，人民警察必须转变以侦查为中心的司法理念，自觉接受检察机关乃至审判机关的司法指引，围绕法庭抗辩和法官审判开展刑事侦查工作。在涉及公民重大权益限制的侦查措施方面，应当进一步引入必要的公权制约监督机制。至少以下几方面可以在深化改革方面有所突破：一是侦查与技术鉴定分离，技术鉴定转交社会第三方主体负责。二是侦查与羁押看管分离，羁押看管转隶为司法行政部门职责。三是侦查与移送起诉审查分离，一般刑事案件在侦查结束后由公安机关法制部门统一负责审查是否应当侦查终结并移送起诉。四是刑事拘传、刑事拘留和逮捕后的羁押期限调整，以及收容教育、收容审查等限制或剥夺人身自由的行政措施，应由检察机关或审判机关签署令状方可采取。当然，也应当尽快构建公检法司统一的刑事诉讼网络办案系统，实现网上案件流程通畅，也应当要求检察机关退回补充侦查提纲中必须列明具体的补正要求和理由，还应当规定警察机关对于检方或法院决定有异议时的抗辩程序，从而实现公权力之间的相互配合相互制约。循着这样的思路，跳出狭隘的部门利益视阈，从顶层设计上努力“将公权力关进制度的笼子里”，就能确保法律公正价值实现的最大化。

三、新时代中国特色社会主义警察价值与警察法体系构建

党的十八大以来，在中央统筹部署下，警务改革和警察立法强力推进。《刑事诉讼法》《治安管理处罚法》《人民警察法》《出境入境管理法》《国家安全法》《网络安全法》《刑法》《反恐怖主义法》等领域的部门法典先后出台或修订。这些立法成果为警政建设提供了强大的法律支撑。但是，仍有很多领域处于法律滞后、法律不协调甚至法律空白状态，如警械武器使用、现场处警、当事人刑事执法救济等。如何在新时代中国特色社会主义警察价值指引下，整合立法资源，构建新时代警察法体系，为全面依法治警夯实法治基础，成为重中之重的工作。在中央统一部署下，公安部于 2014 年成立全面深化改革领导小组并设立专职办公室，统一牵头负责警务改革和《人民警察法》的修订工作。这标志着全面依法治警新时代的开始，新时代中国特色社会主义警察法体系构建也进入实质性阶段。笔者认为，新时代中国特色社会主义警察法体系构建至少应当基于以下几点认识：

（一）新时代中国特色社会主义警察法体系是一个多层次法律体系

在这个体系中，《人民警察法》居于核心和根本地位，规定关于人民警察的性质、任务、职能、权限、队伍管理、执法监督的基本问题。在横向上，有《刑法》《刑事诉讼法》《道路交通安全法》《治安管理处罚法》《出境入境管理法》等其他领域任务关联法相配套。在纵向上，有《人民警察警衔条例》《公安机关督察条例》《公安机关人民警察内务条令》等行政法规、规章对相关内容进一步细化和丰富。一个科学的警察法体系需要在与实践不断碰撞互动中逐步完善。

（二）警察立法应当遵循理论与实践相结合但理论先行的基本原则

新一轮的《人民警察法》修改自 2014 年左右就启动了。2016 年 12 月 1 日，公安部已向全社会公布《人民警察法（征求意见稿）》，但对于很多基

本问题仍然没有达成理论共识，修法工作推进艰难。在中国警察法学研究会每年的学术年会上都有学者提到有关警察法基本理论问题的研究。笔者认为，立法修改应当遵循理论与实践相结合的原则，在若干基本的理论问题，特别是新时代警察价值与警察任务定位等基本问题，没有研究透彻并达成基本共识前，《人民警察法》修订的步伐可以适当放慢。几年来的立法实践也证明了这一点。只有基本理论问题研究透了，价值理念统一了，立法修法工作才能顺畅推进。

（三）警察基本法的起草或修订应当广泛吸纳各方面代表参加

《人民警察法》是警察基本法。其修订首先涉及警察机关体制问题，如央地警察事权划分、内外部领导关系等；其次涉及警察在国家权力体系中的属性定位问题，如警察权是行政权还是司法权，抑或兼具以上两种属性等；最后涉及警察与公民的关系，如警察执法监督、相对人权利救济等。这些重大问题既关乎国家政权组织形式和国家结构形式，也关乎警察自身的执法权益和公民基本权益，已经远远超出了警察部门自身解决能力范畴。所以，不宜由警察部门单独主导修法工作，应由立法机关牵头或警察部门受托牵头成立专门的立法小组，广泛吸纳各领域专家、代表参与，民主立法，开门立法。也可以考虑委托第三方（如中国警察法学研究会等学术机构）代为论证、起草修改意见稿，然后交由立法小组讨论完善，最后再按程序提交立法机关审议。立法专家、学者、警察实务部门、公众代表均应有适当比例人员参与，以实现法律利益的最佳平衡。其他警察立法亦可参照这样的思路进行。

第四章　警察权与警察职权

第一节　警察权：一个基本的法学概念

警察权问题是警察法哲学乃至整个警察法学的基础性问题和核心问题。所有警察法学的问题都与警察权问题密切相关。警察权具有国家权力性，为国家所垄断，是国家公权力的重要组成部分。警察权具有法定性，是由国家宪法和法律予以明确授予并保障实施的，警察权的实施也必须严格依法进行。警察权具有基础性，在国家公权力体系中占有不可替代的基础性作用。警察权具有特殊强制性，可以依法运用武力和武装手段实现警察目的，必要时可以依法限制或剥夺公民人身自由①。

还应当指出，警察权是一个法学概念范畴，不是法律概念。在我国实定法上，无论是宪法还是其他基本法中，均没有警察权的概念表述。

一、广义警察权与狭义警察权

以权力主体是否是警察主体为标准，可以将警察权分为广义警察权与狭义警察权。

广义警察权是指与警察有关的一切国家权力，包括国家关于警察工作的立法权、决策权和执行权。广义警察权之所以称为警察权是因为权力的内容与警察有关，但权力的主体不一定是警察主体。例如，警察立法权既包括警察机关制定规章和其他规范性文件的权力，也包括国家立法机关制定警察法典和有关警察的立法解释的权力。后者就不属于警察主体的活动。除警察立法权外，广义警察权还包括警察行政权、警察刑事权与警察监督权等内容。

---

① 高文英、师维著：《警察法学》（第二版），中国人民公安大学出版社 2017 年 9 月版，第 60~61 页。

狭义警察权是指警察主体依据宪法和法律享有的维护公共安全和公平正义，维护公民自由和权利，预防、制止和侦查犯罪活动，维护社会公共秩序的国家权力。狭义警察权不仅内容上与警察有关而且权力主体必须是警察主体。狭义上的警察权是通常意义上理解的典型警察权。一般情况下，不作特别说明，警察权是从狭义上理解其含义的。

广义警察权与狭义警察权的划分有助于我们从更广阔的视野和更微观的角度分别思考警察权的内容和样态，更全面地认识警察权。

二、实质警察权与形式警察权

以权力内容是否在实然法上属于警察权范畴为标准，可以将警察权分为实质警察权与形式警察权。这种分类是实定法上的分类，在应然法上不存在这种划分。在应然法上警察权就是警察权，其他公权力就是其他公权力，不存在以其他形式存在的警察权。

实质警察权是指权力内容在实然法上不属于警察权范畴但是具有警察权本质特征的国家公权力。在某些国家的现行法律体系中，某些公权力不被划入警察权范围，如美国的移民局享有的对非法入境人员驱逐出境的权力，在德美等国的环境执行官享有的生态环境案件的调查、拘捕的权力等。行使这些权力的执法机构和执法人员也不被称为警察，但是这些权力具有警察权的全部特征，是实质意义上的警察权。

形式警察权是指从形式到内容都被实然法认定为警察权的国家公权力。行使这类警察权的机构和执法人员是典型意义上的警察，如美国联邦调查局及其雇员、中国的各级公安机关及其人民警察等。

区分实质警察权和形式警察权，有助于从本质上把握警察权精髓，从立法上对属于警察权范畴的公权力进行制度设计和权力监督，有助于从学理上更全面透视作为特殊公权力的警察权的独立性和广泛性。

三、原生性警察权与派生性警察权

以是否直接来源于警察设立目的本身为标准，可以将警察权分为原生性警察权和派生性警察权。

原生性警察权是与警察本身密不可分且与生俱来的警察权。没有原生性警察权，警察的设立失去价值。原生性警察权来源于宪法和警察组织法的明确设定。原生性警察权包括警察管理权、警察处分权、警察执行权、警察调查权。通过这些权力的行使，国家设立警察的目的得以实现，社会公平正义得以有效彰显，社会秩序得以稳定，公共安全和私人安全得以保障。

派生性警察权不是直接源自警察目的本身，而是为了保障原生性警察权得以实现或者由原生性警察权延伸而来的警察权。原生性警察权来源于警察基本法或者警察任务法。它又分为附随性警察权和延伸性警察权。附随性警察权包括警察强制权、警械武器使用权等权力，具有保障性、非独立性，是为原生性警察权提供保障和支撑的。延伸性警察权包括警察调解权、警察立法权等，是原生性警察权向私法领域或者其他公法领域的延伸，是警察权扩张的结果。派生性警察权是在私法公法化和行政权扩张的背景下在传统警察权基础上的嬗变，虽然使得警察权内容更加丰富，更能适应新的时代要求，但是也要警惕警察权过度膨胀而导致权力异化。

明确原生性警察权与派生性警察权的分类，可以更好地认识警察权的动态演变以及不同警察权的权力来源和设立目的，更准确地认识不同警察权之间的相互关系，树立正确的警察权力观。

四、羁束警察权与自由裁量警察权

（一）羁束警察权与自由裁量警察权的辩证统一

以警察主体是否有自由裁量空间为标准，可以将警察权分为羁束警察权与自由裁量警察权。二者是警察法哲学上的对应概念范畴。

羁束警察权是指警察主体的权力受到严格限制，不能根据实践现状进行自由处分的警察权。它主要存在于影响公共利益或者公民基本权利义务的权力领域。通过严格限定警察权行使，避免警察主体恣意妄为，越权甚至滥权。警察法治原则的存在是羁束警察权存在的必要性和正当性的法理基础。

自由裁量警察权是指警察主体在警察行为过程中，根据法律授权或者消极默许，依据法律和事实，结合个人理解和经验判断，在法律规定的范围和幅度内，自行选择警察行为具体方式、手段、时机等，并最终作出警察决定的权力。它强调警察主体根据面对的具体相对人不同情况的差异，发挥主观能动性作出合理法律判断。自由裁量警察权在警察行政中广泛存在，甚至达到了没有裁量就没有警察行政的地步。法律之所以授予如此广泛之警察自由裁量权，主要因为警察行政涉及各个领域，而法律具有抽象性、有限性和概括性，不可能包罗万象地设想所有情况而予以明确具体的规定，相反必须留有一定的弹性空间，赋予执法者“不同情况、不同对待”的广泛裁量权，以保障执法中个案的实质正义。正如德国学者毛雷尔所言：“裁量主要服务于个案正当性。行政机关处于这种情形之下，既要按照法定目的观考虑，又要考虑案件的具体情况，从而找出适当的、合理的解决办法[①]。”故自由裁量警察权的本质即在于保障和实现个案实质上的正义。即使赋予自由裁量警察权会存在权力被滥用的风险，但为了最大限度追求个案的实质正义，而不得不赋予警察以裁量权。

按照警察法治原则的要求，所有的警察行为都应受法律的拘束，都应当找到明确的法律依据。但同时，法律对不同警察行为的拘束程度强弱不一。如果法律对行为的实施条件、方式等作出了明确并毋庸置疑的规定，警察主体只能纯粹执行该法律规定，此行为即是羁束性的。与此相对，当法律上使用的是多义性、概括性或不确定的概念，在要件判断上给警察主体留下了判断余地，或者在其选择是否采取行为以及采取何种行为方面，赋予其选择余地时，便产生了自由裁量警察权。

羁束警察权和自由裁量警察权均有其存在的现实意义，需要在立法上进行合理设定，做好二者之间的价值平衡和互补，以实现警察权实施的最佳效能。

（二）自由裁量警察权的滥用

警察权的行使是否符合法治思想，首先在很大程度上取决于警察主体如何行使自由裁量警察权而非羁束警察权。自由裁量权一旦失去控制，就会颠覆法治思想的统治，从而侵犯相对人合法利益。正如美国行政法学者施瓦茨所言：“无限裁量权是残酷的统治，它比其他人为的统治手段对自由更具破坏性[②]。”因此，如何有效控制自由裁量警察权的行使，是当今法治社会面临的一个重要议题。

自由裁量警察权具体体现在以下几方面：一是对是否实施警察行为的裁量。某些法律规范对实施警察权的条件进行了规定，同时规定法定情形发生或条件满足时，是否实施该行为由警察主体根据情况作出决定。例如，《人民警察法》第 17 条规定，县级以上人民政府公安机关，经上级公安机关和同级人民政府批准，在严重危害社会治安秩序的突发事件发生时，具有决定是否采取现场管制措施的裁量权。法律之所以赋予警察主体该项裁量权，是因为一方面突发事件具有复杂性，另一方面在现场管制中所采取的身份查验、检查、限制人员、车辆的通行或停留等措施，会在很大程度上影响和限制公民的自由，因此需要警察主体根据当时具体情况来谨慎决定是否采取何种行为方式和措施。二是对实施何种警察行为的裁量。对于

① ［德］哈特穆特·毛雷尔著：《行政法学总论》，高家伟译，法律出版社 2000 年，第 127 页。
② ［美］伯纳德·施瓦茨著：《行政法》，徐炳译，群众出版社 1986 年版，第 567 页。

违反警察法规范的相对人，警察主体往往会面临采取何种警察强制措施、使用何种警械或武器制服违法的相对人、如何量罚等问题，如根据《治安管理处罚法》，对违反治安管理的行为人，警察主体可以采取包括警告、罚款、行政拘留以及吊销公安机关发放的许可证等不同种类的行政处罚，罚款的幅度更是从 200 元以下到 5000 元以下的不同幅度。因此，在具体办理治安案件中，警察主体选择何种处罚种类、处罚幅度，必须行使和运用裁量权，才能准确执法并达到最佳执法效果。三是对警察行为实施时机的裁量。警察主体经过裁量，在决定采取警察行为和采取何种警察行为后，还需要对何时采取相应警察行为进行裁量。如根据《集会游行示威法》规定，申请集会、游行、示威的，在接到集会、游行、示威申请书后警察机关要在举行日期的两天前，将许可或不许可的决定书面通知相对人。四是对警察行为实施方式的裁量。如根据《人民警察使用警械和武器条例》第 8 条规定，人民警察在依法执行逮捕、拘留、看押、押解、审讯、拘传、强制传唤等任务时，遇有违法犯罪分子可能脱逃、行凶、自杀、自伤或者有其他危险行为的，可以使用手铐、脚镣、警绳等约束性警械。至于使用约束性警械的具体方式，则由警察主体自行裁量决定。

在我国，实定法上的自由裁量警察权的滥用表现为以下几方面：第一，不符合立法目的。警察主体在作出裁量决定时，必须严格遵从立法机关的授权目的或意图，这是立法机关至上的政治结构的必然要求。从行政裁量的构造和运行看，立法目的实际上引导和决定着各种行为方式的选择。即是说，尽管自由裁量警察权意味着警察主体具有多种行为方式可选择，但其只能根据立法或授权目的来对个案中的行为方式进行选择。立法目的就像磁铁一样，强烈地吸引着裁量选择的方向和途径，以保证立法目的和个案正义的最终实现。实践中，警察主体行使裁量权不符合立法目的主要有两种表现形式：一是警察主体行使裁量权所追求的目的不符合法律规定。例如，警察主体对卖淫嫖娼行为作出罚款的行政处罚，但其处罚是为了经济创收，而不是为了维护社会公序良俗；二是警察主体行使裁量权在追求法定目的的同时，还存在不正当的附属目的或隐藏目的。第二，不相关的考虑。相关因素是指在行使自由裁量警察权时应当考虑的因素。它可以保障警察行为基本上遵循法律设定的目标，有助于推进和实现法律所体现的特定目的和政策，一般情况下，相关因素必须和具体的授权规定或整个法律相互吻合。如果警察主体在行使裁量权时，考虑了法律规定不应当考虑的因素或者没有考虑应当考虑的因素，都是不相关的考虑，构成权力滥用。从我国的警察立法来看，相关考虑因素主要包括：一是法律明确规定的行使自由裁量警察权必须具备的法律和事实条件。如《人民警察使用警械武器条例》第10条规定，人民警察发现实施犯罪的人为怀孕妇女、儿童的，不得使用武器，但是使用枪支、爆炸、剧毒等危险物品实施暴力犯罪的除外。即属此种情形。二是宪法和组织法对警察职责和权限的规定，特别是限制性规定。如《人民警察法》第8条规定，公安机关的人民警察对严重危害社会治安秩序或者威胁公共安全的人员，可以强行带离现场、依法予以拘留或者采取法律规定的其他措施。警察在作出是否采取强制措施的裁量决定时，需要考虑相对人的行为是否严重危害社会治安秩序或者威胁公共安全等因素。三是法律虽未明确规定，但根据法律的基本原则或者法律条文内容蕴含的意义而推导出的某些合理因素。第三，不公正的决定。公正是人类社会永恒的价值追求，是衡量一个社会法治水平和文明程度的重要指标。在行政法中，公正是合理性原则的基本内涵和追求目标，是对自由裁量警察权的基本要求。不同国家对警察裁量行为是否公正、合理的判断标准是不同的。英国行政法理论通常认为，当任何具有一般理智的人都不会采取该行为或措施时，其即是不合理、不公正的。而根据德国行政法理论，警察主体在实施裁量行为时，应当选择最适合于实现行政目的的方法，在所有能够达到目的的手段中，应选择对相对人损害最小的手段，适当地平衡社会公益的实现与对相对人造成的损害之间的关系。魏玛时代德国行政法学者 Fleiner 曾用一句话来阐释该项原则，即警察不能以大炮去打麻雀。若违反这一原则，则构成权力滥用。我国学者在理论研究中认为，不公正之表现形式包括以下几种：动机不良，以权谋私；考虑不相关因素；不考虑相关因素；对法律规范任意进行扩大解释或缩小解释；在法定范围、幅度内作出显示公正的选择；反复无常；故意拖延①。

（三）自由裁量警察权的规范与控制

孟德斯鸠曾说，权力有滥用的趋势，权力如不加制约，必然滥用，这是历史的经验②。一般权力尚且如此，自由裁量警察权就更需要制约和控制，以防止其被滥用。我们认为，应主要从四个方面分析自由裁量警察权的规范与控制：

1. 自由裁量警察权的立法规制。立法规制是指以法律规定行使自由裁量警察权的根据，通过依法行政，确保警察裁量的合法性，从而保障公民权及公共利益不受警察权侵犯。对自由裁量警察权的立法规制，应包括以下几方面内容：一是宪法对自由裁量警察权的规制。根据现代宪政理论，警察权作

① 张正钊、韩大元著：《比较行政法》，中国人民大学出版社1998年版，第334页。

② ［法］孟德斯鸠著：《论法的精神》（上），张雁深译，商务印书馆1961年版，第154页。

为一种国家权力是基于宪法制定权而产生的一种受委托的权力。因此，宪法应该对警察权的边界予以明确的界定，通过宪法的规定，应该可以判断警察权是否越权或滥用。宪法对自由裁量警察权的规制主要通过宪法理念（精神）对自由裁量警察权的指导来实现，如行使自由裁量警察权要“尊重与保障人权”的基本理念等。二是通过对制定法立法技术、立法内容的完善，加强对自由裁量警察权的硬法规制。在立法授权时应当尽量减少或避免不必要的警察裁量；适度授权，尽量缩小自由裁量警察权的范围和幅度；少用或避免使用含糊不清、模棱两可的法律用语或法律概念。三是自由裁量警察权的行使必须符合立法目的和立法精神。立法目的和立法精神对自由裁量警察权的行使具有引导和决定作用，当法律没有明确具体地对某一事项加以规定时，探究立法目的和立法精神就是一种重要途径。例如，《人民警察使用警械和武器条例》没有具体规定手铐等约束性警械的使用方式，而探究其立法目的，人民警察使用手铐，必须是基于约束相对人，防止其自杀、自伤、逃跑等目的，而非作为一种惩戒措施。自由裁量警察权的司法审查。在传统行政法中，各国法院对行政权的司法审查仅停留在合法性审查层面上。警察裁量行为只要在法律规定的范围内作出，即是法律所允许的合法行为，不能成为法院撤销的对象。十九世纪中期以后，随着法治的不断发展，人们逐渐认识到，在宪法规定的法治行政之下，即使是裁量，也不可能是独立于法的自由裁量。因此，如果行政裁量行为逾越了法所规定的范围或者滥用，应视为违法裁量而服从司法统制，并由法院予以撤销。

在我国，对于自由裁量权的司法干预一直以来都是比较敏感的问题。在传统行政法中，法院对裁量权的干预一般只限于对其合法性的审查，而对其合理性一般都保持着非常谨慎和克制的态度，尽可能维护行政裁量权之自治性。近年来，随着法治思想和尊重保障人权理念的不断发展，法院对自由裁量警察权的干预呈现出越来越频繁、广泛和深入的趋势。目前，我国法院对裁量权的审查主要限于《行政诉讼法》第 54 条规定的“滥用职权”和“显失公正”两种情形。而在西方国家的司法实践中，比例原则和合法预期保护制度在规制自由裁量权方面的作用越来越重要和明显。笔者认为，我国可以借鉴西方国家行政裁量司法审查制度的有益经验，适当扩大对裁量权司法审查的范围，在《行政诉讼法》第 54 条增加“违反比例原则”和“违反合法预期”两种情形，与其他情形一起构成一个新的审查标准体系。

2. 自由裁量警察权的行政控制。行政控制是警察机关的自我制约机制。在政府主导型的法治进程中，行政控制具有至关重要的作用。行政控制的主要方法有：一是通过完善行政程序规范自由裁量警察权的行使过程；二是通过制定警察裁量基准规范裁量权的行使；三是加强和完善内部警务监督制度，如现场警务督察制度、执法质量考评制度、法律审核和办案审核制度、执法过错责任追究制度等；四是实行行政复议制度①。以上方法均可有效规范警察权，防止裁量权的滥用。

在上述诸多方法中，应当把制定警察裁量基准作为对自由裁量警察权进行内部行政控制的核心。所谓警察裁量基准，是指由警察机关为规范警察执法而专门制定的具体裁量流程、标准。它通常以内部行政规范性文件的形式发布，是对抽象、原则、概括性较强或弹性幅度较大的法律规范的具体化和细化。当前，世界上一些国家和地区专门在行政程序法中规定有裁量基准制度。在我国，从公安部到一些地方公安机关，近年来也进行了裁量基准制度的有益尝试，如公安部制定的《公安机关执法细则》，一些地方公安机关印制的《执法操作规程》等。实践证明，裁量基准制度是一种行之有效的裁量权控制模式，对于规范自由裁量警察权、提升警察行政效率等有着积极作用。

3. 加强和完善自由裁量警察权的程序控制机制。程序作为规范警察权、体现法治形式合理性的行为过程，是实现警务法治的重要前提。行政程序是否发达，也是衡量一个国家法治程度的重要指标。目前，世界上主要国家如奥地利、西班牙、美国、德国等，均有作为一般法的行政程序法典，还有一些国家和地区专门立法规范警察行使职权行为。我国目前既没有制定统一的行政程序法典，也没有制定统一的警察职权行使法典，关于警察裁量行为的程序规范，主要散见于《治安管理处罚法》《道路交通安全法》《消防法》等警察单行法律中，公安部制定的《公安机关办理行政案件程序规定》可以认为是一部比较系统规定警察行政程序的立法，但作为部门规章，其层次较低。《人民警察法》中虽然规定了警察职权的内容，但过于概括。鉴于此，我们认为，一方面，应加快《行政程序法》的立法工作，另一方面，可以考虑制定《人民警察职权行使法》，具体规范警察行使职权行为。

---

① 姜明安著：《论行政裁量权及其法律规制》，载《湖南社会科学》2009 年第 5 期。

第二节　人民民主专政体制下的警察权属性与定位

一、国家分权理论：警察权正当性和必要性的理论基础

从发端于西方但被马克思主义进行了系统改造的国家分权理论入手，研究警察权的属性和定位问题不失为一个基本视角。

国家分权理论是警察权正当性和必要性的理论基础。作为一种政治理论和法学理论，国家分权理论具有普遍意义，超越了国界、地域和民族，为全人类所共享。马克思、恩格斯以唯物主义和阶级分析的视角，在批判基础上对分权思想进行了承继和发展。其中，警察权的定位是不容忽视的内容。对相关问题的梳理，有助于对警察权科学定位，在民主政治建设中发挥其应有的作用。

（一）前马克思时代国家分权思想的缘起与发展

国家分权思想源远流长。早在公元前三千年代中期，位于西亚地区的苏美尔城邦国家就由国王、贵族会议以及民众大会分别行使公共权力，并且相互之间彼此牵制。这可以说是全世界最早的分权制度。在古希腊、古罗马和古代中国，都出现了不同形式的分权。虽然这些分权思想和实践与近现代意义上的国家分权理论存在一定差异，但它们却为近现代国家分权理论的诞生提供了孕育的土壤。

在前马克思时代，对分权思想作出重大贡献的，当推亚里士多德、洛克、孟德斯鸠和卢梭等人。亚里士多德认为，国家政体应当包括三个功能要素：一是与负责公共事务讨论与决策的议事机构相关联的民意要素；二是与负责公共决策执行的行政机构相关联的行政要素；三是与负责社会纠纷审理和裁决的司法机构相关联的司法要素①。洛克认为，对人们的财产、自由进行最有效保护的方法就是分权；政府的权力应分为立法权、执行权和对外权三部分。孟德斯鸠进一步提出，国家权力应分为立法权、行政权与司法权，交由不同的国家机关行使，彼此之间应当职责划分明晰，并相互制衡②。孟德斯鸠的三权分立学说集国家分权理论的大成，奠定了西方国家近代民主政治的理论基

① ［古希腊］亚里士多德著：《政治学》，姚仁权编译，北京出版社2007年10月版，第83、84页。

② ［法］孟德斯鸠：《论法的精神》（上），申林编译，北京出版社2007年10月版，第68页。

础。卢梭也认为，国家政权的构建首先是建立立法权，然后就是必须建立同样的行政权；行政权本身并不具有立法属性，而是与立法权分离分设，它只能通过特殊的行为来运作①。同时，卢梭还极力推崇古希腊的监察官制度和古罗马的保民官制度，认为这是牵制立法权力和行政权力的理想制度设计。在《社会契约论》中，卢梭描述道，“保民官职位本身，并不是城邦的一个组成部分，而且也从来都不分享任何一点的立法权力和行政权力。但这样一来，也正好使得保民官自身拥有了最大的权力……作为法律的保卫者，比起执行法律的君主，比起判定颁布法律的主权者，保民官要更为神圣，更受人尊敬”②。

这些先哲们的分权思想概括起来有三点基本要义：第一，作为一种公权力，国家权力要分解，交由不同的部门行使，否则，人类社会将永远处于集权和专制的状态，政治文明无从谈起。第二，行使国家权力的各部门要各行其权，严禁越位，而且相互之间要监督和制约。各行其权就必须实行法治，相互监督和制约就必须民主和公开。除非必要，一般不单独设立法律监督权作为国家一级权力单位。第三，即使是各种国家权力内部也要层层分权制衡，依法规范，防止专权。也就是说，在一级权力单位之下，如果必要还应设置不同的二级权力单位，甚至三级权力单位，并按照上述的第二点要义之原则进行配置。这些思想随着资产阶级革命的胜利，被欧美各国率先实践并不断完善，分权制衡成为各国宪法普遍确认的基本原则。

（二）马克思主义法哲学视阈中的国家分权

当前一提到分权理论与分权制度，很多人马上想到西方各国的三权分立思想和制度实践，认为马克思主义是反对国家权力分设的。实际上，认真梳理马克思主义法哲学的基本理论就可以发现，马克思、恩格斯虽然不赞同孟德斯鸠等人的三权分立学说，但是对国家分权与制衡思想却是认可的。概括起来，马克思主义法哲学关于国家分权思想的精髓有以下几点：

第一，国家权力具有分设的必要性。在《对民主主义者莱茵区域委员会的审判》中，马克思对国家权力分设的必要性进行了深刻论述。他指出，一方面授予国王以宪法执行机关的权力，另一方面却没有任何法律、任何惯例和任何根本规定，对国王实行一个宪法执行机关所应受的限制。相反，却要求人民代议机关在专制国王统治下行使制宪议会的职权③。这是如此的不公正。在这里，马克思旗帜鲜明地提出了一个观点：国王代表的具有执

---

① ［法］卢梭著：《社会契约论》，施新州编译，北京出版社 2007 年 1 月版，第 114 页。

② ［法］卢梭著：《社会契约论》，施新州编译，北京出版社 2007 年 1 月版，第 144、145 页。

③ 《马克思恩格斯全集》第 6 卷，人民出版社 1965 年版，第 295~296 页。

行性质的行政权力必须受到立法权（人民代议机关的权力）的强有力监督；国王代表的行政权力和人民代议机关行使的限制监督权都应当由宪法加以规定，在宪法统帅下依法行使。恩格斯也在《〈刑法报〉停刊》中指出，在所有真正实行了分权制的国家中，司法权和行政权是各自独立的（比如在法国、英国和美国就是这样）。这两种权力的混合势必导致严重的公权设置错位与行使混乱，最后的结果可能就是有人集警察局长、检察官和法官于一身。但是司法权是国民的直接所有物，国民通过自己的陪审员来行使这一权力，这一点不仅从原则本身，而且从历史上来看都是早已证明了的[①]。恩格斯的论述清楚地表明，一方面，行政权与司法权是两种性质不同的国家权力，应当是彼此完全独立的。另一方面，行政权是通过法律表现出来的国家权力，其首要属性是阶级属性；司法权是“国民的直接所有物”，是通过法律表现出来的社会权力，其首要属性是社会属性。这两种权力具有本质的差别，如果混为一体，统一行使，将导致“无可救药的混乱”。应当说，经典作家的论述从各自侧面指出了国家权力分设与制衡的必要性，并深刻论述了各种权力的属性和职能定位。

第二，国家分权包括阶级分权和职能分权两个层面，而且具有顺序的先后性。阶级分权是指不同的阶级、阶层在国家政权中都应有各自的权力空间，形成恰当的权力对比关系，防止某一阶级（阶层）独揽国家大权。表现在宪法领域，阶级分权实际上就是国体。马克思、恩格斯在《德意志意识形态》中回顾权力分工的历史时对阶级分权进行了阐述。他们说：“在某一国家的某个时期，王权、贵族和资产阶级为夺取统治而争斗……于是分权就被宣布为‘永恒的规律’[②]。”职能分权是指国家权力应当分别交由不同的国家机关行使，它是一种民主制度基础上的内部权力分工。表现在宪法领域，职能分权就是政体。就两者的关系来讲，只有先解决了阶级分权问题，才能考虑职能分权。相较而言，以往的分权理论仅仅停留在职能分权层面上探讨国家权力分设问题，淡化或忽略了国家和国家权力的阶级属性。区分阶级分权和职能分权是马克思主义在分权思想上的一大进步。

第三，政权稳固是国家分权的前提。按照马克思的总结，巴黎公社之所以失败，在很大程度上就是革命的不彻底性造成的，未实现彻底的无产阶级专政成为永恒的政治遗憾。进而，马克思认为，社会主义国家的政权建设应当分两步走：第一步，政权的建立和稳固是国家分权的前提，在政权尚未建立或尚未稳固时急于进行权力分工是条件不成熟的，此时关键的

① 《马克思恩格斯全集》第2卷，人民出版社2005年版，第532页。

② 马克思、恩格斯：《德意志意识形态》（节选），《马克思恩格斯选集》第1卷第99页。

问题是将革命进行彻底，对刚刚掌控的国家领域实行专政以巩固胜利果实。第二步，通过一系列努力实现政权稳固后，才能按部就班地进行分权和实施国家管理。马克思将国家分权问题放在阶级斗争与和平前提下分别进行讨论应当说抓住了问题的根本。这是他对之前的思想家们的分权思想之又一丰富和发展。

第四，国家权力分设的指导原则是人民主权原则。马克思在《黑格尔法哲学批判》中指出："在君主制中是国家制度的人民，在民主制中则是人民的国家制度[①]。"马克思的这一论断内涵丰富。首先，人民是否在国家政治生活中真正当家做主是区分君主制和民主制的根本标准。在君主制国家中，人民是代表国家的君主统治下的人民，在政治生活和法律生活中是义务本位；在民主制国家中，人民不仅是国家制度的遵守者，更是国家制度的制定者，享有广泛的权利，在政治生活和法律生活中是权利本位。其次，在不强调人民主权的君主制国家中，谈不上国家权力分设，因为没有民主参与作保障；只有在强调人民主权的民主制国家里，国家权力分设才能实现真正的制度性安排，离开了人民主权原则作前提，国家权力分设无从谈起。简言之，就是国家制度是由人民创造的，而不是它创造了人民。所以，人民的自由和权利是一切国家权力、国家制度的来源。在人民主权原则指导下，国家权力才能恰当界定其范围和分设形态。

第五，国家权力如何分设没有绝对的标准，要因时因地而异。恩格斯在《7 月 4 日的妥协会议》中论述道："屈韦特尔先生和其他大哲学家们以极其虔敬的心情把这种分权看作神圣不可侵犯的原则……也像其他一切永久性的、神圣不可侵犯的原则一样，这个原则只是在它符合于现存的种种关系的时候才被采用[②]。"恩格斯在这里很明确地指出，分权是受到"现存的种种关系"的制约的。受各种因素的交互影响，不同历史阶段和不同时期的国家，分权的内容和形式应当是不一样的。三权分立可能适用于有些资本主义国家，但不适用于社会主义国家，因为它们关于国家权力来源的指导思想和制度基础不同。所以，他欣赏国家分权并关注影响具体分权形态的各种因素，但反对西方资本主义国家的三权分立。他认为，只有将分权的普遍理论与具体国家的现实结合起来，才能谈分权的制度设计。随着二十世纪社会主义革命的胜利，各社会主义国家不同政权形态的建立，用事实证明了恩格斯这一论断的正确性。例如，苏联实行了联邦体制，而新中国实行了中央集权体制。特别

① 马克思：《黑格尔法哲学批判》，《马克思恩格斯全集》第 1 卷，人民出版社 1956 年版，第 281 页。

② 《马克思恩格斯全集》第 5 卷，人民出版社 1965 年版，第 224~225 页。

是二十世纪八十年代以来逐步形成和不断发展的有中国特色社会主义民主政治理论与实践，更是这一思想的集中体现和传承发展。

第六，不同国家权力之间应当相互监督，特别要防止行政集权。马克思在评析法国宪法时对资产阶级制度下的分权制度进行了批判。但是，他只是批判资产阶级制度下分权制度的弊端，并不是反对分权。马克思认为，国家权力之间需要相互监督，特别是要防止行政权过于膨胀。他说：“把国家这个阶级统治的工具，也就是把集权化的、组织起来的、窃据社会主人地位而不是为社会做公仆的政府权力打碎[①]。”这里的“政府权力”就是行政权。国家权力最直接的表现形式就是行政权力，行使行政权的政府很容易膨胀而窃据社会主人地位，扭曲其为社会公仆的设立初衷。所以，在设计国家分权模式之初就应当考虑好相互之间如何平衡，尤其是对于内容丰富、涉及面广的行政权如何进行制约和监督。随着二十世纪社会主义各国政权的建立，在这些国家中建立各类对行政权监督的内外部机构不能不说是受这些思想的影响。

二、社会主义国家权力体系中的警察权

在以马克思主义视角对以上国家分权理论进行梳理的基础上，关于警察权定位的问题，可以从以下三个方面进一步探讨：

（一）警察权的设立及其与行政权的关系

应当说，马克思、恩格斯在形成自己的国家分权理论过程中，对立法权、行政权、司法权，甚至军事权和专门法律监督权都有所思考，也对它们之间的制衡关系进行了粗略的制度设计。例如，在谈到巴黎公社的“伟大社会措施”时，马克思认为，“用严惩的办法禁止雇主们以各种借口对工人罚款以减低工资”是最理想的措施，因为这样是防止雇主们集立法者、审判官和执行者于一身，而且以罚款饱私囊的最理想制度。然而，马克思、恩格斯虽然在很多时候给予了警察权以特别关注，但从来没有将警察权作为与以上权力并列的一级国家权力单位进行论述。在他们那里，警察是和政府其他行政人员一体对待的。列宁和其他社会主义国家缔造者在继承马克思、恩格斯的国家分权理论，设计社会主义国家的不同模式时，很自然地将警察权置于行政权中加以安排，形成了全体人民会议或者人民代表会议领导下的国家分权体制。例如，在社会主义中国，行使警察权的人民公

① 马克思：《〈法兰西内战〉初稿》（摘录），《马克思恩格斯选集》第3卷，人民出版社1995年版，第94页。

安机关就是政府的一个职能部门，由此形成的国家权力格局就是人民代表大会制下的“一府两院”模式。“一府”是指包括公安机关在内的人民政府；“两院”是指人民检察院和人民法院。

（二）警察权的外延及其与侦查权的关系

以目前很多学者的学术视角，从外延上讲，警察权主要包括两大传统领域：警察行政执法领域和警察刑事执法领域。在行政管理、行政处罚、行政服务等行政执法领域，基于主体的行政性、程序的行政性、法律依据的行政性及监督与救济的行政性四个方面的原因，警察权归于行政权不存在任何争议。但是在刑事执法领域，警察权的法律属性一直争论不休。笔者以为，在刑事领域，警察权主要表现为警察侦查权的行使，厘清侦查权的属性与内容，自然也就解决了警察刑事执法权的属性问题。按照层层分权、层层制衡的现代分权原则，侦查权可以分为侦查指挥权和侦查执行权。侦查指挥权当然应由履行领导或引导侦查职能的检察机关行使，也就是说应当归于检察权范畴。侦查执行权就是通常所说的警察侦查权，自然由警察机关行使。以往很多学者在警察侦查权法律属性上纠缠不清，很大程度上是没有按照马克思主义分权原则对侦查权进行权力再分解导致的。按以上进路，侦查权在剔除了检察属性的侦查指挥权后，剩下的只能是侦查执行权（警察侦查权）了。很明显，以国家本位为出发点并以追诉为终极目标的侦查执行权（警察侦查权），因不具有司法权的本质特征（独立性、中立性、终局裁判性和被动性），而无法归于司法权范畴，更不能归于立法权或其他国家权力范畴，除了归于行政权范畴，别无更合理安排。也就是说，不同阶段的侦查权分别具有检察和行政的属性。其检察属性体现为侦查指挥权的行使；其行政属性体现为侦查执行权的行使。进一步讲，警察权与侦查权不是包容关系，而是交叉关系；无论是在所谓的传统行政执法领域还是刑事执法领域，警察权都是行政权，属于行政权下属的二级国家权力单位。

（三）专门法律监督权（检察权）的设立及其与警察权的关系

专门法律监督权是马克思主义法学特别倡导独立的一种权力。专门法律监督权的独立与否与警察权的定位有密切关系。在各社会主义国家都设立有检察机关专门行使法律监督权。专门法律监督权（检察权）成为与立法权和司法审判权并列的一级国家权力单位，社会主义中国、苏联等即为典型例证。从法律属性上讲，很多学者将这种专门法律监督权（检察权）定义为司法权的一种，认为审判与检察是社会主义国家司法权的两个基本内容。笔者不敢苟同。从前马克思主义时代的孟德斯鸠等法哲学家们到马克思、恩格斯那里，司法权从来就是审判权，两者所不同的是，前者认为审判权本身就具有对其他国家权力的监督功能，而后者认为还应当增设专门的国家权力监督力量，因而才有了检察权。所以，检察权不是专门针对和配合审判权的，不止发生在司法领域，立法、行政、司法、军事等国家权力的所有领域都是检察权的行使领域，仅把检察权行使归于司法领域并不全面。应当说，检察权就是一级独立的国家权力单位，不隶属于司法权或司法审判权，与立法权、行政权、司法审判权等其他国家权力并列存在。进而，我们很自然地得出的结论就是，警察权作为重要的国家权力领域，也要受到检察权的监督。在法律地位上，作为二级国家权力单位主体的警察机关只能低于作为国家一级权力单位主体的检察机关，当然也应当低于同样作为国家一级权力单位主体的司法审判机关。

综上可知，在马克思主义分权思想指导下的国家权力体系中，警察权是典型的行政权，不是第一序列的国家权力单位，与立法权、审判权、检察权具有与生俱来的不平等性。那么，以此为标准考察，我国现行国家权力体系中的警察权在某种程度上是否存在错位和越位呢？关于这一问题的进一步回答及相应制度改革的思考，后文将陆续展开探讨。

三、当代中国政治文明建设中的警察权定位再思考

（一）关于警察权存在的正当性

千百年来，警察作为一种历史现象，与人类政治文明演进同步发展，兴衰与共。对于警察与警察权，人们的感情是复杂的。一方面，人们离不开警察和警察权，因为主要依赖它们得以建立的社会秩序能够保障自由最大限度地实现，保障多元化社会格局中不同利益的实现。另一方面，人们又惧怕警察和警察权，因为作为社会中最强大的强制力量，它们以其天然的扩张性极易对自由构成威胁。这就带来一个两难的命题：警察与警察权的存在是否是正当的？解读这一命题并给出科学的答案，需要从自由与秩序的价值考量中寻找。

关于自由与秩序的价值考量，笔者以为，迄今为止，法国1789年《人权

宣言》是最深刻也最系统的纲领性文件①。仔细研读该文献，我们不禁惊讶地发现，该宣言全文十七条内容几乎都是在阐述自由与秩序的关系。在自由与秩序的价值考量中，包括警察、警察权在内的国家机器及其公权存在的正当性得以充分论证。按照该宣言的基本要义，首先，自由和平等是人最基本的自然权利，必须得到有效的政治和法律保护。其次，秩序的存在是必须的，不仅仅是为了保障自由的行使，还为了确保每个人行使自由时不侵害公共利益和他人自由。再次，人权的实现需要包括警察在内的国家武装力量给予保障，保障人权是国家武装力量权力行使的正当性源泉和首要价值选择。最后，通过分权制衡与严格监督防止公权滥用是武装力量权力配置的基本原则。后世关于自由与秩序、警察权的定位等问题的探讨和实践，虽在局部有所发展，但整体上没有超出当年法国人权宣言的深度和广度。

（二）政治文明、法治与警察权定位

法治的精神，简言之，就是用法律控制公权力。法治的原本含义首先是对公权力进行控制，而不是直接保障人权。孟德斯鸠在《论法的精神》中就

① 法国《人权宣言》第 1 条：在权利方面，人们生来是而且始终是自由平等的。除依据公共利益而出现的社会差别外，其他社会差别，一概不能成立。第 2 条：任何政治结合的目的都在于保护人的自然的和不可动摇的权利。第 3 条：整个主权的本原，主要是寄托于国民。任何团体、任何个人都不得行使主权所未明白授予的权力。第 4 条：自由就是指有权从事一切无害于他人的行为。因此，各人的自然权利的行使，只以保证社会上其他成员能享有同样权利为限制。此等限制仅得由法律规定之。第 5 条：法律仅有权禁止有害于社会的行为。凡未经法律禁止的行为即不得受到妨碍，而且任何人都不得被迫从事法律所未规定的行为。第 6 条：法律是公共意识的表现。全国公民都有权亲身或经由其代表去参与法律的制定。法律对于所有的人，无论是施行保护或处罚都是一样的。在法律面前，所有的公民都是平等的，故他们都能平等地按其能力担任一切官职、公共职位和职务，除德行和才能上的差别外不得有其他差别。第 7 条：除非在法律所规定的情况下并按照法律所指示的手续，不得控告、逮捕或拘留任何人。凡动议、发布、执行或令人执行专断命令者应受处罚；但根据法律而被传唤或被扣押的公民应当立即服从；抗拒则构成犯罪。第 8 条：法律只应规定确实需要和显然不可少的刑罚，而且除非根据在犯法前已经制定和公布的且系依法施行的法律以外，不得处罚任何人。第 9 条：任何人在其未被宣告为犯罪以前应被推定为无罪，即使认为必须予以逮捕，但为扣留其人身所不需要的各种残酷行为都应受到法律的严厉制裁。第 10 条：意见的发表只要不扰乱法律所规定的公共秩序，任何人都不得因其意见、甚至信教的意见而遭受干涉。第 11 条：自由传达思想和意见是人类最宝贵的权利之一；因此，各个公民都有言论、著述和出版的自由，但在法律所规定的情况下，应对滥用此项自由负担责任。第 12 条：人权的保障需要有武装的力量；因此，这种力量是为了全体的利益而不是为了此种力量的受任人的个人利益而设立的。第 13 条：为了武装力量的维持和行政管理的支出，公共赋税就成为必不可少的；赋税应在全体公民之间按其能力作平等的分摊。第 14 条：所有公民都有权亲身或由其代表来确定赋税的必要性，自由地加以认可，注意其用途，决定税额、税率、客体、征收方式和时期。第 15 条：社会有权要求机关公务人员报告其工作。第 16 条：凡个人权利无切实保障和分权未确立的社会，就没有宪法。第 17 条：私人财产神圣不可侵犯，除非当合法认定的公共需要所显然必需时，且在公平而预先赔偿的条件下，任何人的财产不得受到剥夺。

明确指出，“要防止滥用权力，就必须以权力约束权力”①。他不但指出了法治的精神是权力控制，而且提出了“以权力约束权力”的控权方法。在现代各国，法治成为政治文明建设的普遍准则。从法治的价值取向看，有法可依并不意味着实现了法治，法治还意味着更多的社会关系受到法律的调整，意味着全体社会成员自觉地把法治作为最高行为准则和道德实践。正如法国人权宣言倡导的那样，法治就是自由、平等、财产权益等这些人们与生俱来的自然权利，除因公共利益和影响他人权利外，不因任何其他别的原因受到限制或剥夺。法治是民主、自由、平等、人权、理性、文明、秩序、效益和合法性的完美结合。如果说法治的功能在于通过控制公权力以实现基本人权的话，法治也必然是控制警察权的基本途径。正确认识警察权在公权力体系中的定位，就必须把它置于法治的大背景下进行考量。任何非法治的因素，包括政策性因素、情感性因素和警察权自身扩张因素等，都不能成为影响警察权定位的决定性因素。在当代中国，这种思考和判断尤其具有现实意义。

（三）当代中国警察权的错位与归位

中华人民共和国成立以来，关于警察权是否具有司法属性的争议一直未曾间断过。到二十世纪九十年代，有基层公安机关甚至发出过警察侦查权独立的呼声，这显然是在类比和套用司法独立原则，试图在将侦查机关定位于司法机关。有的论者还搬出《宪法》第135条，把法、检、公并列提出执法要求为依据，来论证公安机关的司法属性。2006年颁布的《公安机关组织管理条例》，更明确规定“人民警察是……刑事司法力量”，似乎警察权的司法性本来就是顺理成章的事情，现在明确规定下来不应该存在争议了。但是，以行政法规而不是基本法律的形式作出上述规定，恰恰反映出理论层面和立法层面仍然不能达成共识，只能采取低层次行政法规立法的方式，曲折地反映单方面部门意愿这样的客观事实，问题并没有从根本上加以解决。

如本节第二部分所述，警察权属于行政权，是国家二级权力单位，与作为国家一级权力单位的立法权、审判权、检察权等具有与生俱来的不平等性，在权力配置上当然也不应该相提并论。我国《宪法》在第三章（国家机构）第七节中，只是明确人民法院依法独立行使审判权，是国家的审判机关，人民检察权依法独立行使检察权，是国家法律监督机关，并没有同时规定公安机关依法独立行使侦查权，并作为与立法机关、行政机关、民族自治机关、军事机关等并列的国家机构。《宪法》第35条关于公检法机关在办理刑事案件中分工合作的规定也仅仅是明确了三者在办理刑事案件中的分权制衡关系，

① ［法］孟德斯鸠著：《论法的精神》（上），张雁深译，商务印书馆1963年版，第154页。

并不意味着警察侦查权具有司法属性。特别提及的是，“刑事”只说明执法内容，并不等同于“司法”，公安机关具有刑事案件办理权，也不能说明警察权自身具有司法属性。相反地，根据《宪法》第85条、第89条和《国务院组织法》第8条的明确规定，国务院是最高国家行政机关，领导包括公安工作在内的所有行政工作。包括公安部在内的国务院各部委的设立、撤销或者合并，经总理提出，由全国人大或者全国人大常务委员会决定。这足以说明，我国的公安机关属于行政序列，公安机关行使的警察权属于行政权，而不是司法权。与警察权的这一定位相适应，审判权和检察权高于警察权，自然地，审判机关、检察机关的法律地位也应高于公安机关。实践中，各级公安机关行政首长由同级党委常委或政府副职兼任，是基于特定历史时期复杂的治安形势和公安机关肩负的艰巨任务作出的阶段性安排，是为了更好地调动国家资源和社会资源参与社会治安，在特定历史阶段是正确和必须的，但并不说明公安机关与审判机关、检察机关具有平等地位甚至实际上高于它们就是合理的根本制度安排。随着改革开放的深入、紧张的多元社会利益冲突趋缓、和谐社会的逐步建成，公安机关及其警察权的重新归位将成为必然。

沿着以上思路进一步思考会发现，与社会主义建设的初级阶段相适应，我国的政治文明建设也处于初级阶段，很多国家法律资源配置是错位或者缺位的。以检察权的配置为例，检察机关既享有警察侦查权性质一样的侦查权，又享有侦查监督权，既享有公诉权，又享有审判监督权，这本身就不符合权力分设与制衡原则。再比如司法审判权的配置，法院本应是专司审判的司法机关，但是我国的人民法院还行使具有行政权属性的判决执行权和社会公权属性的技术鉴定权。加上本就存在的对警察权属性的误解甚至人为错位，我国的国家法律资源配置表现出与市场经济发展进程严重不相协调的现象。这需要通过顶层设计和多元化公权管理改革逐步解决。很多法治发达国家的检警一体化、审判专属和执行独立体制，很好地理顺了国家法律资源的整合与制衡关系，积累了很多成熟的经验，值得我们借鉴。近年来进行的国家监察体制改革将隶属检察机关的国家公职人员犯罪侦查权大部分剥离，实际上完成了一次国家权力资源的重新配置，已经有了一个良好的开端，契合了现代分权的基本趋势。相信随着全面深化改革的不断推进，诸多问题应该会逐步得到解决。当然，基于基本国情的差异，我们的改革以采取渐进主义技术路线为妥，而且要充分考虑很多改革举措的本土化改良，不能照搬和直接嫁接，否则也是危险的。

第三节 警察职权：一个基本的法律概念

一、警察职权的含义界定

警察职权是警察职务上应当承担的责任以及为了保障责任的正当履行而享有的职务上的权限。

理解警察职权这一概念，应把握好几下几点含义：

第一，强调警察主体身份的职务性或公务性。这种职务性或公务性是与警察的私务性相对应的。任何基于警察主体私人身份而非公务身份的行为都不是警察职权行为，如某公安局为了盖办公大楼与某建筑公司签订建筑合同的行为、某警察个人去商场购买生活用品的行为等。

第二，警察职权是警察职责与权限的统一。警察职权是警察主体代表国家享有和行使的。从内容上讲，警察职权分为警察职责和警察权限两部分。警察职责划定了警察职权范围和边界，告诉警察应该干什么、可以干什么和不能干什么；警察权限为警察职责履行提供职务上的必要条件，如当场盘查与继续盘问、传唤、优先通行、使用警械武器等。警察职权是警察职责与权限的统一。警察权限内容与职责大小成正比例关系。警察职责越多，警察权限相应就越大；警察职责越少，警察权限相应就越小。这充分体现了权责相一致原则的要求。

第三，警察职权来源于国家资源供给，由国家提供物质、人力、法律和政策保障。脱离了国家资源保障，警察职权就成了无源之水、无本之木。

第四，警察职权是一个法律概念，必须以法律形式予以认可。考察警察职权的内涵和外延必须与特定时期特定国家的警察法相联系。不同时期不同国家的警察法对警察职权的内容规定可能是不统一的。台湾学者李震山先生指出，“警察之意义具有强烈的时空性”。警察含义如此，警察职权含义亦如此。但无论是哪一时期哪一国家的警察职权内容都必须是该国现行警察法明确加以认可的。在我国，《人民警察法》在第二章用了专门一章的内容规定警察职权，从第6条到第19条共有14条内容，占到《人民警察法》全部条款的四分之一左右。

第五，警察职权是警察作为法律主体享有的基本权利，但是这种基本权利不能选择，不能自由处分，实际上既是权利也是义务。这与纯粹意义上的法律权利有所不同。

二、警察权的一般属性与警察职权的多样化形态

（一）警察权是警察职权的抽象化

警察权是一个法学概念，是从学理上对警察享有的职权进行的抽象概括。这种学理上的抽象概括超越具体的时空因素制约，反映了警察发展的一般规律和警察应当具有的基本权力内容。

因为是对实然法上警察职权的抽象化，所以，警察职权的现实内容的调整达到一定程度会影响警察权一般属性的变化。研究警察权必须时刻关注不同国家不同时期的警察制度的发展变化。这既符合哲学上从量变到质变的一般事物发展规律，也符合归纳思维的一般规律。

（二）警察职权是警察权的具体化

警察职权是一个法律概念，是警察权在实然法上的具体表现，是警察权的具体化。一部好的警察法典必然是在警察本质和警察发展一般规律基础上，结合本国具体国情制定出来的。一方面，违背了警察本质和警察发展一般规律，对警察角色定位和对警察职权设定，这样的警察法典不具有持久的生命力。另一方面，只考虑共性因素不考虑个性因素，不充分与本国国情相结合，制定出来的警察法典也很难贯彻实行下去。正是在与各国实践相结合的过程中，警察法才得以发展，警察权理论才得以丰富，并反过来对实然法上的警察职权设定发挥引领和指导作用。

所以，警察权与警察职权紧密相连，是一对交互影响的动态范畴。对这一对警察法哲学基本范畴的全面认识反映出，从实践到理论再到实践的人类认识规律的正确性和必要性。

（三）不同因素的交互影响下警察职权表现为多样化形态

具体表现为不同国家和地区，在不同的时期，警察职权的内容有所不同。那么，影响警察职权内容的因素有哪些呢?

第一，国家政权性质。国家政权性质是一国阶级力量对比的集中体现，是国家的根本性质。警察是国家的重要组成部分，现代警政是现代民主政治的重要组成部分。不同的国家政权性质就会产生不同的警政模式，警察的角色定位和任务职权也就不同。国家政权性质对于包括警察职权在内的一国警察法内容有着决定性影响。资本主义国家的警察职权是为资产阶级专政服务的，其职权内容也是根据资产阶级专政需要设定的。社会主义国家的警察职权是为无产阶级专政服务的，其职权设定当然是根据无产阶级专政需要设定的。

第二，一定时期的国家中心工作。国家在不同时期的中心工作有所不同。在我国，中华人民共和国成立初期，巩固新生的人民民主专政政权，完成社会主义改造是中心工作。1957 年《人民警察条例》在第 1 条关于警察的性质就规定为“是人民民主专政的重要工具之一”，在第 2 条关于警察的首要任务规定为“依照法律惩治反革命分子”，在第 5 条关于警察的职责部分，前三项都是针对反革命分子、匪特分子，维护新生的人民民主政权稳定的。根据该条规定，人民警察第 1 项职责为：“预防、制止、侦查反革命分子和其他犯罪分子的破坏活动……”人民警察第 2 项职责为：“依照法律管制反革命分子和其他犯罪分子”。人民警察第 3 项职责为：“指导治安保卫委员会的工作，领导群众进行防特、防匪、防盗、防火工作”。在第 6 条的警察权限部分，规定的第 1 项警察权限就是“对反革命分子和其他犯罪分子，可以依照法律执行逮捕、拘留和搜查”。从这些关于警察职权规定的内容、顺序和地位看，其为巩固新生的人民民主专政政权稳定的中心工作提供保障的立法目的是鲜明的，历史证明也是极为必要的。

第三，警察法治传统。一国的警察法治传统对于警察职权立法具有重要影响。在德国，警察职权是由联邦警察法和地方警察法分别加以规定的，虽然在若干警察职权共性领域，如打击刑事犯罪等，联邦和地方警察的职责权限是相通的，但是也有很多权限是分别属于联邦警察或者地方警察的。例如，根据《联邦警察法》第 1 条，国家设立联邦刑警总署，负责国家和各联邦州之间在刑事警察事务方面的合作。但如果法律上没有特别的规定，犯罪的调查、预防以及其他危险性事务的预防是各州职责范围。在《联邦警察法》第 2 条第 5 款还进一步规定，联邦刑事警察局具有维护统一的警务信息系统正常运行的职责，但是对于涉及各地方的警务信息的加工、处理与利用必须在地方各州请求委托下进行，并遵守该州数据处理的有关条例和规定。这一警察职责的规定鲜明地体现了德国央地混合警察体制特点，联邦警察和地方警察的各自职权范围是非常明晰的。在我国，国家警察和地方警察界分尚未真正形成，警察职权属于基本警察制度范畴的内容，由《人民警察法》统一规定，无论是中央警察机关还是地方警察机关，警察的职权是一样的，在《人民警察法》中未作区分。当然，下一步警务改革和《人民警察法》修订，能否在这方面有所突破，决定于整体的中国特色社会主义民主政治建设进程和警务改革的全面推进。从中德两国关于警察职权的不同规定，足可看出一国警察法治传统对于警察职权立法的影响。

作为法学范畴，警察权研究可以更多关注权力的一般属性和合理配置，但作为法律范畴，警察职权研究必须更多关注其各种因素的交互影响和自身的多样化形态。警察权与警察职权的这些区别与联系是警察法哲学研究的重要内容。

三、我国实定法上的警察职权及其立法完善

（一）1957 年《人民警察条例》关于警察职权的规定

我国 1957 年《人民警察条例》在第 5 条规定了警察职责，共有 19 项。

根据该条规定，人民警察的职责如下：

1. 预防、制止、侦查反革命分子和其他犯罪分子的破坏活动，侦缉逃避侦查、审判和执行判决的人犯；
2. 依照法律管制反革命分子和其他犯罪分子；
3. 指导治安保卫委员会的工作，领导群众进行防特、防匪、防盗、防火工作；
4. 警卫法庭，押解人犯，警戒监狱、看守所和劳动改造场所；
5. 依照法律管理爆炸物品、剧毒物品、枪支弹药、无线电器材、印铸行业、刻字行业；
6. 管理户口；
7. 依照法律管理外国人和无国籍人的居留、旅行等事项；
8. 管理城市交通秩序、车辆和驾驶人员；
9. 维护公共场所、群众集会的秩序和安全；
10. 维护车站、码头、机场、火车上和船舶上的秩序，保护旅客和运输的安全；
11. 保护各国驻华使领馆的安全；
12. 警卫重要的机关、厂矿企业等部门的安全；
13. 监督公共卫生和市容的整洁；
14. 进行消防工作；
15. 追查被抢劫、偷盗的财物，查找迷失的儿童和下落不明的人，救护被害人和突然患病处于孤立无援状态的人；
16. 向居民传达自然灾害的预报，积极协助有关部门动员群众采取预防和消灭灾害的措施；
17. 积极参加和协助进行其他有关群众福利的工作；
18. 向群众进行提高革命警惕、爱护公共财产、遵守法律、遵守公共秩序和尊重社会公德的宣传工作；
19. 其他属于人民警察职责范围内的事项。

在以上 19 项警察职责中，大体分为三个方面的内容。一是警察消极行政

的内容，共有 1、2、4、5、6、7、8、9、10、11、12、14 等 12 项职责涉及。二是警察积极行政方面的内容，共有 3、13、14、15、16、17、18 等 7 项职责涉及。三是警察协助其他行政方面的内容，共有 16、17 两项职责涉及。整体上讲，1957 年《人民警察条例》关于警察职责的规定既符合警察一般属性和功能要求，比较全面，也突出了当时服务巩固人民民主专政需要的警务中心工作的要求，比较客观。此外，该条例第 6 条规定了人民警察的 6 项权限，也是与第 5 条的警察职责相适应的。虽然在立法表述上尚有欠缺[①]，但从当时的立法背景和立法水平看，已经较为完善，基本满足了当时的警察法治实践需要。

（二）1995 年《人民警察法》关于警察职权的规定

我国 1995 年《人民警察法》关于警察职权的内容规定在第二章，从第 6 条至第 19 条共 14 条。其中，人民警察职责集中规定在第 6 条。

根据该条规定，公安机关的人民警察按照职责分工，依法履行下列职责：

1. 预防、制止和侦查违法犯罪活动；

2. 维护社会治安秩序，制止危害社会治安秩序的行为；

3. 维护交通安全和交通秩序，处理交通事故；

4. 组织、实施消防工作，实行消防监督；

5. 管理枪支弹药、管制刀具和易燃易爆、剧毒、放射性等危险物品；

6. 对法律、法规规定的特种行业进行管理；

7. 警卫国家规定的特定人员，守卫重要的场所和设施；

8. 管理集会、游行、示威活动；

9. 管理户政、国籍、入境出境事务和外国人在中国境内居留、旅行的有关事务；

10. 维护国（边）境地区的治安秩序；

11. 对被判处管制、拘役、剥夺政治权利的罪犯和监外执行的罪犯执行刑罚，对被宣告缓刑、假释的罪犯实行监督、考察；

12. 监督管理计算机信息系统的安全保护工作；

13. 指导和监督国家机关、社会团体、企业事业组织和重点建设工程的治安保卫工作，指导治安保卫委员会等群众性组织的治安防范工作；

14. 法律、法规规定的其他职责。

---

① 例如在该条例第 6 条第 2 项规定："在侦查刑事案件的时候，可以依照法律传问犯罪嫌疑人和证人"。在此处，使用了"侦查刑事案件"和"传问犯罪嫌疑人和证人"的表述。很显然，没有区分"侦察"与"侦查"，也没有区分犯罪嫌疑人和证人身份的差异，统一使用了"传问"这一手段，而不是后来的"传唤""拘传"和"通知"。

与1957年《人民警察条例》相比，1995年《人民警察法》对警察职责内容进行了增删整合。例如，将原来的第6项户籍管理和第7项外国人居留、旅行等事务管理合并为第9项，并增加了国籍管理和入出境事务管理。再如，1995年《人民警察法》删去了“反革命分子”“防特、防匪”等与改革开放新时期不相适应的立法表述，增加了“管理集会、游行、示威活动”“监督管理计算机信息系统的安全保护工作”等与二十世纪九十年代社会治安形势相适应的新内容。

综合统计的结果显示，首先，属于警察消极行政方面的警察职能共涉及12项（第1、2、3、4、5、6、7、8、9、10、11、12项），占比近90%。与1957年《人民警察条例》相比，1995年《人民警察法》在警察消极行政方面显然得到了加强。其次，1995年《人民警察法》中属于警察积极行政方面的警察职能共涉及2项（第4项、第13项），占比约14%。与1957年《人民警察条例》相比，1995年《人民警察法》大大弱化了警察积极行政方面的内容。诸如查找迷失儿童、救助孤立无援的人、自然灾害预报等职责内容已经完全从1995年《人民警察法》中删去。当然，在《人民警察法》第21条规定了危难救助、纠纷帮助、积极参加抢险救灾和社会公益活动等作为警察义务内容。第21条的规定虽然规定在第三章义务和纪律部分，但实际上也可视为警察职责的重要组成部分，可以划归警察积极行政的内容。将第21条和第6条统筹考虑，警察积极行政内容也算基本完善。最后，属于警察协助其他行政的内容，在1995年《人民警察法》中已经难觅其踪，被彻底删除。实践证明，立法上不再规定警察的协助其他行政职责，反而导致实践中警察职权界限不明，警察机关不断地被动参与政府部门的非警务活动，疲于应付又颇受非议。不能不说这是1995年《人民警察法》的一个立法遗憾。借《人民警察法》再次修订之际，必须彻底捋清警察职责内容和职责边界，理顺警察与其他行政的关系，为全面实行警察法治提供良好的先决条件。

另外，关于警察权限的规定，1995年《人民警察法》显然有了巨大进步，不但立法表述更加规范，警察权限内容也规定得更加全面。归纳起来，1995年《人民警察法》在第二章除去第1条警察职责和最后两条关于警察职责特殊规定外，共有11条是关于警察权限内容的，涵盖了警察处罚、警察强制、警械武器使用和警察优先权多方面内容，既有实体的授权规定，也有程序规定，回应了改革开放新时期治安形势的现实需要，也与世界各国警察立法基本接轨，为后续警察任务立法奠定了重要基础，对之后的警察执法产生了持续的重要影响。

第五章　警察关系与警察法律关系

第一节　警察法律关系是警察法调整警察关系的结果

一、警察关系是物质关系，警察法律关系是意志关系

（一）社会关系及其分类

马克思指出，人的本质是一切社会关系的总和。马克思的论断明确指出了社会关系的起源和本质，即人是社会关系的起源，社会关系的本质就是人与人之间的关系。随着人类改造自然、改造社会的实践活动日益深入和扩展，逐渐形成了各种各样的社会关系。既有个体与个体之间的关系，也有个体与组织之间的关系，还有组织与组织之间的关系。既有在生产活动中形成的社会关系，也有在生活过程中形成的社会关系。不同的社会关系构成一个社会形态系统。在这个生态系统中，各种社会关系之间存在主次、从属或包容关系，分别居于生态系统的不同层次、不同领域，并相互连接。

马克思主义哲学将社会关系分为物质关系和思想关系两种基本的类别。物质关系是人们在生产生活中形成的、不以人们的意识和意志为转移的关系。物质关系是客观的，如生产关系、男女性别关系、人对于水、阳光等自然资源的依赖关系等。意识关系是通过人们的意识形成的关系，它是物质关系在主观世界的反映，如政治关系、法律关系、宗教关系等。思想关系是主观的。任何一个社会关系都可以归入物质关系或者意识关系范畴。以关系领域的不同为标准，社会关系可以分为经济关系、政治关系、文化关系等；以发生起因的不同为标准，社会关系可以分为生产关系和生活关系。各种不同的社会关系组成了一个有序运转、层次有别的社会关系系统。无论个别社会关系或社会关系系统，都是具体的历史的，是随着历史条件的变化而演变的。一方面，生产力的发展直接促使物质关系发生变化，进而要求种种意识关系相应

地发生变化，从而导致社会关系系统的根本变化。另一方面，在社会关系系统演变过程中，意识关系又反作用于物质关系。有时候这种反作用的影响是巨大的，甚至在某些条件下能够影响物质关系的发展方向作出适当调整。

正确认识社会关系的概念及其分类，是科学研究警察关系和警察法律关系的认识论基础。

（二）警察关系是物质关系

警察关系是在行使警察权或履行警察职能的过程中发生的与警察主体相关的各种社会关系。自从有了阶级和国家后，警察的存在就是客观的。警察是国家机器的重要组成部分，代表国家履行社会公共安全治理职责，必然会和相应的社会主体发生各种关系。警察关系的存在也是客观的，不以人的意志为转移的，警察关系是物质关系。

警察关系的特点包括以下几点：

第一，在警察关系中，警察主体始终是一方关系主体。警察关系都是警察主体行使警察权过程中与其他社会主体发生的关系。没有警察主体参与，不构成警察关系。例如，甲和乙发生冲突，甲致乙轻微伤，公安机关介入处理。公安机关与甲之间形成警察关系，公安机关与乙之间也形成警察关系，但是甲与乙之间可能存在其他社会关系，却不存在警察关系。

第二，警察关系具有与警察权的紧密关联性。与警察权无关的关系，即使警察主体参与了也不是警察关系。例如，在创建国家卫生城市过程中，市政府召开各部门会议进行部署，统一提出创建要求。市公安局根据市政府要求对办公大楼外墙重新装饰，对院内车位重新划定等。虽然市公安局参与了国家卫生城市创建活动，但这些活动与警察权没有关联，因而形成的社会关系也不是警察关系。

第三，警察关系具有跨领域性。警察关系跨越了警察组织管理、警察行政执法、警察刑事执法等不同领域，与纯粹的同一领域的刑事关系、行政关系、民事关系等具有鲜明区别。

（三）警察法律关系是意志关系

警察法律关系是由警察法律规范调整的警察主体与公民、法人或其他组织之间在维护社会治安秩序或国家安全过程中形成的权利义务关系。简言之，警察法律关系就是警察法调整警察关系后形成的权利义务状态。在非法治时代，警察关系不一定都由法律调整（如奴隶社会），但在法治时代，警察关系必定由法律调整，从而对警察权这种公权力行使给予必要的规范。因为有了国家法律介入调整，法律又是统治阶级意志转化而来的国家意志，所以经过法律调整后形成的警察法律关系是主观的，是人的意志关系。

警察法律关系具有以下基本特点：

第一，法律关系主体一方的特定性或曰恒定性。因为警察法律关系是由警察关系经法律调整后转化而来，警察关系的一方主体是恒定的警察主体，所以，警察法律关系的一方主体也是恒定的警察主体。没有警察主体参与的法律关系也不构成警察法律关系。

第二，警察法律关系以警察法律规范的存在为前提。没有警察法律规范的存在和发挥作用，警察关系永远只能是警察关系，不能转化为警察法律关系。人类发现自然、改造自然的能力提升或曰人类文明进步的一个重要标志就是人类从自由王国向理性王国的不断飞跃，就是人类有意识地处理自身关系以及自身与自然之间关系能力的不断提升。进入文明时代，这种飞跃和提升是通过组织和制度完成的。国家和各类社会公共组织是人类赖以实现飞跃和提升的基本组织平台，制定法律并推动法律的实施是人类赖以实现飞跃和提升的基本手段。警察行为只有通过警察法规范的调整才能发挥其应有的作用，警察关系只有通过警察法律规范调整才能实现统治阶级希望达到的关系状态。

第三，作为警察法律关系基本内容之一的警察权具有有限性、法定性和不可自由处分性。在警察法律关系中，警察主体是最基本的法律关系主体，警察主体享有的警察权是最基本的法律关系内容。警察权的设定、行使和监督直接影响警察法律关系主体间的关系状态和警察行为的社会效果。作为公权力，警察权具有天然的扩张性，在赋权的同时必须给予必要的控制，警察法既是赋权法也是控权法。在警察法律关系中，警察权的有限性和法定性是人类政治文明进步的体现，与原始的警察关系中警察权的随意性形成鲜明对比。这也从一个侧面说明了警察法调整警察关系的必要性。同时，马克思主义法哲学还告诉我们，权利与义务是统一的。就警察权而言，它是警察主体职务上的权力，这种权力既是权利，也是义务，遇有法定情形必须依法履职，不能像民事权利那样可以私自处分（这是一切公权力的共有特征）。

第四，警察法律关系具有及时变动性。警察法律关系是国家意志的体现，是各方关系主体按照警察法的要求形成的权利义务关系，是意志关系。而意志是主观的，是在各种因素交互作用下随着人的认识调整而调整的。警察法律关系随着统治阶级意志的调整而调整，具有及时变动性特征。

在影响警察法律关系调整的诸要素中，警察属性和警察法内容是最主要的两个影响要素。警察和警察法作为上层建筑，受到生产力和生产关系的决定性影响。当生产力发展到一定阶段时，生产关系必然进行调整，量变积累到一定程度发生质变，阶级结构和国家结构就会发生变化，作为国家重要组成部分的警察的属性和作用随之变化，同时包括警察法在内的法律的内容亦会发生变化。这两个因素的变化会导致警察法律关系的内容也发生质的变化。

二、警察法律关系的基本要素

法哲学一般原理告诉我们，任何法律关系都有主体、客体和内容三个基本要素。警察法律关系也不例外。

警察法律关系的主体，简称警察法主体，是指依法参与到警察法律关系中享有一定权利并承担一定义务的公民、法人或其他组织。根据在警察法律关系中所处的地位和身份的不同，警察法律关系主体包括警察主体、警务人员、警察相对人和警察监督主体四部分。其中，警察主体和警察相对人是最基本的警察法律关系主体，它们之间的关系是基本的警察法律关系，这一法律关系延伸产生其他法律关系。

警察法律关系的内容，是指警察法主体依法享有的权利和承担的义务。对警察主体及其警察人员而言，法无明文规定即违法，其一切行为应当有明确的警察法依据；对警察相对人而言，法无明文禁止即合法，法无禁止的领域即为其权利领域。不同的警察法主体享有不同的权利，也履行不同的义务。例如，警察主体享有刑事侦查和行政处罚的权力（权利），但是也必须履行严格遵守法定程序和保障相对人知情权的义务。警察相对人享有知情权、陈述申辩权、申请听证权等救济权利，也必须履行配合警察主体调查、如实陈述所知案情的义务。

警察法律关系客体，是指各方警察法主体权利义务指向的对象，是一定权益的法律形式。警察法律关系客体通常包括物质产品、精神产品、行为和人身等。在警察行政拘留处罚法律关系中，警察主体行政拘留处罚权指向的对象就是被处罚人的人身。在刑事扣押强制法律关系中，警察主体刑事扣押权指向的对象是涉案财产。在警察行政处罚复议法律关系中，警察复议机关的审理裁决权和相对人申请复议权指向的对象是警察的具体行政处罚行为。

在我国传统法学理论上，一般是不把人身作为法律关系客体的载体的。因为在法律关系中，人是当然的法律关系主体，而不能同时是法律关系的客体，否则，主体地位的颠覆，将致人格、人权的灭失。在奴隶制社会中，奴隶被看作会说话的财产，奴隶的人身曾一度作为法律关系客体被买卖和处分，反映出人类文明早期的不发达不人道和奴隶制法制的落后。但是，随着法律实务的开展和传统法学理论在主客体关系问题认识上的突破，带来了对法律关系中主客体问题的新的认识和理解，人身具备能够成为法律关系客体的理论基础和现实条件，逐渐成为主流观点[①]。在警察法律关系中，警察权的内容包含了大量针对人身的内容，如行政拘留、强制传唤、逮捕、监视居住等，实定法上的警察实践推动了警察法学理论的发展，人身最终成为警察法律关系的基本客体之一。

明确了警察法律关系的客体及其载体，就能把握特定警察法律关系的聚焦点和如何妥善处置好这一法律关系。

警察法律关系的主体、客体和内容相互支撑并且动态关联，构成了警察法律关系的全部结构体系及其存在机理。

三、警察法是警察关系与警察法律关系的连接点

警察关系与警察法律关系的联系和区别是警察法哲学的一个难点问题。悟透这一难点问题的关键是，如何找到这两类关系的连接点。

警察关系是物质关系，警察法律关系是意识关系。从物质关系到意志关系的转变，是因为特定的意志因素的影响。警察是警察关系和警察法律关系的首要主体，也是国家机器的重要组成部分，代表国家履行社会公共安全治理职责。能够推动警察意志发生变化进而推动警察关系发生变化的，只能是居于国家统治地位的统治阶级。统治阶级对国家机器的影响有两种方式：一是直接方式，即直接向承担某一职能的国家机器下达命令；二是间接方式，即通过合法途径将统治意志转化为国家意志，再由相应的国家机器按照各自分工去执行。在法治社会里，统治阶级通过直接方式下达命令已经几乎不可能，更多的情况下是通过间接方式实现统治意志。间接方式实现统治意志又包括政策手段和法治手段两种。在法治社会里，法治手段是基本手段，政策手段是辅助手段。通过制定警察法律规范并要求包括警察主体在内的全体社会成员一体遵守，成为统治阶级干预社会关系，并促使社会关系转化为自己希望的意志关系的基本方式。警察法律规范也就成为警察关系这种物质关系转变为警察法律关系这种意识关系的连接点。

通过警察法的连接，可以得出的结论是，警察关系是警察法的调整对象，调整后的结果反映在法律上就是警察法律关系（权利义务关系）。或者说，警察关系是警察法律关系的原始状态，警察法律关系是警察关系的法律化。进一步还可以说，警察关系的变化可能产生政治后果、社会后果，但并不必然产生相应的法律后果，并不必然带来各方主体间权利义务的变化，警察法律

---

① 李平、王鑫鹏著：《人身能够成为行政法律关系客体刍议》，载《华北电力大学学报》（社会科学版），2005 年第 3 期。

关系的变化却一定会产生必然法律后果，必然带来各方主体间权利义务的变化。

第二节　警察法律关系的产生、变更与消灭

一、法律事实：引起警察法律关系产生、变更和消灭的原因

引起警察法律关系产生、变更和消灭的原因被称为法律事实。法律事实研究有助于从因果关系上更深入地把握警察法律关系的动态变化和相应法律后果。

法律事实分法律行为和法律事件两类。

法律行为是法律主体有意识的主观活动，如相对人的赌博违法行为、相对人申请机动车驾驶资格的行为等。这些行为是在相对人主观意识支配下的行为。相对人的赌博违法行为可能引起警察行政处罚或者刑事侦查法律关系的产生。相对人申请机动车驾驶资格的行为可能引起警察行政许可法律关系的产生。

法律事件是某种特定的客观事件。法律事件不是人的有意识的活动，不以人的主观意志为转移，如张某的出生、李某的死亡、自然灾害等。张某出生或李某死亡可能引起警察户籍管理法律关系的产生或消灭。某地发生自然灾害导致交通瘫痪可能引起警察交通管制法律关系的产生。

二、警察法律关系的产生

警察法律关系的产生，是指警察法律关系主体之间形成权利义务关系。警察法律关系的产生，都是基于一定的警察法律规范而产生，否则，就不能成为警察法律关系。有了警察法律规范以后，符合警察法律规范要求的当事人之间才可能产生某项警察法律关系。但某项警察法律关系的正式成立则必须随着某项具体法律事实的发生而实现。

传统理论中识别某种警察法律关系是否成立的标志，关键在于当事人之间相互承担了什么样的权利和义务，而不在于它们具有何种身份。即关键要看警察法律规范是否规定了它们的权利和义务，它们又是否相互承担了这些权利和义务。如果警察法律规范对当事人的权利和义务作了明确规定，当事

人又实际承担了这些权利和义务，那么当事人之间就构成了某种警察法律关系[①]。

警察法律关系的产生，可以分为潜在的产生与实际的产生两种形态。两者产生的条件是不同的：潜在的产生是指在现实生活中出现了什么情况，就自然应适用规定的警察法律关系模式；实际的产生是指在前一种情况的基础上，主体还要有积极的主张，并督促一定权利义务关系的实际运行。作出这种区分的意义在于：它可以使人们在一定的法律事实发生后积极地按照法律规定的权利义务关系去主张应有权利，否则就不能及时有效地用法律武器保护自己；它强调了当事人的行为对实际形成警察法律关系以及对明确、固定各自权利义务并催促实现权利义务的重要性和必要性；它还可以促进警察法律关系理论的完善[②]。

三、警察法律关系的变更

警察法律关系的变更是指在原警察法律关系内容（权利义务）不变的情况下，主体与客体所出现的变化。警察法律关系主体发生不影响原权利义务的变化主要有两种情况：一是主体在数量上的变化；二是主体在接替上的变化。能发生变更的警察法律关系客体是具有可替代性的客体，即能以一种客体取代另一种客体。这类客体也主要有两种：一是与特定人的人身没有联系的财物；二是与特定人的人身没有联系的作为行为[③]。

在警察法律关系变更的两种情况中，主体变化的情况较为常见。其中，警察主体的变化是重点内容，也是本书着重探讨的内容。警察主体形态变化，主要体现在以下三个方面：第一，综合执法主体增多，警察主体是其中一个组成部分。城市管理综合执法产生了综合执法主体。《中华人民共和国行政处罚法》（以下简称《行政处罚法》）第16条对行政处罚范围内的综合执法作了一个规定，一些地方性法规规章也有综合执法的规定。在市场经济发达的国家，通常用设立委员会式的综合性管理机构来解决类似问题[④]。第二，私人侦探等民间安保力量发展明显。确立私人侦探的法律地位，培育完善的民间安保力量，形成国家警察、地方警察和民间安保力量互为补充的警察力量完

---

① 方世荣、袁曙宏：《试论我国行政法律关系的构成形式》，载《中南政法学院学报》，1986年第2期，第40~43页。

② 袁曙宏、方世荣：《论行政法律关系的产生》，载《江苏社会科学》，2000年第6期，第130~135页。

③ 袁曙宏、丁丽红：《略论行政法律关系的变更》，载《法商研究》1998年第4期，第62~65页。

④ 王名扬：《美国行政法》（上册），中国法制出版社，1995年1月版，第172~188页。

整结构和治安服务完全覆盖，这是历史发展的趋势。第三，社区成为履行一定警务职能的主体。社区承担一定数量的传统警察职能，在西方发达国家已经相当成熟，从《中华人民共和国国民经济和社会发展第十个五年计划纲要》规定，“加强社区组织和队伍建设，扩充社区管理职能，承接企业事业单位、政府机关剥离的部分社会职能和服务职能”，我国正在继往开来、与时俱进中探索和借鉴，日益发展成长。比如，社区矫正制度的建立实施，2011 年通过的《刑法修正案（八）》将社区矫正制度明确地进行了规定，为我国进行社区矫正工作提供了根本上的法律依据。正在制定的《社区矫正法》更是为将社区打造成为特定的警务主体提供了进一步法律支撑。

四、警察法律关系的消灭

警察法律关系的消灭，是警察法律关系的主体、客体和内容要素中，若干要素缺失或发生变化，使该警察法律关系已不复存在或者形成了另一种新的警察法律关系。简单地说，就是警察法律关系主体之间权利义务的终止。比如，如果一警察法律关系主体、内容及客体都有改变，它表明该警察法律关系已不复存在而形成了另一种新的警察法律关系。换言之，这是一警察法律关系的消灭和另一种警察法律关系的产生，而不是警察法律关系在原有基础上的变更。如果一警察法律关系主体、客体没有变化，但内容即权利义务有改变，那么表明主体间的原权利义务已被废弃，所具有的应是新的权利义务。这同样意味着一个警察法律关系实质上已消灭而另一个警察法律关系已产生。简言之，警察法律关系的消灭就是其三要素中的一个以上发生变化，而且其中必有权利义务的变化。权利义务是否发生变化也是警察法律关系变更与消灭的基本区别。权利义务发生变化的，即视为原警察法律关系消灭，权利义务没有发生变化，仅仅是主体或客体发生变化的，视为警察法律关系的变更。

第三节　警察内部法律关系与警察外部法律关系

一、警察法律关系的基本分类

（一）警察内部法律关系与警察外部法律关系

以警察主体的权利义务效力是否及于警察外部为标准，可以将警察法律关系分为警察内部法律关系与警察外部法律关系。

警察内部法律关系是指警察主体的警察权利义务效力只及于警察内部，对警察相对人和外部监督主体不具有直接效力的权利义务关系。例如在我国，上下级公安机关之间的组织领导关系、公安机关与它所属的人民警察之间的职务隶属关系、公安机关与其内设机构或派出机构之间的隶属关系等。在这些法律关系中，警察主体之间的权利义务只发生在警察内部，对外不产生直接效力。

警察外部法律关系是指警察主体的权利义务效力及于警察外部的权利义务关系。例如，在警察行政处罚法律关系中，警察主体的处罚权对警察相对人产生直接影响，所以，警察行政处罚法律关系是警察外部法律关系。常见的警察外部法律关系还有警察强制法律关系、警察侦查法律关系、警察执行法律关系等。

顺畅的警察内部关系是保证警察权恰当行使并形成合法合理的警察外部法律关系的前提。理想的警察外部法律关系是警察内部法律关系建立和运行的目的。二者相辅相成。划分警察内部法律关系和警察外部法律关系，有助于辨析不同的警察法主体在相应法律关系中所处的地位和作用，进而判断其行为效力和有效的监督（救济）方式。

（二）警察组织法律关系、警察任务法律关系与警察监督（救济）法律关系

以法律关系的内容不同为标准，警察法律关系可以分为警察组织法律关系、警察任务法律关系和警察监督（救济）法律关系。

警察组织法律关系是指由警察组织法调整形成的以警察组织管理为内容的警察法主体之间的权利义务关系。警察组织法律关系都是警察内部法律关系，如公安机关依照管理权限对于警察人员的奖惩关系、任免关系、警衔管理关系、内务管理关系等。

警察任务法律关系是指由警察任务法调整形成的围绕警察任务实现而形成的警察法主体之间的权利义务关系。刑法、刑事诉讼法、行政法等警察任务法是警察任务法律关系产生、变更和消灭的基本依据。例如，根据《治安管理处罚法》规定，公安机关对于故意毁坏他人财物的违反治安管理行为进行调查处理，就在公安机关与相对人之间形成了治安管理处罚法律关系。警察任务法律关系既有内部法律关系，也有外部法律关系。例如，辖区派出所值班民警根据市公安局 110 指挥中心指令接处警，就首先在指挥中心与辖区派出所之间形成了警察内部法律关系。值班民警出警后在处理警情过程中又与报警人及其他相对人形成了警察外部法律关系。

警察监督（救济）法律关系是指由警察监督（救济）法调整形成的警察法主体之间的权利义务关系。警察监督是对警察的监督，警察救济是对警察法律关系中的相对人的救济。警察监督与警察救济是一个问题不同角度的表述。例如，从警察主体角度讲，警察行政复议就是一种监督；从警察相对人角度讲，警察行政复议是一种救济。警察监督（救济）法律关系既有内部法律关系，如警务督察法律关系，也有外部法律关系，如警察行政诉讼法律关系。

对警察法律关系的内容进行区分，有助于根据不同权利义务内容的特点，全面认识某一具体警察法律关系，实现对警察资源的科学配置以及警察权与相对人权益保障的有机平衡。

（三）警察行政法律关系与警察刑事法律关系

以存在领域不同为标准，警察法律关系可以分为警察行政法律关系与警察刑事法律关系。

警察行政法律关系是指发生在警察行政领域的警察法主体之间的权利义务关系。从广义上讲，“警察行政”也包括警察刑事执法，但因为“警察刑事”已经另外单列，这里的“警察行政”仅指狭义上的行政，即仅指代我国实定法上的行政领域，不涉及警察的法律属性。这类警察法律关系内容丰富，如警察行政管理法律关系、警察行政处分法律关系、警察行政调解法律关系、警察行政指导法律关系等。

警察刑事法律关系是指发生在警察刑事领域的警察法主体之间的权利义务。这类警察法律关系内容也十分丰富，如警察刑事侦查法律关系、警察刑事强制法律关系、警察刑事执行法律关系等。

警察法律关系的领域划分有助于清晰地区分各自领域警察法律关系的产生依据、程序要求、相对人特定身份和救济途径的不同，进而判断法律后果的差异，也便于相对人选择适当的救济途径进行法律救济。

另外，有学者还将警察法律关系分为保护性警察法律关系与调整性警察法律关系、绝对警察法律关系与相对警察法律关系、实体性警察法律关系与程序性警察法律关系等①。这些分类都为从不同角度更加深入研究警察法律关系提供了有意义的视角和方法，值得肯定。

---

① 鞠旭远主编：《警察法学》，中国人民公安大学出版社 2009 年 7 月版，第 28~30 页。

二、警察主体

（一）警察法主体与警察主体

警察法主体是警察法律关系主体的简称，是在警察法律关系中享有权利履行义务的公民、法人或其他组织。其中，法人既包括作为相对人和社会监督主体的私法人，也包括作为警察主体和审判、检察、国家监察、控申等监督主体的公法人。警察法主体包括警察主体、警察人员、警察相对人和警察监督（救济）主体四部分。

警察主体是最重要的警察法主体，是重要的警察法哲学基本范畴之一。它是指在警察法律关系中享有警察权利（权力）履行警察义务的国家警察组织。警察人员是依照法定程序和条件选拔到警察主体中，能够以所属警察主体名义行使警察权力履行警察义务的国家公职人员。警察人员与警察主体是相互依托、密不可分的。离开警察主体，警察人员公职身份无所归属；离开警察人员，警察主体的警察意志无法贯彻实施。警察主体是抽象的组织，必须由一个一个具体的警察人员组成。警察相对人是指在警察法律关系中与警察主体相对的另一方当事人，包括公民、法人或其他组织。警察监督（救济）主体是指在警察法律关系中对警察主体进行监督并对警察相对人提供法律救济的组织。

在警察法主体四部分中，警察主体是最主要的主体。警察法主体与警察主体是种属关系，是包含与被包含的关系。

（二）警察主体的特点

第一，警察主体是能以自己名义对外独立行使警察权力的公法人。法人概念源自私法，在现代公法中被引入，意指依法设立的能够独立对外行使公权力并独立承担责任的公共组织。警察主体依照宪法和警察组织法设立或者依照警察任务法授权，对外独立行使警察权力并独立承担行为后果（如国家赔偿责任、行政诉讼责任等），是典型的公法人。从这一意义上讲，警察主体不同于警察机构，警察机构是警察主体内设的职能部门（如我国公安机关内设的刑警队、治安队等警种部门），不能对外独立行使警察权力和独立承担警察行为后果。

第二，警察主体只能是组织，不能是个人。无论是依法设立的警察机关还是被授权的其他组织（如依照《道路交通安全法》授权的公安交警部门），都必须是组织。个人不能成为警察主体。警务人员在履行职责执行公务中，只能以所属警察主体的名义对外，其一切公务行为被视为所属警察组织的行为，并非其个人行为。只有在警察内部法律关系中，警察人员才是独立的警察法主体，才能以自己的名义行使公职权利并履行公职义务。

第三，警察主体居于警察法律关系的核心地位，是警察法律关系中的必要参与方。如前所述，警察主体必定是警察法律关系的一方主体。警察法律关系是警察主体与其他警察法主体之间的权利义务关系。没有警察主体参与的法律关系不构成警察法律关系。所以，警察主体居于警察法律关系的核心地位，是判断警察法律关系的逻辑起点。

（三）警察主体的分类

根据不同的标准，警察主体可以分成不同的类别。

1. 根据警察主体警察职权的产生方式不同，可以将警察主体分为职权性警察主体和授权性警察主体。

职权性警察主体是指根据宪法和有关组织法的规定，在警察主体依法成立时就当然获得警察职权的组织。按照这种划分，取得警察职权主体资格的法律依据是宪法和警察组织法规，如《国务院组织法》《地方各级人大和各级人民政府组织法》《公安机关组织管理条例》等。由此看来，职权性警察主体只能是从中央到地方的能独立对外行使职权的各级警察机关。授权性警察主体是指根据有关法律、法规规定的授权而获得警察主体资格的组织。按照这种划分，取得授权性警察主体资格的依据是有关的法律、法规，如《治安管理处罚法》《道路交通安全法》《消防法》《出境入境管理法》等。授权性警察主体与职权性警察主体的最大区别就在于两者取得警察主体资格的方式不同。前者来源于宪法和有关组织法的直接规定，后者来源于单行警察任务法的授权。另外，两者在组织性质、职权范围上也有不同，在组织性质上，前者大多为警察机关，而后者为警察机关的内设机构或警察机关以外的组织；在职权范围上，前者行使的警察职权具有一定的综合性，而后者的警察职权具有专项性。

2. 根据警察主体行使警察权力和实施警察活动所针对的对象不同，可以将警察主体分为地域性警察主体和专业性警察主体。

地域性警察主体是指以地域为警察主体的构成基础，有权对职权管辖范围内的一切人和事实施管理的警察主体。这里主要是指从中央到地方的各级公安机关。例如，市公安局有权对其行政区域范围内的所有的属于公安管理范围内的人和事行使警察权力。地域性警察主体根据权力范围和针对的活动对象不同可以进一步分为中央警察和地方警察。在联邦制国家，中央警察又被称为国家警察，具有完整独立的警察运行系统，与地方警察各成体系，各司其职，互相协作，但没有隶属关系。这类国家的典型代表是美国。在单一制国家，中央警察和地方警察共同构成一个完整的警察运行系统。中央警察与地方警察之间是领导与被领导关系。

专业性警察主体是指以某项警察事务为对象实施警察管理的警察主体。目前，在我国，专业警察主体主要包括铁路公安机关、民航公安机关、海关缉私公安机关、交通航运公安机关、林业公安机关等专业领域的警察力量。在国外，专业警察主体还包括邮政警察、校园警察、公园警察等更多的警察主体。地域性警察主体与专业性警察主体的主要区别在于，前者是综合性的警察主体，它不仅仅针对某一警察管理事务行使警察权力，而后者仅仅具有某项专门管理权限，如警察机关中的警察职能部门。应当明确的是，这种划分只具有相对性。因为任何警察主体都以一定的地域为其构成基础，完全离开地域范围的专业性警察主体是不存在的，只不过是专业性警察主体更加偏重于某一项警察事务，因此两者的划分具有相对性。

（四）我国的公安机关

在我国，警察主体主要有国家安全机关、监狱管理机关、司法警察机关和武装警察机关等①。其中，公安机关是最基本的警察主体。

根据警察主体行使警察权力和实施警察活动所针对的对象不同，我国的公安机关分为中央公安机关、地方公安机关和专门公安机关。

在我国，中央公安机关即公安部。根据《宪法》第 85 条、第 89 条和《公安机关组织管理条例》第 3 条的规定，公安部在国务院领导下，主管全国的公安工作，是全国公安工作的领导、指挥机关。地方公安机关分为省、市、县三级，分别负责本行政区域内的公安工作。根据需要，在设区的市设立相当于县一级的公安分局。派出所不是一级公安机关，只是设立它的市县公安机关的派出机构。与我国单一制国家结构形式相适应，上下级公安机关之间是领导与被领导关系。各级地方公安机关同时受所在地地方党委、政府领导，而且以地方党委、政府领导为主。这种“条块结合、以块为主”的体制是多年来形成的符合中国特色的公安体制。

除此以外，在我国还有一支特殊的警察力量，即专门警察机关。专门警察机关负责某一特定领域的公安工作，不以地域划分为标准确定辖区，如林业公安机关、铁路公安机关、民航公安机关等。这些专门公安机关不隶属于

---

① 司法警察机关表述仅是临时用语。在我国，法院和检察院系统的司法警察组织被称为法警队，只是法院和检察院的内设机构，严格意义上不具有独立警察主体资格。但是作为一个客观存在，警察法哲学的主体研究不能忽略这一特殊群体。随着司法体制改革的深入，司法警察体制有望调整。另外，武装警察力量依据《人民警察法》和《武装警察法》在执行特定警察任务时具有相应的警察主体资格。但是在组织架构、人员属性和日常勤务方面，武装警察具有自己的独特性。

地方，受所在行业主管部门和公安部领导，可以视为中央警察机关的一部分。但是随着警务改革的深入推进，有些专门公安机关在逐步划归地方，或者在业务上实行央地共管，如铁路公安机关、林业公安机关等。也有一些专门公安机关由原来的以行业主管部门为主转为以公安部主管为主，如缉私公安机关等。在强调国家生态安全治理的背景下，近年来生态环境警察建设加速。公安部于2018年新成立食品药品犯罪侦查局，专门负责打击食品药品领域犯罪、侵犯知识产权领域犯罪和生态环境领域犯罪（国家林业草原局森林公安局职能分别融入食品药品犯罪局和地方公安机关）。自党的十八大至2019年6月以来，有14个省级公安机关建立了专门食药犯罪侦查机构，全国共有9700余人的专业打击队伍。侦破案件数量从刚开始的年均不足千起到2018年的年均3万起左右。当然也存在专业人员严重不足、专业化执法水平仍然有待进一步提高等问题。下一步应在此基础上组建全国统一的生态环境警察机关，专门负责生态环境领域的刑事犯罪预防和打击，并与国土资源、环境保护、市场监管、农业水利等部门密切合作，履行相应的行政执法职能。

三、警察人员

警察人员是警察法律关系的重要主体，是警察法哲学研究的基本范畴之一。它是指依照法定程序和条件选拔到警察主体中，能够以所属警察主体名义行使警察权力履行警察义务的国家公职人员。在警察外部法律关系中，即使是警察人员，在行使警察权时也是以所属的警察组织的名义，而不是以个人名义，其职务行为后果由所属的警察组织承担，警察人员不是警察主体。在警察内部法律关系中，警察人员是单独的警察法主体，与所属的警察主体之间形成职务隶属上的公职法律关系。

（一）警察人员的法律特点

第一，依照特定程序和条件选拔产生。严格规范的遴选程序是确保高质量警察人员产生的基本前提。基于警察职业的特殊性要求，警察人员的产生应当依照特定的遴选程序。这一遴选程序是由警察基本法加以规定的，包括报名、选拔考试、体能测试和政审等程序。最后按照综合成绩从高到低顺序择优录用。同时，特殊的职业特点还对警察人员的条件提出特殊要求。在不同的国家和地区，警察人员的遴选条件有所不同，但大体包括特定的政治条件、身体条件、知识条件和能力条件等几个方面。在我国，根据《人民警察法》第26条规定，担任人民警察应当具备下列条件：年满十八岁的公民；拥护中华人民共和国宪法；有良好的政治、业务素质和良好的品行；身体健康；具有高中毕业以上文化程度；自愿从事人民警察工作。有下列情形之一的，不得担任人民警察：曾因犯罪受过刑事处罚的；曾被开除公职的。相较而言，这些特定的程序和条件是警察人员与其他公务人员在产生遴选方面的显著区别。

第二，能够以警察主体名义行使警察权力履行警察义务。在警察主体中，并非所有的工作人员都能够对外独立行使权力和履行义务。在我国，公安机关大量存在的工勤人员虽然是警察主体的工作人员，但不能对外从事警察职权行为，不属于警察法人员范畴。这与很多西方国家的文职警察有本质区别。文职警察也是警察，属于政府公务员序列，只是不从事对外执法工作，仅仅承担警察主体的一般性事务工作。我国公安机关的工勤人员虽然具有特定的国家工勤编制，但是不具有公务员身份，只在公安机关从事一些辅助性工作，不属于警察人员范畴。

第三，属于国家公职人员。国家公职人员有广义和狭义之分。广义的国家公职人员既包括正式的国家公务员，也包括虽然不具备公务员身份但仍然以国家公权主体名义履行职责的临时人员。相应地，警察人员也有广义和狭义之分。广义的警察人员既包括具有公务员身份的正式警察人员，也包括不具有公务员身份的临时警察人员（又称辅警或治安员）。在我国，虽然临时警察人员参与执法被法律所禁止，但可以参与其他非执法类警察勤务。实践中由于警力紧张等因素，也偶有临时警察人员程度不同地参与警察执法的现象，虽然属于违法，但仍然会产生警察法上的法律后果。无论哪种情况，均属于以国家公职人员身份的履行公职行为。

（二）警察人员的分类管理

警察人员的分类管理成为世界各国警察人员公职管理的基本模式。从不同角度可以对警察人员进行不同分类。除下述第五种分类情况外，前四种分类的警察人员都是指狭义上的警察人员。

1. 职业制警察与兵役制警察。以来源和是否有职业年限为标准，可以将警察人员分为职业制警察和兵役制警察。职业制警察是指按照特定的国家公务员遴选程序和条件选拔产生，无服役年限要求的警察人员。这类警察人员是警察的主体，具有公务员身份，在有些国家又被称为政府雇员、政府文官等。兵役制警察是指按照现役军人的遴选程序和标准选拔产生，有特定服役年限的警察人员。这类警察人员一般是从事特定岗位的警察人员，属于国家现役，享受现役军人待遇，但不具有公务员身份，在公职管理上也与职业制警察有着鲜明区别。服务年限届满，兵役制警察会转业或退伍，按照国家政策妥善安置。很多武装性质要求更高的警察勤务，如戒严、反恐、国边境管控等，由兵役制警察负责会更加有效，因此，这类警察人员也是世界很多国家的警察公职模式，如俄罗斯的内务警察部队、美国的海岸警卫队和我国的武装警察部队等。

2. 文职警察与着装警察。以是否有统一着装和执法权为标准，可以将警察人员分为文职警察和着装警察。文职警察是指按照一般公务员遴选程序和标准选拔产生，在警察主体内部从事一般行政公务但不着警服不具有对外执法权限的警察人员。这类警察人员和政府其他部门的公务员一样，也可以与政府其他部门公务员进行轮岗交流，在警察主体内部从事一般行政公务（内勤工作）。他们不统一着警察服装，不佩戴武器警械，无权对外执法。着装警察又称制服警察，是指不但符合一般公务员条件还要符合特定的警察职业条件要求，按照特定警察遴选程序选拔产生，统一着警服并对外具有执法权限的警察人员。这类警察人员首先是政府公务员，其次又有着特殊的警察职业要求和权限，对外代表警察主体从事执法和其他勤务活动。一般情况下，他们在警察内部轮岗交流。文职警察和着装警察是欧美很多国家的警察分类管理模式，有利于根据不同岗位特点进行不同的公职身份管理，同时又能够最大限度地选拔优秀人才到警队工作，可以作为未来我国警察人员分类管理的基本方向之一。

3. 委任制警察、考录制警察和聘任制警察。以成为警察的方式不同为标准，警察人员可以分为委任制警察和考录制警察。委任制警察是由相应的组织委任成为警察人员的。这类警察一般都是具有一定领导职务的中高级警察人员，特别是各级警察机关负责人。他们一般在担任警察人员之前已经具有公务员身份，经立法机关选举或者政府首脑提名并按照一定程序直接任命，成为警察人员。在欧美国家，委任制警察一般属于政务官范畴，与执政党共进退，有一定任期。在我国，各级公安机关负责人，特别是主要负责人，都是由政府按照一定程序直接任命的，也有任期的限制，任期届满可能不再担任领导职务，但是警察人员身份不会丧失，除非调离公安机关或者辞职辞退，但是我国的委任制警察人员不存在政务官与事务官之分。考录制警察人员是通过考试选拔成为警察人员的。在欧美国家，属于事务类公务员序列的警察人员一般通过考录产生，不存在任期限制，除非渎职，终身担任警察人员，直至退休。在我国，主任科员以下非领导职务警察人员和少量的具有一定领导职务的警察人员通过考录产生。面向社会公开招考录用，特别是面向公安院校公安专业毕业生和转业军人的招考录用，成为我国警察人员的主要人才来源。聘任制警察人员通过直接聘任成为警察人员。这类警察人员也是公务员，一般适用于有特殊技术要求的警察岗位，不实行委任或考录，根据岗位需要直接聘任，有聘期的限制，聘任期满根据需要还可以续聘或者直接聘为终身职务，直至退休。在我国，聘任制警察人员的公职管理是与公务员分类管理改革密切相关的，有利于拓宽人才渠道，以灵活方式吸引优秀人才到警队工作，目前正在改革试行中。

4. 行政警察与刑事警察。以警察职权领域不同为标准，警察人员可以分为行政警察与刑事警察。行政警察是指在行政领域行使警察职权的警察人员；刑事警察是指在刑事领域行使警察职权的警察人员。这里的行政是狭义上的行政含义，仅指行政法意义上的行政。广义上的行政还包括刑事警察活动领域。行政警察与刑事警察因为职权领域不用，职权内容、行为程序要求和行为后果也不同，对警察人员的能力和素质要求亦有很大差异。在欧美国家，刑事警察在业务上受检察机关领导或指导，而且必须受过系统的法律知识培训。行政警察受所在政府领导，在法律知识培训方面要求也略低，主要侧重于地方治安事务。在我国，行政警察和刑事警察也有相对划分，但并非有绝对界限。大部分警种（如治安、交警、禁毒等）也具有刑事案件办理职权，并非所有刑事案件都交由刑警部门管辖。鉴于二者的职权领域不同和业务特点差异，行政警察的一警多能和刑事警察的专业化建设可能是下一步警务改革的努力方向之一。

5. 正式警察、辅助警察与兼职警察。以警察的身份属性不同为标准，警察人员可以分为正式警察、辅助警察和兼职警察。正式警察是相对辅助警察和兼职警察而言的，它是指具有正式公务员身份的警察人员。正式警察是世界各国警察队伍的主体，行使法律赋予的一般警察职权。辅助警察是指警察主体临时招聘的不具有公务员身份的警察人员。辅助警察简称辅警或治安员，在我国较为普遍，是特定历史条件下逐渐形成的一支辅助警察力量。因为他们不具有正式警察身份，所以在执法领域受到严格限制。同时由于多年来辅警参与执法出现的问题较多，成为社会各界关注和诟病的一个群体。客观地讲，在我国经济社会发展尚不足以完全解决正式警察人员紧张的背景下，辅警力量多年来为我国社会治安稳定作出了重要贡献。职业待遇不尽理想、身份管理和晋升通道不顺畅等原因，难以吸引高素质人才从事辅警工作，是辅警参与执法问题较多的重要原因。近年来，辅警制度改革不断推进，辅警待遇逐步提升，辅警分类管理开始试点改革，优秀辅警遴选转正渠道逐步畅通，辅警职业稳定保障机制逐步健全，辅警的整体素养和工作积极性已经有了显著提高。辅警辅助执法行为的法律认可度也在不断提升。兼职警察源于英国早期的打更人制度和呐喊巡逻制度，后来发展成一支重要的辅助警察力量。在很多英美法系地区，兼职警察也叫辅警（与我国的辅警不是同一概念），平时都有自己的本职工作，分布在各行各业，但每年抽出一定时间参加政府组织的警察训练，在正式警察治安任务繁重时会被征召参加警察勤务，执勤期间具有和正式警察一样的执法权限。兼职警察制度使得警务工作的社会根基更加广泛，在节省警察成本投入的同时也解决了特殊时期的警力紧张问题，为欧美很多国家和地区警务实践证明意义重大，可以成为我国今后警务改革的一个重要领域。

四、警察相对人

警察相对人是与警察主体相对的概念范畴，是基本的警察法主体之一。它是指在警察法律关系中与警察主体相对的另一方当事人。警察相对人与警察主体之间的法律关系构成警察法律关系的基本内容。警察主体的警察公权与警察相对人的个人私权之间的冲突和平衡贯穿警察法律关系的全部内容。

以受警察权影响的程度和渠道不同为标准，警察相对人可以分为直接相对人和间接相对人。警察直接相对人是指因受到警察权直接影响而权利义务发生变化的警察相对人。警察间接相对人是指受到警察权间接影响而权利义务发生变化的警察相对人。例如，在某集贸市场，张某与李某因琐事发生争执，并将李某打伤（轻微伤）。后公安机关介入，对张某处以五日行政拘留处罚。在该警察处罚法律关系中，张某是警察处罚权直接指向的对象，受警察行政处罚的直接约束，警察处罚决定直接引起相对人张某人身权被剥夺五日。李某不是警察主体处罚的直接对象，但是与处罚结果有间接利害关系，对张某的处罚轻重影响其合法权益是否受到应有的保护，所以，李某是间接相对人。直接相对人与间接相对人的分类研究有助于清晰地区分不同相对人身份，更好地监督警察权行使和保障相对人权益。

以相对人是否特定为标准，警察相对人还可以分为抽象警察相对人和具体警察相对人。抽象警察相对人又被称为不特定警察相对人，是指在警察基本法律关系中，警察行为指向的普遍的不特定的多数相对人。这类相对人存在于抽象警察法律关系中，是抽象警察行为的对象，如警察立法法律关系中的相对人、警察指导法律关系中的相对人等。具体警察相对人又被称为特定警察相对人，是指在警察基本法律关系中，警察行为指向的具体的特定的个体相对人。这类相对人是最常见的相对人，存在于具体警察法律关系中，是具体警察行为的对象，如警察行政处罚法律关系中的被处罚人马某、警察行政许可法律关系中的被许可人赵某等。

五、警察监督主体

警察监督主体也是警察法律关系主体的重要组成部分，是警察法哲学的关注对象之一。它是指在警察法律关系中对警察主体进行监督的法律主体。正如英国学者阿克顿勋爵所言："权力导致腐败，绝对权力绝对导致腐败。"阿克顿的断言一针见血地指出了公权力的扩张本性和被监督的必要性，警察权力自不例外。自近代警察诞生以来，警察监督就如影随形，受到普遍重视。这是崇尚法治的近代警察与崇尚专制的古代警察的重要区别。在对警察进行监督过程中，形成警察法律关系，警察监督主体成为警察法律关系重要主体之一。

以监督主体身份和效力的不同为标准，警察监督主体可以分为警察内部监督主体与警察外部监督主体。警察内部监督主体是指在警察内部监督法律关系中的监督主体，如警务督察部门、上级警察部门等。警察外部监督主体是指在警察外部监督法律关系中的监督主体，如检察机关、审判机关、国家监察机关等。值得思考的是，公民个人一般不被视为警察监督主体。公民个人的申诉、控告可以成为启动警察监督的线索，但并非必然引起警察监督程序。如果公民本身也是警察相对人，就可以依法启动监督程序，如法定期限内申请行政复议、提起行政诉讼等，此时的公民个人可以视为警察监督主体。社会媒体的监督有时候也会产生巨大的监督效果，但是也不是启动警察监督的法定事由。警察监督主体应当是能够依法启动警察监督程序并必然产生一定法律后果的法律主体。

实践中，警察监督常与救济交织在一起。对警察的监督也是最大限度防止警察对相对人权益造成侵害。从这一意义上讲，警察监督和警察救济是一体两面关系，只是价值角度不同而已。在新的时代条件下，强调警察的积极行政作用，强调警察监督（救济）职能的延伸，以更好地满足人民群众对美好法治生活的新期待，这就要求对警察监督（救济）功能重新审视，努力构建与新时代要求相适应的中国特色社会主义警察监督（救济）体系。很多传统警察法上未曾出现的现象值得研究和探索。以北京市公安局为例，他们依托执法办案中心建设，聚焦群众关心、社会关切的未成年人违法犯罪案件，积极探索未成年人案件"立体式"帮教机制的做法，就是构建大监督（救济）格局改革的新思路，效果显著，值得跟踪研究。他们在执法办案中心设立专门的未成年人案件办案区，设有专门的帮教室、讯（询）问室和候问室，引入司法社工帮教，采取公安机关、未成年人监护人和司法社工机构三方帮教共管模式，在依法办理案件的同时，有效实现了未成年违法犯罪嫌疑人的帮教转化和犯罪临界预防。司法社工来自于社会各界，特别是心理咨询机构、未成年人保护组织、大学生志愿者等，由司法社工机构统一调配。他们在以专业化水平服务于未成年人帮教转化的同时，也全程参与案件办理，实现了对未成年人违法犯罪案件办理的全流程监督，有效维护了未成年违法犯罪嫌疑人的合法权益。全国其他地方也在探索引入社会第三方实行犯罪嫌疑人或罪犯的危险性评估和帮教安置等做法。这些探索都有积极意义，是新时代警察监督（救济）的有益尝试，应当从警察法哲学高度给予必要的关注和思考。

第六章　警察行为与警察责任

警察行为与警察责任是警察法哲学的基本范畴。二者具有密切关联性。没有警察行为就没有警察责任，警察责任是警察行为的法律后果。正当警察行为产生积极的法律后果，不当警察行为产生消极的法律后果，即警察责任。因此，警察行为与警察责任是相对应的范畴体系。

第一节　什么是警察行为

一、警察行为的含义及其合法要件

（一）警察行为的含义

在我国，警察行为的概念是清末时从日本引入的。这一时期的警察行为是“依国家命令在内务行政之范围内直接限制个人之自由而防御天然及人为危害并以维持公共之安宁及臣民之幸福为其目的之行政行为也”[①]。民国时期的定义基本上也是在此基础上形成的。“警察，是因为防止公共安宁幸福方面的危害，而直接限制个人自由的作用；人民在必要的地位时，都可以施以国家命令权的行为”。“警察是直接限制个人自由的作用”，“警察的目的，虽然是防止公安幸福的发生危害，但是倘此种防止，不是出之以直接的强制手段，就不能够算是警察行为。而他的限制个人自由的范围，只以个人自然所享有的自由为限，法律上的个人能力，是不能够加以限制的，因为剥夺个人法律上的能力，不是警察作用。因为警察的限制自由必须施以强制权，而这强制权，更是必须直接维持公安，所以如预防疫病，预防水火等，都不是警察作用，倘一到检查疫病，遮断交通，拆毁隣屋，防火延烧的时候，就属于警察

① 康大民：《广义公安论与公安学基础理论研究》，载《福建公安高等专科学校——社会公共安全研究》1999 年第 5 期。

作用了”[①]。强调警察行为是为防止公共安全方面的危害，对人民自由施行必要的限制。对这一定义，一些学者提出了不同见解。民国时期的警察教育专家李士珍指出，“警察行政之真实意义如何，历来学者各执一见，众说纷纭。然就大体言之，多以法律上之观点，认警察为‘限制人民自由之行政行为’，以‘限制人民自由’为警察之唯一手段，殊不知警察达成任务之手段，并不以‘限制自由’为限，即‘指导’‘保护’‘救助’‘纠正’‘诰诫’等亦为其达成任务之手段，故‘限制人民自由’云云，实警察手段中之最少部分。且以‘限制人民自由’为标示，易滋误解：一方面容易引起人民对警察之不良观念，而生畏忌厌恶心理，不敢与警察亲近；另一方面浅见之警察人员亦易错认为有权可藉，而对人民之合法自由亦滥加干涉，此在警察尚在萌芽时期与警察信用尚未建立之我国，尤为显而易见之事实。数十年来我国警察效能之所以不彰，其重要原因实不能不归咎于此。为转移一般观念，适应环境需要计，以限制人民自由为警察唯一手段之见解，实有予以修正之必要。兹融合警察在法律上及职能上之观念，拟定警察之简明定义如左：‘警察者，以直接防止公共危害，维持社会安宁秩序，指导人民生活，促进一般福利为目的，基于国家统治权，执行法令，并协助诸般行政之行政行为也’”。[②] 直到现在，我国台湾地区学者依然坚持这样一种对警察行为的定位，认为“警察者，依据法律，以维持公共秩序，保护社会安全，防止一切危害，促进人民福利为目的，并以指导、服务、强制为手段的行政作用”。[③]

笔者以为，警察行为是指警察主体行使警察职权的行为。它的基本含义应当包括以下几点：

第一，行为主体的特定性。警察行为主体必须是警察主体。警察主体包括警察机关和法律法规授权的警察组织。警察人员以及警察主体委托的组织或个人，以警察主体名义实施的行为，被视为是警察主体的行为。一般而言，警察行为是警察主体的单方面行为。警察主体在行使警察职权过程中应当听取警察相对人的陈述和申辩，但是是否采纳警察相对人的陈述和申辩意见，则由警察主体决定。警察相对人的陈述和申辩意见一经采纳就转换成警察主体的意思表示，外化为警察行为后仍然视为警察单方行为。在现代社会，相对人的权利保障和主体地位日益受到重视，私法中的双方行为概念在特定情况下被引入公法领域。治安协议就是典型例证。治安协议是指由警察主体与

① 徐淘编著：《警察学纲要》，上海法学社 1928 年版，第 10~12 页。转引自卜安淳：《警察行为的性质及其规范》，载《江苏警官学院学报》2012 年第 3 期，第 37 页。

② 李士珍：《警察行政之理论与实际》，中华警察学术研究社 1948 年 1 月版，第 1 页。

③ 梅可望：《警察学原理》，中央警官学校 1987 年 4 月版，第 1~2 页。

特定的社区组织在双方合意基础上达成一致意见，由社区组织负责一定范围内的治安事宜，如社区治安巡逻、社区治安防范等，由警察主体对其进行治安效果考评并据此进行奖惩的一种新型治安模式。在世界很多国家和地区，治安协议成为新警察行为的典范并发挥了积极作用。治安协议行为虽然仍由警察主体主导，但是必须取得社区组织的同意才能产生法律效力，从这一意义上讲，治安协议可以视为警察双方行为。随着警察实践的发展，可能有更多的非单方性警察行为出现，值得关注。

第二，行为性质的公务性或曰公法性。警察主体具有双重身份：公法身份和私法身份。警察主体以公法身份实施的行为是公法行为（如警察侦查行为等），产生公法上的法律后果；警察主体以私法身份实施的行为是私法行为（如警察机关购买办公用品行为等），产生私法上的法律后果。基于警察行为主体的特定公法性，警察行为都是公法行为，具有公务性或曰公法性。警察主体的私法行为不属于警察法学研究范畴。

第三，行为后果的法定性。行为后果的法定性是指警察行为必然产生法律上的权利义务后果。在由此形成的警察法律关系中，无论你是警察主体还是警察相对人都应当享有特定的权利，履行特定的义务。不产生警察法上权利义务后果的行为，即使是警察主体作出的，也不是警察行为。需要说明的是，强调警察行为后果的法定性不等于警察行为都是合法的，不合法的警察行为也是警察行为，也会产生相应的法律后果，即警察责任。所以在概念界定中，只强调警察行为是警察主体的职权行为，不要求依法行使职权。

第四，行为手段的多样性和复合性。警察主体在行使警察职权、实施警察行为过程中，既可以使用服务、指导、协议、许可等积极手段，也可以使用强制、处罚等消极手段，甚至可以根据实现警察目的的不同需要，综合使用积极手段和消极手段。行为手段的多样性和复合性成为警察行为的典型特征。

第五，行为内容的广泛性。警察行为涉及社会各个层面、各个领域，在内容上包括治安管理、道路交通管理、出入境管理、计算机和网络安全管理等。它既有对相对人的受益性行为，如警察许可、警察救助等，也有对相对人的限权性行为，如警察处罚、警察强制等。

（二）警察行为的合法要件

如前所述，并非所有的警察行为都是合法的行为。在法治警政建设背景下，不仅要求警察行为成立，还要求合法。所以，警察行为的合法要件研究成为一个重大课题。笔者以为，警察行为的合法要件包括主体要件、行为要件、主观要件和程序要件四部分。

1. 主体要件——警察行为主体必须是依法成立的具有独立公法人资格的警察主体，即警察机关或授权组织。在我国，各级公安机关是主要的警察行为主体。各级公安机关的内设机构和派出机构不具有独立公法人资格，一般不能以自己名义实施警察行为，但是在法律法规有明确授权的情况下，可以以授权警察组织身份独立实施警察行为。另外，因为警察主体是组织形态，其行为意志必须通过特定的工作人员表达和贯彻，所以，警察主体的公务身份与警察人员的公务身份是一致的，警察主体的行为是通过警察人员的具体行为体现出来的。警察人员在任何情况下行使警察职权也都必须以警察主体的名义，而不能以个人的名义。

2. 行为要件——警察行为必须是警察主体在法定职权范围内实施的公务行为。警察行为的法律效力直接来源于其职权的法定性。不同层级、不同类别的警察主体享有不同的职权。例如，根据我国《人民警察法》第 15 条第 1 款规定，县级以上人民政府公安机关，为预防和制止严重危害社会治安秩序的行为，可以在一定的区域和时间，限制人员、车辆的通行或者停留，必要时可以实行交通管制。公安交警部门虽然根据《道路交通安全法》对道路交通秩序行使管理权并对道路交通违法行为行使处罚权，但是无权依据本条款进行交通管制。缉私公安机关和林业公安机关等其他专业警察机关也无权实施交通管制。只有县级以上普通公安机关才能依据此法实行交通管制。即使是享有一定警察职权的警察机关，也必须在法定职权范围内实施警察行为，超出法定职权范围的警察行为不符合行为的合法性要件，警察机关应当承担相应的违法责任。

3. 主观要件——警察行为必须是警察主体基于正当警察目的的真实意思表示。该要件强调两点：第一，警察行为必须给予正当的警察目的，即符合正当的立法授权本意。如果基于挟私报复、假公济私等非正当的目的实施警察行为，即使在形式上符合其他合法要件，该行为也是无效的。这一要件是警察比例原则的基本体现和必然要求。第二，警察行为必须是警察主体的真实意思表示。如果在提供虚假信息或警察人员被胁迫欺骗前提下，警察主体的行为并非其真实意思表示，应视为无效。

4. 程序要件——警察行为必须是严格按照法定程序实施的行为。警察法治原则的一个基本要义是程序合法。程序合法也是确保实体公正的基本前提。现代警察法普遍规定了表明身份、回避、告知等警察行为程序。是否严格按照法定程序实施警察行为是判断一个警察行为是否合法的基本标准。

二、警察行为的类型化研究

分类是科学研究的重要方法和手段之一。研究警察行为的分类，既是深化警察行为理论研究的需要，也是法治实践的需要。在警察行为的含义及其合法要件基础上，进一步研究警察行为的类型化问题，可以从更深层次上洞悉警察行为的内部构造与个体差异，从而更全面认识警察行为，并针对各种不同种类的警察行为，分别制定相应的法律规范，推动警察管理科学化和法治化。根据不同的标准，警察行为可分为不同的种类。

（一）抽象警察行为与具体警察行为

以行为功能以及对象的不同为标准，可将警察行为划分为抽象警察行为与具体警察行为。

抽象警察行为是指警察主体针对广泛、不特定的对象设定或规定具有普遍约束力的行为规范的活动。主要包括警察主体制定规章和各种规范性文件的行为，大多属于警察立法活动。如公安部颁布《机动车驾驶证申领和使用规定》《消防产品监督管理规定》《吸毒成瘾认定办法》等规章的行为、制定和发布《交通警察道路执勤执法工作规范》《公安机关适用继续盘问规定》等规范性文件的行为，均是典型的抽象警察行为。这些抽象警察行为的功能主要是从纷繁复杂的具体警察管理活动中“抽象”出人们在警察管理领域中应当普遍遵守的，具有高度概括性的行为规范，而且对广泛的对象普遍具有约束力。

具体警察行为是指警察主体针对特定对象所实施的警察行为。具体警察行为的范围非常广泛，如警察处分行为、警察执行行为、警察强制行为、警察许可行为等均是具体警察行为。具体警察行为在功能上是具体适用法律规范而不是设定法律规范，同时针对的是特定对象并只对特定对象具有约束力。

（二）内部警察行为和外部警察行为

以警察行为的内容是属于警察主体内部管理事务还是对外的管理事务为标准，可将警察行为划分为内部警察行为和外部警察行为。

内部警察行为是指警察主体基于对警察主体内部事务的管理而主要针对警察主体内部的警察机构、警察人员实施的警察行为。内部警察行为有抽象警察行为和具体警察行为之分。前者主要是警察主体以规章、规范性文件等方式对警察机关内部警纪、工作程序等作出规定的行为。如公安部颁布《公安机关人民警察内务条令》《公安机关人民警察纪律条令》《人民警察优抚对象及其子女教育优待暂行办法》《110 接处警工作规则》等，均是抽象的内部警察行为。后者主要指警察机关对警察人员实施的警衔晋升、职务任免、奖励、惩处等行为。

外部警察行为是指警察主体基于对警察外部事务的管理而对警察主体以外的公民、法人或其他组织依职权实施的警察行为。外部警察行为也有抽象警察行为和具体警察行为之分。前者如公安部制定《公安机关实施保安服务管理条例办法》《办理劳务人员出国手续的办法》等的行为；后者如警察主体对特定相对人实施的警察许可、检查、扣押等警察强制行为。

（三）依职权的警察行为与依申请的警察行为

以警察行为的实施是否必须经相对人的申请为标准，可将警察行为划分为依职权的警察行为与依申请的警察行为。警察行为的这一分类有利于我们认识不同警察行为的实施条件和相应的程序要求。

依职权的警察行为是指警察主体无需相对人申请而直接根据其职权主动实施的警察行为。如警察主体对违犯治安管理的行为人依法实施处罚、符合法定情形时采取强制措施等。

依申请的警察行为是指警察主体必须根据相对人的申请才能实施的警察行为。如公安机关出入境管理部门为相对人办理护照、港澳通行证，对特种行业发放特行许可证等行为。

（四）羁束警察行为与自由裁量警察行为

以警察行为受法律拘束程度不同为标准，可将警察行为划分为羁束警察行为与自由裁量警察行为。

羁束警察行为是指法律对警察行为的规定具体而明确，警察主体在实施警察行为时必须严格受法律具体规定的约束，没有一点选择余地的警察行为。例如，根据《机动车驾驶证申领和使用规定》规定，机动车驾驶人在一个记分周期内累积记分达到 12 分的，公安机关交通管理部门应当扣留其机动车驾驶证。再如，根据《道路交通安全法》规定，醉酒驾驶机动车的，由公安机关交通管理部门约束至酒醒，吊销机动车驾驶证，依法追究刑事责任；五年内不得重新取得机动车驾驶证。其中关于警察强制措施的适用，均属于羁束警察行为。

自由裁量警察行为是指法律对警察行为的规定较为原则或抽象，或者规定了一定的范围和幅度，警察主体在法定的幅度或范围内，根据具体情况，有一定裁量余地的警察行为。如根据《消防法》规定，人员密集场所发生火灾，该场所的现场工作人员不履行组织、引导在场人员疏散的义务，情节严重，尚不构成犯罪的，处五日以上十日以下拘留。警察主体在对该违法行为实施处罚时，就可以在上述法定范围内，根据违法行为的事实、情节等因素，选择适当的处罚种类和幅度。

（五）要式警察行为与非要式警察行为

以警察行为发生法律效力是否必须符合法定形式为标准，可将警察行为划分为要式警察行为与非要式警察行为。警察行为的这一分类，有助于我们正确把握不同的警察行为成立、生效及合法的条件。

要式警察行为是指法律要求必须符合特定形式，才能产生相应法律效力的警察行为。例如，根据《居民身份证法》规定，居民身份证式样由国务院公安部门制定。居民身份证由公安机关统一制作、发放。再如，根据《治安管理处罚法》规定，公安机关作出治安管理处罚决定的，应当制作治安管理处罚决定书。决定书应当载明下列内容：（一）被处罚人的姓名、性别、年龄、身份证件的名称和号码、住址；（二）违法事实和证据；（三）处罚的种类和依据；（四）处罚的执行方式和期限；（五）对处罚决定不服，申请行政复议、提起行政诉讼的途径和期限；（六）作出处罚决定的公安机关的名称和作出决定的日期。决定书应当由作出处罚决定的公安机关加盖印章。

非要式警察行为是指法律不要求必须符合特定形式，也能产生法律效力的警察行为。如根据《治安管理处罚法》规定，公安机关应当及时将传唤的原因和处所通知被传唤人家属。而对于通知的形式并未作出具体规定，在实践中，公安机关可以灵活采取口头通知、邮件通知、短信通知等方式。

（六）警察消极行为、积极行为与协助其他行政行为

以警察行为的目的和手段的不同为标准，可将警察行为划分为消极行为、积极行为与协助其他行政行为。

1. 消极警察行为。

消极警察行为是指警察主体为了防止公共危害，维护社会公共安全与秩序，以限制人的自由的手段实施的警察行为。具体包括以下两层含义：

第一，消极警察行为的目的是防止公共危害，维护社会治安秩序。我国台湾学者李震山指出，所谓“公共性”是指与公共秩序及社会安全有关者。“公共危害的防止”又可以具体分为行政危害防止、刑事犯罪的侦查追缉及危害预防三个方面。这里的危害，学者认为可以分为抽象危害、潜藏性危害和表现危害。如果法律无特别或具体规定，而是以概括方式规定，授权警察有防止危害之任务，这种危害应当理解为个案中所招致的具体危害[1]。即是警察主体防止危害，重点应侧重于对即将发生的危害的防止或者已经发生的危害的制止与排除。对于存在危害嫌疑，即危害事实尚无法确定，但又必须作出客观判断的情况，应当有法律特别授权规定，才能以警察消极行为干预，这是法治原则的必然要求[2]。

---

① 李震山：《警察行政法论——自由与秩序之折冲》，台湾元照出版有限公司 2007 年版，第 36 页。

② 高文英：《我国社会转型期的警察权配置问题研究》，群众出版社 2012 年版，第 125 页。

第二，消极警察行为主要以限制人的自由为手段。传统观点认为，警察行为主要和直接的表现就是限制人的自由。这里限制人的自由不仅是指限制人的自然自由，即人生而具有的身体及精神上的活动自由，同时也包括对法律授权的限制。随着时代演进与社会变迁，传统的秩序行政开始逐渐向福利行政、服务行政转变，这种警察权力观念也在逐渐修正。实定法中的警察手段由强调强制命令等权力作用，逐渐向管理、维护、指导、服务等非权力作用转变。警察的消极行政功能与积极行政功能并存，权力作用与非权力作用并存，并在不同历史时期，呈现出此消彼长的沙漏型状态。

2. 积极警察行为。

积极警察行为是指警察主体所实施的以促进社会公众福利为目的，以管理、指导、服务为手段的警察行为。警察行为以“防止公共危害”为直接目的，而“促进社会公众福利”则是警察行为的间接目的（或者根本目的）和正当性理由。我国台湾地区《警察法施行细则》规定“依法促进人民福利为警察之辅助任务”。我国《人民警察法》也有“全心全意为人民服务”“人民警察要积极参加抢险救灾和社会公益工作”的规定①。在警务实践中，服务群众也正在成为警务工作的重要任务，并且发挥着越来越重要的作用。积极警察行为主要有以下几种：

第一，警察调解行为。警察调解是指警察主体在社会公共安全管理中对特定的民事法律关系进行的调解处理。调解作为一种解决社会争端的重要社会控制手段，存在于社会生活中的很多领域，现代警察调解制度被认为发端于第四次警务革命。二十世纪七十年代，美国开始将犯罪控制转向从社会预防和控制的角度进行防范，这时社区警务模式开始广受关注。社区警务模式引导警民之间逐步建立合作型、伙伴型关系，警察的服务职能进一步被强化，逐步形成了以社区问题为导向的纠纷解决机制，并且主要是以合意性的调解为基本方式。警察调解正是在这样的背景下发展起来的。美国社区警务运动背景下警察调解纠纷的范围广泛，无所不管②。在美国律师协会制定的《城市警察职责规范》中，有关警察职责方面的内容共有 11 项，调解当事人纠纷赫然其中。尽管这一准则不具有法律约束力，但是仍然受到美国警察官方的高

① 高文英：《我国社会转型期的警察权配置问题研究》，群众出版社 2012 年版，第 125 页。

② 美国警察调解纠纷的两个案例：一位顾客用餐时发现饭里有一根头发没有立即投诉，他在吃饱后准备结账时要求免费。经理以顾客拖延投诉时间为由，只同意给予 20% 的折扣。双方僵持不下报了警，警察当场调解裁定顾客付一半餐费。另外是纽约巡警解决的一起邻里纠纷：某街区的居民经常被一群玩曲棍球到深夜的青年骚扰，引发冲突继而向警察报警。最后警察提出双方都能接受的解决方案，让学校操场为晚上的曲棍球比赛开放，操场钥匙则由孩子们的父母保管，父母向学校保证不会发生破坏行为。转引自程航：《无所不管的美国警察》，载《世界博览》（word vision），2004 年 02 期。

度认可，因而成为规范警察职能的政策依据①。

目前，我国警察调解的立法主要反映在下列法律规范中：一是《治安管理处罚法》第 9 条。该条规定："对于因民间纠纷引起的打架斗殴或者损毁他人财物等违反治安管理行为，情节较轻的，公安机关可以调解处理。经公安机关调解，当事人达成协议的，不予处罚。经调解未达成协议或者达成协议后不履行的，公安机关应当依照本法的规定对违反治安管理行为人给予处罚，并告知当事人可以就民事争议依法向人民法院提起民事诉讼。"二是《道路交通安全法》第 74 条。该条规定："对交通事故损害赔偿的争议，当事人可以请求公安机关交通管理部门调解，也可以直接向人民法院提起民事诉讼。经公安机关交通管理部门调解，当事人未达成协议或者调解书生效后不履行的，当事人可以向人民法院提起民事诉讼。"以以上两法的规定为基础，国务院《道路交通安全法实施条例》、公安部《公安机关办理行政案件程序规定》和《道路交通事故处理程序规定》等其他法规、规章也对警察行政调解作了进一步细化规定。此外，2012 年《刑事诉讼法》修正案，对轻伤害案件的调解处理也作出了明确规定。

第二，警察指导行为。警察指导是指警察主体基于国家法律、法规、规章和政策的规定而作出的，旨在引导行政相对人自愿采取一定作为或者不作为，以实现一定警察目的的行为。警察指导是现代行政法中合作、协商的民主精神发展的结果，它是对警察主体治安管理各种职权行为的一个有效补充。很多国家和地区均规定了警察指导制度。例如，日本的行政指导被应用到包括警察行政在内的几乎所有的行政管理领域，并成为日本警察职能的重要内容之一。日本学者认为，警察为完成警察法所规定的任务，即使无作用法的规定，也可采取警察行政指导等非强制行为。例如，对"不良少年"的辅导，关于交通安全的指导，对违章建筑的拆除劝告，关于改进防火设施的劝告。如前所述，我国台湾地区《警察法》规定警察任务为依法维持公共秩序，保护社会安全，防止一切危害，促进人民福利。该条款作为警察组织法之规范，赋予警察主体为了完成《警察法》所规定之任务，即使在无相关作用法规定情形下，也可以行使警察行政指导等非强制性行为，以达到警察行政之目的。例如，警察主体在执行现场管制等措施时，对于进入管制区域的人员先采用"柔性劝离"措施，若不能达到目的，则带回警署"侦讯"。警察指导的应用也充分提供了公民参与治安的途径。

在我国警察法律体系中，关于警察指导的法律规范主要有：一是《人民

① 高文英：《我国警察调解运行机制的现状和展望》，载《中国法学会行政法学研究会 2008 年年会论文集（下册）》第 676~677 页。

警察法》第6条第13项。该项规定："指导和监督国家机关、社会团体、企业事业组织和重点建设工程的治安保卫工作，指导治安保卫委员会等群众性组织的治安防范工作。"二是国务院发布的《企业事业单位内部治安保卫条例》第3条。该条规定："国务院公安部门指导、监督全国的单位内部治安保卫工作……县级以上地方各级人民政府公安机关指导、监督本行政区域内的单位内部治安保卫工作……"同时在第16条中还规定警察主体在指导单位制定、完善内部治安保卫制度，落实治安防范措施，指导治安保卫人员队伍建设和治安保卫重点单位的治安保卫机构建设，以及检查、指导单位的内部治安保卫工作中，发现单位有违反该条例规定的行为或者治安隐患行为的，应当及时下达整改通知书，责令限期整改。三是《保安服务管理条例》第36条第1款。该款规定："公安机关应当指导保安从业单位建立健全保安服务管理制度、岗位责任制度、保安员管理制度和紧急情况应急预案，督促保安从业单位落实相关管理制度。"四是《消防法》第6条。该条规定，"应急管理部门及消防救援机构应当加强消防法律、法规的宣传，并督促、指导、协助有关单位做好消防宣传教育工作"。五是《旅馆业治安管理办法》第14条。该条规定："公安机关对旅馆治安管理的职责是，指导、监督旅馆建立各项安全管理制度和落实安全防范措施，协助旅馆对工作人员进行安全业务知识的培训，依法惩办侵犯旅馆和旅客合法权益的违法犯罪分子"。六是《计算机信息系统安全保护条例》第17条。该条规定："公安机关对计算机信息系统安全保护工作行使下列监督职权：(一) 监督、检查、指导计算机信息系统安全保护工作；……"除上述规定外，在有关金融、高等院校治安保卫等方面也规定了警察主体的指导权。上述规定为我国警察指导明确了法律依据，但也应该清楚，由于警察指导依据的多样性，在没有法律依据的情况下，警察主体在法定职权范围内也可实施指导行为。

第三，警察服务行为。当今世界各国的警察服务职能愈加凸显。例如，美国《关于城市警察职能的标准》将警察职能列为十一项。其中两项与打击犯罪有关，其余九项基本上均为服务性工作，包括帮助有被害危险的人，保护受宪法保护的人，疏通人员与车辆，帮助生活不能自理的人，解决纠纷，鉴别执法问题与行政管理问题，创造并维护社区的安全感，促进和维护国内秩序，提供其他紧急情况下的服务等①。作为大陆法系国家警察制度的代表，法国更重视警察的打击职能。尽管如此，法律还是明确地赋予了警察的管理与服务职能，明确规定警察具有维护社会治安，保护公民的人身和财产安全，

① ［美］罗伯特·兰沃西：《什么是警察——美国的经验》，尤小文译，群众出版社2004年版。

寻找失踪儿童，与有关机关挽救处于危险的青少年，城市交通管理，机场警卫，铁路保安，国境控制，抢险救灾，为外国警察组织提供咨询服务等职责。日本在二十世纪的历次警务改革运动中，也把服务精神作为改革的主旨，尽量满足公众的需要①。

我国《人民警察法》第 21 条规定："人民警察遇到公民人身、财产安全受到侵犯或者处于其他危难情形，应当立即救助；对公民提出解决纠纷的要求，应当给予帮助；对公民的报警案件，应当及时查处。人民警察应当积极参加抢险救灾和社会公益工作。"该条规定可以说是警察服务行为的法定依据。从警务实践层面看，公安部于 2002 年 3 月在杭州召开全国派出所工作会议，强调了公安机关的预防与服务职能，并部署在全国范围内全面实施以服务为导向的社区警务战略。2003 年《中共中央关于进一步加强和改进公安工作的决定》（中发〔2003〕13 号）中把公安机关的职能调整为打击敌人、保护人民、惩治犯罪、服务群众、维护国家安全和社会稳定。进一步使警察服务行为有了政策依据。可以预见，在政府强化公共服务的背景下，警察服务职能会越来越强化。

3. 协助其他行政行为。

协助其他行政行为是指警察主体协助其他行政主体执行的某一与警察任务无直接关系的具体行为。在我国，警察协助其他行政行为占用了相当一部分警察工作，比如协助取缔乱设摊点、协助完成拆迁等②。关于警察协助其他行政行为，以下几点应当深入研究：

第一，警察协助其他行政行为的必要性。首先，它是行政职权合理配置的需要。根据民主法治国家权力分立的理念和原则，行政职权应当在多个行政机关之间进行合理配置，即使是治安秩序危害防止任务，也需要在警察机关和一般行政机关之间进行合理化的分配，避免国家公共行政的警察化。即每一个行政机关都有警察③，如卫生警察、出版警察、游艺警察、营业警察、防火警察等④，使国家成为警察国家。因此，大多数的强制权只能配置给警察机关，而不宜配置给一般行政机关。其次，它是保障一般行政机关的职权顺利实现的需要。行政机关之间尽管各有分工，但最终的行政目标仍然是一致的，必要时仍需相互配合、彼此协助。比如，一般行政机关的职权实现通常采取监督、管理手段即可，大多不需要使用强制力。但并不排除某些行政职

① 姜忠：《我国与英美国家警察服务职能的演变及其启示》，载《公安研究》，2008 年第 4 期。

② 高文英：《我国社会转型期的警察权配置问题研究》，群众出版社 2012 年版，第 159 页。

③ 高文英：《我国社会转型期的警察权配置问题研究》，群众出版社 2012 年版，第 280 页。

④ 可参见［日］松井茂：《警察学纲要》，吴石译，中国政法大学出版社 2005 年版。

权的实现需要警察强制力的协助。

第二，警察协助其他行政行为的特征。一是被动性。不同行政机关的职权划分是由法律明确规定的，警察主体不得恣意干涉其他行政机关职权范围内的事项，否则，就是滥用警察权力。因此，从程序上讲，警察协助其他行政行为的启动和实施，原则上应以其他行政机关的请求为要件，法律有特别规定的除外。例如，发生地震、台风等重大自然灾害或突发事件，为了避免紧急危难，警察主体可依上级的指令，径行投入协助处理。二是临时性。从时间上讲，警察协助其他行政行为仅是临时性的。因为协助的事件一般是单个事件，该事件处理完毕，协助行为就应该停止，而不能成为长期性工作或习惯性工作。我国各级政府部门还存在着随意扩大警察权力，动辄启动警察权干预或解决各类矛盾的现象，这也导致了“非警务活动”的大量存在，也使警察总是处在公众与政府冲突的最前沿，并影响了警察正常维持治安功能的发挥。三是辅助性。原则上，警察在协助其他行政行为过程中，请求机关仍是程序上的主体，警察机关仅属于辅助、配合角色，只有在请求机关不能或者不可能适时防止危害时，方可介入补充性的协助。若非如此，则有违职权法定原则。同时，在协助过程中，发现请求机关已能自行处理时，应马上停止协助。总之，请求机关应扮演积极作为角色，警察主体则以消极形态出现[①]。在我国，由于警察权具有高度强制性和执行性，使得一般行政机关总是尽力试图通过警察协助，而高效完成本机关的行政任务，一些部门请求警察协助并非有“自身无法克服”的情形，而仅仅是为了行事方便[②]，从而造成了警察主体“协助行为”的泛化和无序状态。

第三，警察协助其他行政行为的法律规制。警察协助其他行政行为具有必要性，但并非不受到任何限制，而是必须依据法律规定实施。即是一般行政机关必须在符合法律要件时，才可以请求警察协助，这样既可制约警察权过度扩张滥用，又可以督促一般行政机关增加执行力，避免过度依赖警察协助的状况持续不断，而使国家陷于实质“警察国家”的状态。所以，以法律规制警察协助行为不仅必要，而且刻不容缓。从比较法角度看，德国学者对协助行政的研究比较广泛和深入，法律上也有明确规定且较为完善。如德国基本法第 35 条第 1 项规定，“联邦与各邦之一切机关，应互为法律上及职务上之协助”。可以说是职务协助行为的宪法依据。据此，联邦行政程序法第 4 条至第 8 条，具体规定了职务协助的要件、范围和程序。德国各邦警察法中对此还有具体的规定。我国台湾地区的《行政程序法》《行政执行法》及其

① 李震山：《警察法论》，正典出版文化有限公司 2002 年版，第 119 页。

② 高文英：《我国社会转型期的警察权配置问题研究》，群众出版社 2012 年版，第 140 页。

他个别行政法中也有相应的规定。如《行政程序法》规定有职务协助的一般规定和要件及后果。《行政执行法》中规定有执行协助。《海关缉私条例》第16条规定了“海关缉私，遇有必要时，得请军警及其他有关机关协助之”[①]。在我国，有关警察协助行为的法律规范还尚属空白。我国还没有制定统一的《行政程序法》，《人民警察法》及其他相关法律也未明确规定有关警察协助其他行政行为制度，这给我国的警务实践带来了很多困惑和尴尬，亟须立法完善。

（七）警察行政行为与警察刑事行为

以行为领域的不同为标准，警察行为可以分为警察行政行为和警察刑事行为。

如前所述，警察行政与警察刑事是警察领域的划分，与警察及警察权的法律属性无关，与警察及警察权的行政属性不发生冲突。当然，这里的行政是狭义的行政，即警察主体以行政主体身份行使职权的行为领域。相对应地，警察刑事是指警察主体以刑事主体身份行使职权的领域。刑事不等于司法，警察刑事行为不能想当然地等同于警察司法行为。行政审判、民事审判属于司法但不属于刑事范畴，警察侦查和警察刑事执行属于刑事但不属于司法范畴。刑事审判是刑事和司法的重叠领域，二者是交叉关系。

警察行政行为是指警察主体依据警察行政任务法规范并以行政主体身份行使职权的行为，如警察行政管理、警察行政处罚、警察行政强制、警察行政指导等。警察行政行为产生行政法律后果，相对人不服，有权依照行政救济途径寻求法律保护，如行政控告申诉、行政复议、行政诉讼等。

警察刑事行为是指警察主体依据警察刑事任务法规并以刑事主体身份行使职权的行为，如警察刑事侦查、警察刑事强制、警察刑事执行等。警察刑事行为产生刑事法律后果，相对人不服，不能依据一般的行政救济途径（如行政复议、行政诉讼等）寻求法律保护，只能依据刑事诉讼法、国家赔偿法等法律规定，提起刑事回避申请、刑事复核、国家刑事赔偿等救济方式。

客观地讲，警察行政行为和警察刑事行为在价值目标、适用主体身份、实施对象、法律依据、行为手段、行为后果、监督救济等方面存在明显差异，应分别进行不同的制度设计。这种分类研究关注了当前我国实然法上的警察行为现状，对于指导当前警察行为实践具有积极意义。但是，这种分类存在两个弊端：一是混淆了应然法与实然法的界限，过多关注了实然法现象研究，忽视了在应然法层面警察行为的本源状态。在实践中，警察机关以行政执法

① 李震山：《警察法论》，正典出版文化有限公司2002年版，第113~115页。

主体和刑事执法主体两种角色恣意转换，恶意规避法律责任的现象屡见不鲜。所以，过多强调警察行政行为和警察刑事行为的区别，不利于实践中对警察行为的规制和监督，也使警察法学研究陷入注释法学境地，难以超脱于实践，指导实践。二是这种分类使得警察法学完全依附于行政法学和刑事法学的学科内容，难以建立起自身的话语体系和学科空间。这也是多年来警察法学一直难以确立起独立学科地位的原因之一。所以，警察法哲学视阈中的警察行为类型化研究虽然也注意到这一分类的积极意义，但是并不将这一角度的分类作为重点。

三、警察行为的内容

警察行为的内容非常丰富。警察经历了一个漫长而曲折的发展过程。在不同时期不同国家，警察扮演的角色和地位有所不同，警察行为的内容亦有所差异。近代以来，以西法东渐，清末变法为起点，警察立法与警察法学研究一直未有间断。到民国时期，经过若干年的积累，警察法学研究已经硕果累累，涌现出酆裕坤、余秀豪、李士珍、范扬等一大批优秀警察法学者。关于警察行为的研究在这一时期也较为深入。范扬先生在其《警察行政法》一书中就将警察行为分为警察罚、警察处分、警察强制等不同内容。新中国的警察法学研究一直将警察行为作为学科重点领域之一，并依托法学其他学科领域的研究基础，对警察行为进行了深入的类型化研究。特别是近年来，随着警察柔性执法要求的提出和福利警察理念的普及，很多学者对积极警察行为和协助其他行政行为给予了诸多关注，形成了很多富有价值的研究成果。从本源上讲，警察权是行政权。以警察权的单一属性为理论基础，警察行为内容可以分为警察管理、警察调查、警察强制、警察处分和警察执行五个方面。从这一角度对警察行为内容的概括，在不否认多元化警察行为分类之积极意义的前提下，对警察行为的内容进行重新组合，对警察行为体系进行了实质性改造，致力于打造警察法学独立的概念范畴，使得警察行为体系更加完整，内容更加统一。随着国家治理体系的逐步完善和治理能力的不断提升，可以期待未来会有更多形式的警察行为出现。

还需要说明的是，在研究警察行为方面，警察法学与行政法学、刑事诉讼法学所关注的视角有所不同。警察法学并不注重行为的技术性问题，而是从警察法律关系角度思考警察行为的基本含义、基本分类和基本内容，以及相互之间的相异性、关联性和互补性。

（一）警察管理

警察管理是指警察主体为履行社会公共安全秩序管理职责而实施的以管

理为内容的警察行为。

警察管理具有三个基本特征：第一，主体的特定性。它表明警察管理行为的主体只能是警察主体，即特定的警察机关或者授权警察组织。非警察主体实施的管理行为不是警察管理行为。第二，职责的法定性。这是警察管理行为的正当性源泉，它要求警察主体的管理职责是法律明确规定的。同时，这种职责既是职权又是责任，遇有法定情形必须行使和履行，否则即为失职。第三，对象的不特定性。警察管理的对象既可能是多数相对人（如设立道路交通标示和隔离栏杆对交通秩序的管理就是针对所有交通参与者的管理），也可能是个体相对人（如消防许可管理中的申请人）。所以，警察管理行为既可能是抽象警察行为，也可能是具体警察行为。

警察管理的分类是多元化的。以是否以相对人申请为前提作为分类标准，警察管理可以分为依职权实施的警察管理和依申请实施的警察管理。依职权实施的警察管理又被称为积极的警察管理或者主动的警察管理，是指不以相对人申请为前提，而由警察主体依照法定职权主动实施的警察行为，如通过现场疏导进行的道路交通秩序管理、通过治安巡查进行的治安秩序管理、通过身份查验进行的流动人口管理、警察指导行为等。在传统警察法上，这是一类基本的警察行为。依申请实施的警察管理，又被称为消极的警察管理或者被动的警察管理，是指警察主体无权主动实施，而是在相对人申请下才能依法实施的警察管理，如警察许可、警察给付、特定治安领域的警察合同等。值得注意的是，警察合同是现代警察法上逐渐产生的一类新型警察管理，它打破了传统警察职权管理的单方性和不平等性，反映了警察执法的人性化和民主色彩。以相对人是否特定为标准，警察管理还可以分为抽象警察管理和具体警察管理。抽象警察管理是指警察主体实施的不针对特定相对人而具有普遍适用效力的警察管理，如一定区域的交通管制行为、禁止在闹市区燃放烟花爆竹的通告行为、治安规划行为、在辖区内发布警情通报和治安警示语的行为等。抽象警察管理虽然不针对特定的相对人，但是对于警察主体有效履行公共安全管理职责、引导社会公众依法行使权利和自由、促进良好公共秩序的形成和保持具有重要意义。具体警察管理是指警察主体实施的仅对特定相对人而具有适用效力的警察管理，如机动车驾驶资格许可、紧急情况下的警察征用、出入境证件查验等。具体警察管理一般是基于某一特定事项，在确有必要时实施的一类警察职权行为，效力只能及于特定的相对人，对其他社会公众不发生实体权利义务的产生、变更或消灭。正因如此，立法和执法者更要保证相对人充分的救济权得以实现，以对抗警察权的行使，最大限度地实现公利益和私利益的平衡。在世界各国警察立法中，警察管理具体表现为警察许可、警察命令、警察征用或征收、警察确认、警察给付和警察奖励等多种行为方式。

（二）警察调查

警察调查是指警察主体在实施某一职权行为时，为了确认是否存在符合该行为要件的事实，而依特定程序进行事实调查或资料收集的活动。

警察调查具有以下基本特征：第一，调查主体的特定性。一定的警察调查主体是与特定的警察管理主体或者警察处分主体相对应的。因为在实践中，在作出某一管理决定或者处分决定前，警察主体必须进行事实查证，获取相关的证据。从这一角度看，警察调查是警察管理或者警察处分的前置程序，没有调查就没有管理或者处分决定。实践中，在某些抽象警察行为作出之前，往往也会进行必要的调查。例如，公安部在颁布某一规范性文件之前常常向社会和基层组织调研。这种面向社会的行政立法调研归属于科学研究范畴，不作为执法意义上的警察调查，不属于本部分探讨范畴。这里的警察调查是与警察管理或者警察处分密切相关的特定主体实施的警察行为。第二，调查范围的广泛性。调查范围的广泛性是指警察调查的对象既包括与案件有利害关系的当事人（如处罚案件调查中的违法嫌疑人和被害人），也包括与案件无利害关系的其他公民、法人或组织（如处罚案件调查中的证人），除此之外，还包含与特定行政目标有关的一切财物、场所和环境，调查范围非常广泛。第三，调查程序的规范性。警察调查虽然不直接产生对相对人权利义务的实际影响，但是调查结果对相对人权利义务有着间接的影响，而且这一影响对警察管理或者警察处分决定的公正性、合法性至关重要。同时，警察调查程序又直接担负着实现程序公正的重要功能。所以，基于实体公正和程序公正的双重要求，警察调查必须程序完备，并严格依法进行，规范操作。一般地，警察调查必须遵循以下程序：一是表明执法身份。执法人员要向相对人出示有关身份证件和法律手续，并说明警察主体名称、调查内容和相对人享有的救济权利。二是实施各种调查活动，如询问、调取物证、现场勘查等。三是制作法律文书并请相对人确认。警察调查都是要式警察行为，都必须形成书面文书，并由相对人核对无误后签名或者摁手印确认。必要时还要邀请见证人见证调查过程并确认。调查文书要严格按照法律规定的格式制作，以确保调查行为的规范性。四是在调查过程中要充分确保相对人享有的救济权利。例如，充分履行告知义务、充分听取陈述和申辩，必要时还要认真组织听证。相对人救济权的实现与否充分关乎调查是否客观全面，所以要高度重视。必经的程序如有遗漏或不规范，可能导致最后形成的调查材料不具备证据效力。

以是否以相对人申请为前提，警察调查可以分为警察依职权的调查行为和警察依申请的调查行为。警察依职权的调查行为又叫警察主动调查行为或者警察积极调查行为，是指警察主体无需相对人申请，即可依照警察职权主动实施的调查行为。警察依职权的调查行为源于法律的明确授权，是基本的警察调查。实践中，大部分警察调查都是依照职权进行的，如询问、勘查、侦查实验等。警察依申请的调查行为又叫警察被动调查行为或者警察消极调查行为，是指警察主体必须以相对人申请为前提方可实施的调查行为。警察依申请的调查行为源于法律的授权和相对人的请求，虽然在警察调查中不是基本调查行为，只适用于少数情况，如组织听证，但是对于促进行政民主化、加强行政监督和充分保障相对人权益具有积极的不可替代的作用。所以，实践中应当重视听取相对人陈述和申辩，切实尊重相对人请求。以是否具有法律效果为标准，可以将警察调查分为法律上的警察调查行为和事实上的警察调查行为。法律上的警察调查行为是指警察主体运用警察权实施调查措施，导致警察相对人权利义务产生、变更或消灭的警察行为，如对某一相对人是否违法进行调查后，认定违法并给予行政拘留处罚，就使得相对人人身自由受到剥夺。当然，法律上的警察调查行为对相对人产生的法律效果主要是间接的，如上例中的调查，就是通过在处罚中发挥证据效力，从而间接产生对相对人的效力。事实上的警察调查行为是指警察主体运用警察权实施调查措施从而实现警察目的，但并未导致警察相对人权利义务产生、变更或消灭的警察行为，如经过调查认为某一相对人不具备某种条件不授予某种许可资格的行为、经过调查认为某一违法行为已过追究时效不予处罚的行为等。虽然没有对相对人权利义务产生影响，但是这样的调查行为在案件事实澄清、相对人行为性质和责任认定等方面仍然具有积极意义。以调查手段的不同为标准，可以将警察调查分为一般调查行为和专门调查行为。一般调查行为是指在一般案件调查中普遍适用、无需专门技术手段支撑的调查行为，如对相对人或证人的询问、物证的收集和固定、现场勘查等。这类调查的基本特点是对所有待证事实均可使用，并且不需要使用专门技术手段，因而也不需要特别的审批程序。专门调查行为是指需要专门技术手段支撑并需要特别审批程序的非正常调查行为，如技术侦察、侦查实验、枪弹弹道检验等。这类调查的基本特点是技术要求高、与相对人基本权益或社会公共利益密切相关、有严格的适用条件并需要经过特别严格的审批程序。对这两类警察调查的区分，有助于进一步认识警察调查的不同程序要求，进一步树立人权保障意识和程序规范意识，确保警察调查的科学、有序。

警察调查主要包括以下内容：询问、技术性鉴定、模拟实验、辨认、物证调取、技术侦查和技术侦察。值得关注的是，在我国实定法上，存在着技术侦查与技术侦察的区别。技术侦查的法律依据是《刑事诉讼法》（2018修订版）第150条至第154条和《人民警察法》第16条等相关法律法规和司法解释[①]。技术侦查是指对于特定的严重危害社会的犯罪案件，根据侦查犯罪的需要，经过严格的批准手续，依照刑事诉讼法实施的警察调查行为。它只能在特定的刑事案件调查中使用，并不适用于行政案件调查和一般刑事案件调查。与传统调查手段相比，技术侦查具有科技含量高、秘密性强、可信度高、强制性更鲜明和对人权更具侵害性等特点。世界各国警察执法的相关法律中都普遍对技术侦查作出了规定。美国早在二十世纪六十年代就在立法中规定了对贿赂政府官员罪的监听、使用线人等技术侦查手段，在“9·11”恐怖袭击事件后，更是通过众议院立法赋予了侦查人员更多的技术侦查权，如重点人员电话监听、网络监测等。日本《关于在犯罪侦查中监听通讯的规定》第3条也明确规定，警务人员有权依据法官签署的令状对与犯罪有关的通讯进行监听。技术侦察的法律依据则是《反恐怖主义法》第45条第1款。该条款规定：“公安机关、国家安全机关、军事机关在其职责范围内，因反恐怖主义情报信息工作的需要，根据国家有关规定，经过严格的批准手续，可以采取技术侦察措施。”很显然，技术侦察主体不限于公安机关，针对的也不是犯罪行为，而是因为反恐怖主义情报信息工作的需要。所以技术侦查行为是公安机关的刑事调查行为，技术侦察则是公安机关、国家安全机关和军事机关的涉恐情报收集行为。

（三）警察强制[②]

警察强制是指警察主体为了实现一定的警察目的，对警察相对人的人身、财产、行为或场所以强制手段予以限制性处置的具体警察行为。与其他公权力主体实施的强制所不同的是，警察强制只能由警察主体实施，并且在内容和对象上十分广泛。例如，对人身自由的限制就是警察强制特有的强制手段，

---

① 现行《人民警察法》第16条规定：“公安机关因侦查犯罪的需要，根据国家有关规定，经过严格的批准手续，可以采取技术侦察措施。”这里的立法表述有误，“技术侦察”应是“技术侦查”。因为这一措施是针对侦查犯罪需要设立的，从本质上讲就是技术侦查。之所以出现这样的立法失误，是因为1995年制定《人民警察法》时立法技术和立法专业化水平所限导致。公安部于2016年12月1日公布的《人民警察法》（修订草案稿）第26条第1款规定：“人民警察因侦查犯罪活动的需要，可以依法采取侦查措施和刑事强制措施。采取技术侦查措施，应当根据国家有关规定，依法履行严格的批准手续。”显然，新的修订草案稿已经注意到这一问题并及时修正。

② 需要说明的是，在本部分警察强制中的“强制”与《行政强制法》中的“强制”内涵不尽一致。二者的区别主要表现为：一是强制主体不同。前者主体仅限于警察主体，后者还包括其他行政主体和人民法院。二是强制内容不同。前者既包括行政的强制也包括刑事的强制，但不包括强制执行内容。警察强制执行作为警察执行的重要内容将在后文阐述。后者则既专指行政强制，不包括刑事强制。警察行政强制执行内容属于后者范畴。可见，二者是交叉关系。

其他公权力主体无权实施。也正是从这一意义上讲，警察强制的执法力度也是最大的。当然，对警察强制的监督也因此更为必要。

警察强制具有以下法律特征：第一，独立性。与警察管理、警察调查、警察处分和警察执行一样，警察强制也是一类独立的警察行为。之所以特别强调警察强制的独立性特点，是因为这类警察行为极易被当做警察管理、警察调查的一部分，而忽略其独立存在价值。在我国，警察强制从立法上确认了其独立性特征。例如，根据《治安管理处罚法》的规定，强制检查虽然是为了警察调查的顺利进行提供保障，但是毕竟具有单独的适用条件、适用程序和单独的法律责任。适用强制检查措施错误并不必然导致后来的调查结果无效。相对人对检查行为不服可以单独提起行政复议、行政诉讼或者行政赔偿。可见，对警察强制以独立警察行为定位，无论是从厘清它与相关警察行为的关系还是从充分保障相对人救济权益角度，都具有积极的意义。第二，强制性。强制性是警察强制的根本特征。与其他警察行为相比，警察强制行为的强制性更为鲜明、更为突出、更为直接。也正因如此，我们把警察强制称为“双刃剑”，既要依赖其有效实现警察目的，又要给它规定严格的条件和程序限定。强制对象的广泛性（既可以对人身、行为，又可以对财产和场所等）、强制手段的多样性（既有直接强制手段也有间接强制手段）是警察强制行为的强制性特征的典型表现。第三，暂时性。警察强制本身不是目的和结果。警察强制是为了警察调查、警察管理等其他警察行为顺利进行，或者及时制止违法、危害状态而采取的暂时性手段。采取警察强制措施后，必须依法进行后续行为，如询问查证、责任追究或者特定管理。强制措施本身并不能完成查明案件事实、追究有关责任或者维持、恢复公共安全秩序的任务。这一点与作为法律评判或处置结果的警察管理、警察处分等显然不同。第四，限权性。根据行为内容是赋予权益还是剥夺权益为标准，警察行为有赋权性警察行为（如警察许可管理、警察奖励等）和限权性警察行为（如警察执行、警察处罚等）之分。警察强制属于限权性警察行为，以限制相对人某项权益的行使或者增加某一义务为行为内容。正因为警察强制是一种限权性警察行为，与相对人基本人身和财产权益密不可分，所以，各国警察法一般都对警察强制规定了严格的适用程序。

以行为目的和功能的不同为标准，可以将警察强制分为保障性警察强制和即时性警察强制。保障性警察强制是指以保障其他警察行为得以顺利实施为目的和功能的警察强制行为，如为了保障询问查证顺利进行而实施的强制传唤行为、为了保障顺利收集和固定物证而实施的扣押行为等。保障性警察强制是派生性警察权的体现，也可以说是为了确保原生性警察权得以顺利行使的警察优益权的体现。具体地说，保障性警察强制权与警察管理权、警察调查权具有密切关系。警察管理权是警察主体为了保障一般社会公共安全秩序的正常状态而履行法定职责的权力，如对道路交通安全秩序的管理、消防安全隐患的预防管理等。警察调查权是警察主体为了查明某一案件的具体案情而享有的取证的权力。这两种权力都是基于警察主体自身的属性和法定职责而产生的原生性警察权。但这两项权力的行使离不开相应的附随性警察强制权的保障，否则警察主体就会因缺乏有效的措施制约或难以收集到有关信息而难以顺利实现既定的警察目的。行使这种附随性或曰保障性警察强制权的行为就是保障性警察强制行为。保障性警察强制除了具有一般警察强制具有的独立性、强制性、暂时性和限权性特征外，还具有保障性的个性特征。也就是说，这类警察强制必须与警察管理、警察调查等其他警察行为密切配合，在实施这类强制后应当及时跟进其他警察行为。例如，依据《治安管理处罚法》第 82 条、第 83 条的规定，对违法行为人必要时可以强制传唤，但是传唤后必须及时进行询问，不得传而不问。但是，它的保障性与独立性特点并不矛盾，而是对立统一的。独立性特点体现了其独立的程序价值和程序要求，体现了独立的相对人权利救济保障，保障性特点体现了其与其他关联警察行为的价值衔接和功能互补，二者从整体上都是对警察强制的规制和体现。即时性警察强制是指为了预防或制止正在发生或即将发生的违法、危险状态而对警察相对人实施的警察强制行为，如对于醉酒滋事的相对人进行强制约束、对非法集会游行人员的强行驱散、对意图自杀人员的强制解救、对超速行驶车辆的强制扣留、对带上列车的易燃易爆物品的强制保管等。因为即时性警察强制是警察主体保障社会秩序稳定，有效处置突发事件和群体事件，避免人民生命财产遭受损失的不可或缺的重要手段，所以，它被广泛规定在不同级别、不同领域的法律规范中，本书的列举难以穷尽全部内容。在实践中，只要符合即时警察强制的基本条件和特征，即可认定其属于警察强制范畴。与保障性警察强制不同的是，即时性警察强制既不是警察优益权的体现，也不是原生性警察权的延伸，它所表现出的预防或制止行为本身就是原生性警察权的体现，无需依托或保障另外一个原生性警察权实现而存在，它具有其自身的独立价值。这也是警察强制之所以作为一类独立警察行为的重要权源基础。从形式上讲，即时性强制除了具有一般警察强制具有的独立性、强制性、暂时性和限权性特征外，还具有即时性特点。即时性与临时性含义不同。即时性是指情况紧急必须立即采取措施，否则将造成更大的损失或者社会危害性。也就是说，即时性警察强制可能在程序上没有特别复杂的要求，但是在适用条件上必须严格遵循警察谦抑原则的基本要求，不得滥用。

情况紧急而不得不采取强制措施是实施警察强制的前提条件。同时，一旦紧急情况消失或者紧急状态解除，则警察强制措施必须立即解除。

警察强制的内容非常丰富，既有对人身的警察强制、对财产的警察强制，也有对场所的警察强制、对行为的警察强制，具体包括强制传唤、拘传、刑事拘留、即时拘留、取保候审、监视居住、逮捕、强行带离、强行驱散、强制约束、扣押、查封、冻结、先行登记保存等。它们分散于各种不同层次的警察组织法规、警察行为法规之中，体系庞杂，内容丰富，限于篇幅，不再一一阐述。但是，在理论界对于部分警察行为内容的归属尚存在争议，如强制检查、强制搜查是属于警察强制还是警察调查，现场管制和交通管制是属于警察管理还是警察强制等。对这些问题领域的深入研究富有开拓性意义。

（四）警察处分

警察处分是指警察主体对特定警察相对人的涉嫌违法行为或者涉案财物经过调查后作出的属性认定和责任认定。通俗地讲，警察处分就是对经过调查后的案件形成的处理意见，如对查明案情的违反治安管理行为给予处罚、对侦查终结的犯罪行为移送起诉等。民国警察法学家阮光铭认为，警察处分是以实在的事件，根据国家与人民间的法律关系，所定的警察权的一种行为①。

警察处分具有以下基本特征：第一，主体的特定性。警察处分权专属于警察主体。其他行政主体诸如税务机关、海关等均有一定的法律处分权，但它们作出的处分不是警察处分。虽然在刑事案件办理中，检察机关的审查起诉、审判机关的审判也都是法律处分，并与警察处分有着密切关联，但是毕竟是发生在不同环节的各不相同的法律处分。第二，职责的法定性。警察处分涉及相对人的切身利益，所以法律设定了严格的程序和形式要求。警察主体应当在法定的职权范围内遵循严格的程序规范行使处分权，并以书面形式作出最后的处分结果，否则将承担相应的法律责任。可见，警察处分是要式警察行为。当然，职责的法定性并不意味着所有的处分结果都是合法的，违法的警察处分也是警察处分，只不过产生的是违法后果，警察主体要为此承担相应责任。职责法定性说明的是警察处分权来源的正当性、程序的规范性和不正当行使的责任性，属于应然法律范畴，与属于实然法律范畴的处分结果合法与否是两个不同的问题，不能混淆。第三，结果性。结果性是指警察主体要对经过调查以后的特定案件如何处置进行评判和表态。就行政违法而言，这种评判和表态就是终局的法律结果。就犯罪行为而言，虽然警察主体

---

① 阮光铭著：《警政概论》，但彦铮、刘晓琼勘校，法律出版社2018年6月版，第46页。

对是否追究法律责任没有最后的决定权，但是在侦查环节的最后处理意见仍然是典型的警察处分，只不过就案件处理的整体程序而言具有阶段性特征，不是案件的最后处理结果而已。

需要说明的是，警察调查与警察处分密切相关，但又是各自独立的两类警察行为。警察调查是警察处分的前提，没有调查就没有处分；警察处分是对特定案件调查后的后续行为，但是警察调查不是专门为警察处分服务的，有时候还为警察管理、警察执行等其他警察行为服务。

以处分对象的不同为标准，警察处分可以分成对人的处分和对物的处分。对人的处分是警察主体针对警察相对人的人格或者身份实施的处分，如行政拘留、禁止特定期限内不得进入特定场所活动、精神惩戒等。对人的处分可能会间接带来相对人的财产损失，但是财产不是这类警察处分的直接对象。对物的处分是警察主体针对警察相对人的财物实施的处分，如对涉案财物的收缴和追缴、罚款、没收保证金等。对物的处分有时也会带来对人身的间接影响，如没收保证金会对相对人在取保期间的活动行程起到威慑和牵制作用，但人身不是这类警察处分的直接对象。对人的处分和对物的处分各有不同的法律作用，在立法上中应当根据违法行为的特点合理设定，在实践中警察主体也应当根据案件的具体情况合理适用。例如，在治安管理处罚中，对滋扰性乞讨等这些违法行为，适用罚款等对物的处分手段难以取得最佳执法效果，而行政拘留等对人的处分手段则更能实现其处罚目的。再如，对于某些违法行为，立法设定了罚款或拘留等选择性处分项，但是行为人确实愿意接受罚款并主动赔偿受害人损失，强行拘留不但给被处罚人带来不必要的损失，也使受害人的损失难以及时补偿，不利于综合执法效果的取得，则警察主体应当选择罚款，而不是拘留。当然，对人的处分和对物的处分有时候难以截然分开，因为它们在功效上具有互补性。所以实践中这两种处分常常配合使用，如在给予行政拘留的同时并处罚款、在对外国人作出治安管理处罚的同时限期出境或驱逐出境等。研究这一分类知识时应当注意到它们的相异性和互补性，从而可以更全面地把握这两类处分的各自特点和实践应用。

以所处行为领域不同为标准，警察处分可以分为警察行政处分和警察刑事处分。警察行政处分是发生在行政执法领域的警察处分，针对的是一般违法；警察刑事处分是发生在刑事执法领域的警察处分，针对的是刑事犯罪。如前文所述，行政与刑事的划分只是所处行为领域不同，“刑事处分”的称呼并不意味着这一类警察处分就是司法属性，只是警察主体履行刑事职能或曰辅助司法职能的行为结果而已。当然，这里的“行政处分”中的“行政”是狭义的警察行政，广义的警察行政当然包括刑事领域的警察职能行为。相比而言，警察行政处分依据的是警察行政法律规范，遵循的是警察行政程序，相对人不服可以申请行政复议、提起行政诉讼或申请国家赔偿；警察刑事处分依据的是警察刑事法律规范，遵循的是警察刑事程序，相对人不服可以提出申诉，但不能申请行政复议、提起行政诉讼和申请国家赔偿，救济途径相对单一。从内容上讲，有些警察处分内容是纯粹的行政处分，如治安管理处罚、违法行为矫治等。有些警察处分内容是纯粹的刑事处分，如刑事案件移送起诉、刑事案件撤销等。还有一些警察处分兼跨行政和刑事两个领域，如涉案财物的收缴，既可能是对行政案件中的财物收缴也可能是对刑事案件中的财物收缴，前者就是警察行政处分，后者就是警察刑事处分。在研究中也要注意区分不同内容的警察处分按照这一分类标准的科学归类。

以发挥的法律作用和适用方式不同为标准，警察处分可以分为基本处分和附加处分。警察基本处分是反映对相对人行为的基本法律评判，并作为主要责任方式的警察处分。警察附加处分是配合基本处分的适用，对相对人行为作出补充评判，并作为次要责任方式的警察处分。以警察罚为例，它可以分为警察基本罚（又称主罚）和警察附加罚（又称从罚）。这种分类为世界上很多国家和地区立法所采纳，适用较为普遍。例如，在我国台湾地区，其《违警罚法》规定，违警罚分为主罚及从罚。主罚包括拘留、罚锾、罚役和申诫；从罚包括没入、勒令歇业和停止营业。在越南社会主义共和国，其《行政违法处罚法》规定，行为违法的处罚分为主要处罚方式和补充处罚方式两种。主要处罚方式有警告和罚款两种，补充处罚方式有没收许可证、没收赃物和违法工具。在苏联，《苏联和各加盟共和国行政违法行为纲要》以及《俄罗斯联邦行政违法行为法典》均规定，行政处罚包括警告、罚款、征收实施行政违法行为的工具或直接目的物、没收实施行政违法行为的工具或直接目的物、剥夺当事公民的专门权利、劳动改造和行政拘留。其中，征收和没收物品可以作为主要行政处罚，也可以作为附加行政处罚，其他的处罚只能作为主要行政处罚。对于一个行政违法行为，可以给予一种主要处罚，或者一种主要处罚和附加处罚。在德国和奥地利，附加罚又被称为附加处分，既可以附加适用，也可以单独使用。德国的《违反秩序罚法》就规定，当标的物有被利用为犯罪或违反秩序行为的危险时，无论行为人有无其他责任追究，仍得没入之①。警察处分分为基本处分和附加处分，关注了不同处分的法律作用的发挥和适用方式的区别，使得对相对人行为的评判更加科学。目前，我国对这一分类的立法吸收主要体现在治安管理处罚和道路交通安全处罚中。

① 胡建淼主编：《中外行政法规分解与比较》，法律出版社 2004 年 8 月版，第 631~652 页。

依据我国《治安管理处罚法》规定，治安管理处罚种类分为主罚和附加罚。主罚有警告、罚款、吊销公安机关发放的许可证和行政拘留四种，附加罚有对外国人的限期出境和驱逐出境。附加罚只能附加适用，不能单独使用。依据我国《道路交通安全法》，道路交通安全处罚种类也包括警告、罚款、暂扣或吊销证照、行政拘留等主罚和违章记分、对醉酒驾驶人责令五年内不得重新申领驾驶执照等附加罚。当然，道路交通安全附加罚在立法中虽然有了实质性规定，但没有明文加以定位是一个遗憾，需要在今后立法修改中不断完善。

在各国警察立法中，警察处分的内容表现为警察罚、刑事案件移送起诉、撤销案件或者免予处分、非处罚性处置（如收缴、保安处分等）和转其他处理（如欧美国家的轻罪告诫）等多种形式。

（五）警察执行

警察执行是指警察主体对已经生效的行政决定或者司法裁判中依法确定属于自己执行的内容，依照程序付诸实施的警察行为。作为一类独立的警察行为，警察执行具有满足警察目的实现、独立接受监督制衡的自身价值。

警察执行的基本特征：第一，强制性。生效警察决定或者司法裁判的存在是警察执行的前提，没有生效警察决定或者司法裁判的存在，就不可能有警察执行。具体地讲，警察执行的启动必须具备三个条件：一是存在一个已经生效的警察决定或者司法裁判；二是相对人没有正当理由且拒不履行；三是相对人有能力履行。在这种情况下，法律的国家强制性效力得以显现，由此带来的法律后果是相对人被强制执行。所以，强制性是警察执行的重要特征。第二，执行性。警察执行的目的是促使生效警察决定或司法裁判的原设法律关系状态得以实现。也就是说，它一般不对相对人产生新的权利义务，只是要求相对人履行已经生效的行政决定或司法裁判确定的义务。即使特定情况下增加新的义务（如加收滞纳金），也不以惩罚为目的，主要是为了督促相对人履行义务，更多的是体现为一种手段。因为这种手段对相对人权益产生重大影响，所以立法一般要求警察执行必须有明文规定作为执行依据。在我国，依据《行政强制法》第 34 条和第 53 条规定，行政主体依法作出行政决定后，当事人在行政主体决定的期限内不履行义务的，具有行政强制执行权的行政主体可以强制执行；没有行政强制权的行政主体可以申请人民法院强制执行。对于规定金钱给付义务的行政决定的强制执行，我国《行政强制法》在第 45 条和第 46 条进一步规定，当事人逾期不履行的，行政主体可以依法加处罚款或者滞纳金。实施加处罚款或者滞纳金超过三十日，经催告当事人仍不履行的，具有行政强制执行权的行政主体可以强制执行。没有行政强制执行权的行政主体应当申请人民法院强制执行。作为行政执行的重要组成部分，警察执行也因此具有了基本法律依据。同时，在执行方式、执行程序方面，我国现有的警察组织法规和警察行为法规也作出了较为完善的规定。

依据赖以执行的生效决定的法律属性不同为标准，可以将警察执行分为对生效行政决定的执行和对生效司法裁判的执行。对于生效行政决定的执行，依据我国《行政处罚法》和《行政强制法》等法律规定，在相对人无正当理由且拒不履行义务的情况下，警察主体可以采取强制措施执行，也可以申请人民法院强制执行。对于申请人民法院强制执行的情况，警察主体的申请行为不足以单独构成执行行为，只是人民法院强制执行的启动条件，而人民法院的强制执行属于司法行为，不属于警察行为，不在本书探讨之列。对警察主体实施的强制执行又包括两种执行方式：一是直接强制，如将相对人直接送交拘留所执行行政拘留、将吊销收缴的相对人证照销毁等；二是间接强制，如采取将查封、扣押的财产依法委托拍卖抵缴罚款等代履行措施、采取加收滞纳金这样的执行罚措施等进行的执行。警察主体对于生效司法裁判的执行，根据我国《刑事诉讼法》以及《全国人民代表大会常务委员会关于修改〈中华人民共和国人民警察法〉的决定》的规定，主要包括两部分内容：第一，对被判处有期徒刑的罪犯，在被交付执行刑罚前，剩余刑期在三个月以下的，由看守所代为执行。第二，对被人民法院依法判处拘役和剥夺政治权利的罪犯，由公安机关执行。这类执行行为虽然是对司法裁判的执行，但是执行主体是警察主体，既不涉及对法律纠纷的处理，也不按照司法程序进行，具有行政属性，属于典型的警察执行行为①。在传统分类体系下，对人民法院裁判的警察执行行为的行政性往往被忽略，甚至被误认为是司法行为，从而在发生相对人权益被侵害时，相对人只能申诉或申请国家赔偿，不能申请行政复议和提起行政诉讼，不利于相对人的权利救济。因此，对这类警察执行行为的行政性和独立性应当重新认识，重回本位。

依据执行效力是否直接及于相对人为标准，可以将警察执行分为直接执行和间接执行。这一分类是警察执行的基本分类。警察直接执行是指警察主体直接针对相对人的人身或财产实施强制的执行行为。警察直接执行的最显著特点是执行效力直接及于相对人的人身或财产，由相对人自己完成生效决定确定的义务。常见的警察直接执行有警察拘留处罚的执行、警察吊销许可证的执行等。按照警察比例原则和法律谦抑主义原则的要求，因为警察直接强制会对相对人权益产生直接的重大影响，所以必须谨慎适用。能够由相对

---

①　如果涉及原生效裁判的内容变更（如减刑等），则依照法定程序报相关的人民法院作出新的裁判。这种情况具有司法性，与本文所讲的警察执行行为具有本质的不同，不属于本文探讨范围。

人自动履行的尽量避免强制执行。能够采用相对和缓的间接强制执行的，尽量不采用直接强制执行。严格控制警察直接执行的适用条件和适用范围，将给相对人的损失降到最低限度。严格遵循警察直接执行的程序要求，即使执行程序已经启动，但如果相对人能够主动履行，则警察执行应当及时中止或者终止。警察间接执行是指执行效力不直接及于相对人，而是通过非本人履行或者增加义务督促履行的方式达到与相对人直接履行相同效果的警察执行。警察间接执行又包括代履行和执行罚两种。代履行是指由警察主体或者无利害关系第三人代为履行义务，以达到与直接执行相同效果的警察执行。在代履行的情况下，相对人本人不直接履行义务，而是由警察主体或者第三人代替其履行义务。例如，由警察主体直接将查封扣押的财物变卖抵缴罚款、由银行将冻结的存款划拨抵缴罚款、由市政公司代为清除影响道路交通安全的占道经营摊位等。代履行中如果产生执行费用，由原相对人承担。执行罚是指在原有义务之外增加新的义务，从而督促相对人履行原义务的警察执行，如加收滞纳金、加处罚款等。增加的新义务不替代原先的义务。实践中，警察间接执行用得较为普遍。

在内容上，警察执行包括：警察拘留处罚的执行、剩余刑期在三个月以下的短期自由刑的执行、对拘役的执行和对剥夺政治权利附加刑的执行等对人身的执行；加处罚款或者滞纳金、划拨存款汇款、拍卖或者变卖查封、扣押的场所、设施或者财物等对财物和场所的执行；其他警察执行。因为警察执行涉及领域多，大量执行手段散见于不同位阶、不同内容的法律规范性文件中。

四、警察行为的一般程序要求

警察行为程序指警察主体在实施警察行为时必须遵循的方式、方法、步骤、时限等的总称。警察行为程序有其存在的独立价值，它既提供了警察主体在行使其权力时必须遵守的程序，以限制警察权滥用，是对警察“恣意”的限制，又为公民、法人和其他社会组织等主体参与警务活动提供相应的程序规范，以保证警察主体行为的畅通和警务效率的提高。西方对于现代警察程序在促进法治、保护人权方面的重要性有深刻的认识。二十世纪四十年代中期和五十年代初期美国有两位大法官就曾对现代程序的价值作过极富启迪性的评价：“自由的历史基本上是奉行程序保障的历史”“权利法案的大多数规定都是程序性条款，这一事实决不是无意义的，正是程序决定了法治与恣意的人治之间的基本区别”①。一些国家和地区的警察职权行使统一立法中，大都规定了警察行为的基本程序要求。我国尚未有关于警察职权行使的统一立法，由于警察行为的类别具有多样性，关于警察行为的程序规定主要散见于《人民警察法》《刑事诉讼法》《治安管理处罚法》《出境入境管理法》《公安机关办理行政案件程序规定》《公安机关办理刑事案件程序规定》等警察法律、法规、规章或其他规范性文件中，较为分散零乱，各种警察行为的具体程序不尽相同。本书主要探讨对警察行为具有重要规范、制约作用的几种基本程序制度。

（一）表明身份制度

表明身份制度是指警察机关及警察人员依职权实施相关警察行为之前，应当向相对人出示履行职务的证明，表明其有权从事该项活动的制度。表明身份是警察执行公务行为时的一种必要程序性要求，是表明执法人员的身份和资格，以证明其行为属于公务行为，具有合法性和正当性，同时，也是保障警察权益的一种必要。表明身份是各个国家和地区警察程序的一项重要内容。我国台湾地区《警察行使职权法》第4条明确规定：“警察行使职权时，应着制服或出示证件表明身份，并应告知事由。警察未依前项规定行使职权者，人民得拒绝之。”我国内地警察立法中也有表明身份的要求。如根据《治安管理处罚法》规定，对现场发现的违反治安管理行为人，人民警察经出示工作证件，可以口头传唤。人民警察在公安机关以外询问被侵害人或者其他证人，应当出示工作证件。检查时，人民警察不得少于二人，并应当出示工作证件和县级以上人民政府公安机关开具的检查证明文件。

当然，警察执行公务时，执法对象和环境情况各异、千差万别，表明身份的方式不能一概而论，而应区分情况依法、依规有效表明身份。在实施检查、盘查、继续盘问、询问、讯问等非秘密、常态化的执法行为时，警察人员需要严格按照《人民警察法》《治安管理处罚法》《公安机关适用继续盘问规定》《公安机关人民警察盘查规范》《公安机关人民警察证使用管理规定》等法律规范的要求，按照规定着装，佩戴人民警察标志或者持有人民警察证件即可。在相对人要求着制式警服警察人员出示警察证件确认时，民警才需要及时出示。针对执行某些特殊公务的情况，是否亮明身份要具体情况具体分析。在秘密抓捕情况下，若情况紧急，通过着警服、主动出示证件并告知的方式表明身份，可能发生危害后果的，只要做到口

① 转引自裴东波：《论警察程序制度》，载《河南公安高等专科学校学报》2005年第3期。

头告知即可，视为有效表明身份①。再如，根据《人民警察使用警械武器条例》第9条第1款规定，人民警察判明有下列暴力犯罪行为的紧急情形之一，经警告无效的，可以使用武器。警告可视为表明身份的一种方式，该条第2款同时规定："人民警察依照前款规定使用武器，来不及警告或者警告后可能导致更为严重危害后果的，可以直接使用武器。"可见，表明身份的方式要视具体情况灵活掌握。

（二）说明理由制度

说明理由制度是指警察主体在作出对相对人合法权益产生不利影响的行为时，除法律有特别规定外，应当向相对人说明作出该行为的事实根据、法律依据以及所考虑的政策、公益等因素。说明理由是一项基本的程序要求，是法律程序体现正义的必要条件之一，具有重要的程序价值。哈贝马斯曾说，"'正确性'意味着合情合理的，由好的理由所支持的可接受性"②。警察主体在作出对相对人合法权益产生不利影响的行为时，必须建立在一定的事实基础之上，特别是作出某项决定时，必须陈述其法律依据和事实理由。并藉以说服其他程序参与人，从而不能专横作出决定。同时，说明理由要求警察主体根据合法取得的证据材料说明自己的推理过程，而不能以其他证据资料支持自己的结论。这就要求警察主体必须慎重考虑其行为的法律依据、基本事实和理由，使结论更加理性和正确。虽然说明了理由的决定未必是正确的或体现了正义的，但没有任何理由加以支持的决定仅仅从形式上看就是令人难以接受的，因为这样的决定总是更容易与恣意和专断相联系，其正当性将不可避免地受到质疑。另外，说明理由能够提高警察行为的公信力和权威性。警察主体说明理由的过程也是对当事人及公众的异议、主张、请求等的回应过程，这种回应体现了对个人尊严和公民权利的尊重，使当事人在警察行为实施过程中获得尊严感，增强对公权力的信任，从而使警察行为更易被当事人所理解和接受。"因为给予决定的理由是一个正常人的正义感所要求的"③。相反，如果警察主体对当事人的异议、请求及主张不进行回应，不提供作出决定的正当合法理由，就简单、直接地作出决定，相对人会认为自己的权利和主张没有得到重视，也就很难认可警察主体作出的决定。长此以往，警察公权力行为的公信力和权威性就会大打折扣。

不同警察行为说明理由的内容也是不尽相同的。许多国家和地区的法律

---

① 《民警该如何有效表明身份?》，载《人民公安报》2013年1月21日第008版。

② ［德］哈贝马斯：《在事实与规范之间》，童世骏译，生活·读书·新知三联书店2003年版，第278页。

③ ［英］威廉·韦德：《行政法》，徐炳译，中国大百科全书出版社1997年版，第192页。

都对说明理由内容进行规定，如美国《联邦行政程序法》第 557 条规定，“所有的行政决定都必须附有关于‘事实、理由、结论以及相应的依据’的说明，除非‘某些理由是不言自明的’”。我国台湾地区《行政程序法》第 96 条规定，“行政处分以书面作出，应记载下列事项：‘主旨、事实、理由及其法令依据’”。我国警察行为程序中的说明理由制度主要散见于一些单行警察法律法规中，如《治安管理处罚法》第 94 条规定：“公安机关作出治安管理处罚决定前，应当告知违反治安管理行为人作出治安管理处罚的事实、理由及依据，并告知违反治安管理行为人依法享有的权利。”《集会游行示威法》第 9 条规定：“主管机关接到集会、游行、示威申请书后，应当在申请举行日期的二日前，将许可或者不许可的决定书面通知其负责人。不许可的，应当说明理由。”虽然这些法律规定不尽相同，但两个方面的内容都说明理由是必不可少的，一是合法性理由，二是正当性理由。

（三）回避制度

回避是指警察人员在行使警察职权过程中，因其与所处理的事务有利害关系，为保证实体处理结果和程序进展的公正性，根据当事人的申请或警察人员的请求，有权主体依法终止其职务的行使并由他人接替的法律制度。回避是一项古老的法律制度，源于英国自然正义法则，该法则的一项基本要求就是任何人不得做自己的法官。回避是目前各国立法普遍确立的一项程序制度。我国立法关于警察行为程序中的回避规定主要散见于《人民警察法》《治安管理处罚法》《刑事诉讼法》《公安机关办理行政案件程序规定》《公安机关办理刑事案件程序规定》等警察法律法规中。

回避制度适用的主体或人员范围较为广泛。在我国，《人民警察法》第 45 条规定了公安机关“人民警察”在办理治安案件、刑事案件过程中的回避原则。具体而言，主要包括公安机关负责人、办案人民警察、刑事案件中的侦查人员、记录人、鉴定人和翻译人员。从各国立法看，回避的理由既有相对人的主观判断（如“偏见”），也有无法改变的客观存在（如“利害关系”）。而各国所规定的“利害关系”也无非是血亲、姻亲、人情等因素，同时，由于各国国情及历史文化传统的差异，其应当回避的血亲、姻亲、人情的范围也都不尽相同[①]。我国警察行为程序中的回避理由主要有以下几种：是本案的当事人或者当事人近亲属的；本人或者其近亲属与本案有利害关系的；担任过本案的证人、鉴定人、辩护人、诉讼代理人的；与本案当事人有其他关系，可能影响案件公正处理的。

① 祁亮：《行政回避制度研究》，山西大学 2006 年硕士论文。

在我国，在公安机关作出回避决定前，申请或者被申请回避的警察人员不得停止对案件的调查工作。作出回避决定后，警察人员不得再参与该案件的调查和审核、审批工作。被决定回避的警察人员，在回避决定作出前所进行的与案件有关的活动是否有效，由作出回避决定的警察机关根据案件情况决定。

除了以上程序制度，警察行为的程序制度还有时效制度、听证制度、救济制度、公开制度等。

第二节　警察责任是不当警察行为的法律后果

一、警察行为是法律行为

法律行为以特定的法律关系约束各方当事人，并必然产生一定的法律后果（特定权利义务）。警察行为是警察主体履行警察职权的公务行为，是典型的公法上的法律行为。通过警察行为的实施，在警察主体和警察相对人之间设定了特定的权利义务。从普遍意义上讲，警察主体有对相对人依法行使警察职权的权利，也有遵循法定程序履职的义务，警察相对人有配合警察主体履职的义务，也有知情和抗辩的权利。当然，因为警察职权内容丰富，不同的警察职权产生不同的警察行为，不同的警察行为带来警察主体和相对人之间不同的权利义务关系。这种权利义务关系就是警察行为的法律后果。

以行为后果是否合法为标准，警察行为后果分为正当法律后果和不当法律后果。正当法律后果又称为合法的法律后果，是指合法的警察行为引起的法律后果，如警察主体依法作出的道路交通罚款，带给违法行为人的后果就是一定的财产权被剥夺。在这一特定法律关系中，警察主体的行为受到法律强制力予以保障。不当法律后果又称为不合法的法律后果，是指不合法的警察行为引起的法律后果，如警察主体不构成违反治安管理的行为人进行的行政拘留处罚，带来的后果更多地表现为处罚无效和对警察主体及其工作人员违法行为的责任追究。从这意义上说，不当警察行为的法律后果主要体现为警察责任。

二、不当警察行为产生警察责任

不当警察行为包括不合法警察行为和不合理警察行为两种。无论哪一种不当警察行为都会产生不当法律后果。这种不当法律后果又有广义和狭义之分。狭义上的不当法律后果是指警察行为违反法律的刚性规定或曰强制性规定产生的不当法律后果，即通常意义上的不合法警察行为引起的法律后果。例如，告知程序是警察行政处罚的必经程序，但是警察主体没有履行告知义务即直接作出处罚决定，则该处罚决定因为违反了处罚的强制性规定而无效，警察主体因此承担的责任追究就是狭义上的不当法律后果。广义上的不当法律后果除此之外，还包括警察行为违反了法律的柔性规定或曰任意性规定产生的不当法律后果，即通常意义上的不合理警察行为引起的法律后果。这些柔性规定或曰任意性规定一般赋予警察主体行使职权上的一定自由裁量空间，由此带来的因自由裁量不当产生的不合理后果就属于广义上的不当法律后果。这种不当主要表现为不合乎立法目的和立法原则。例如，在同一赌博违法治安案件中，数个行为人在个人人身危险性因素和案件情节因素方面均大体一致时，处罚结果差别较大，出现了同责不同罚现象，就属于自由裁量不当，违背处罚公正原则，由此带来的警察责任就属于广义上的不当法律后果。

三、警察责任是不当警察行为的唯一法律后果吗

当不当警察行为发生时，权益受到影响的直接对象首先是警察相对人。具体表现为警察相对人本不该被剥夺的权利被剥夺，或者本不该增加的义务被增加甚至已经履行。例如，在超期羁押的刑事案件中，超期羁押期间，警察相对人的人身自由权被非法剥夺；在没有证据证明存在违反治安管理行为时被罚款，警察相对人的财产权被剥夺。虽然警察主体会因为行为不当而被追究法律责任，但是作为警察相对人权益而言并不一定因为警察主体承担责任而完全得到救济。例如，在行政诉讼中，如果警察相对人（原告）没有同时提起赔偿请求，法院就不能主动判决警察主体（被告）进行国家赔偿。警察主体可能因为败诉而承担执法过错责任，但是警察相对人的权益并没有得到充分保障。如果警察相对人在行政诉讼中一并提起赔偿请求，就可能获得相应国家赔偿。可见，警察相对人的损失赔偿诉权具有独立法律价值，警察相对人的权利救济与警察责任同等重要，都是不当警察行为引起的法律后果。至于警察相对人是否行使这一救济权利是另外一个问题，作为不当警察行为的法律后果，它必须受到应有的关注。从这一意义上讲，警察主体责任追究和警察相对人权利救济是不当警察行为的两个法律后果，警察责任并不是不当警察行为的唯一后果。这一研究进路可以促进立法者和执法者从更全面的视域理解和把握警察行为的行使和规制。

第三节　无责任即无行为

一、什么是警察责任

事实上，在上一节内容中，探讨不当警察行为及其法律后果时，已经涉及警察责任的概念问题。责任是特定的法律主体没有依法行使权利或履行义务时应当承担的法律后果。警察责任是指警察主体没有依法行使警察职权或履行警察义务时应当承担的法律后果。

警察责任的构成必须同时具备以下条件：第一，必须是警察主体的行为。非警察主体的行为或警察人员个人行为不会产生警察责任。第二，警察行为违法。这里的违法包括违反明示性规定和自由裁量不当。合法的警察行为不会产生警察责任。第三，警察主体具有主观过错。主观过错表现为警察人员主观上的故意或过失。不存在主观过错，则不产生警察责任。不可抗力和意外事件是不存在主观过错的常见情形，此两类情况下即使给相对人造成了损失，也属于免责事由。值得思考的是，有学者认为必须给相对人造成实际损失，警察主体才承担法律责任。笔者以为，造成相对人实际损失固然要承担法律责任，但是很多情况下，虽然相对人没有实际损失，然而因为警察行为违法导致警察权威受损或者执法成本增加，本身就是一种法律损失，只不过这种损失是公共损失，此种情况下仍应追究警察责任。所以，警察责任不应以造成相对人实际损失为构成条件。

积极警察行为也会产生警察责任。积极警察行为是警察主体在提供为难救助、社会服务等福利行政内容时实施的警察行为。它是与处罚、强制等消极警察行为相对的。依据各国警察法，现代警察普遍具有积极行政职责。例如，我国《人民警察法》第 21 条规定："人民警察遇到公民人身、财产安全受到侵犯或者处于其他危难情形，应当立即救助；对公民提出解决纠纷的要求，应当给予帮助；对公民的报警案件，应当及时查处。人民警察应当积极参加抢险救灾和社会公益工作。"警察主体在应当履行积极警察职责时怠于履行或不履行，应当承担相应法律责任。可见，并非只有消极警察行为会产生警察责任。积极警察行为的警察责任问题也同样应给予足够重视。全方位的警察责任能够倒逼警察主体主动、恰当的履职尽责。"无责任即无行为"已经成为现代社会警察意识和警察文化的重要内容。

二、警察行为与警察责任的辩证关系

在警察法哲学视野中，警察行为与警察责任是相对应的范畴。进一步说，警察行为是警察责任的充分条件，没有警察行为就没有警察责任。当然，有了警察行为，也不一定产生警察责任，只有不当警察行为才能产生警察责任，正当警察行为不产生警察责任，产生的是受法律保护的另外的权利义务后果。无论是法律责任还是另外的权利义务结果，都是警察行为实施的结果。警察行为与警察责任密不可分，警察权力越大，警察行为的广度和频度越大，警察责任就越大；警察权力越小，警察行为的广度和频度越小，警察责任就越小。

三、前置性警察行为带来的责任吸收与责任分离

在大陆法系的法理学中，存在着本体性公法行为和前置性公法行为的界分。本体性公法行为就是实施原生性公权的行政主体行为，前置性公法行为就是与本体性公法行为密切关联的作为前提要件的行政主体行为。例如警察调查行为，如果是在警察处罚案件中，经过调查作出了相应的警察决定，则警察调查的法律后果被警察处分行为的后果吸收，不再独立存在，若相对人不服，可以就警察最终处分行为提起行政复议、行政诉讼等，但不可以就调查行为单独寻求救济。如果调查过程中因法定原因撤销案件，没有形成最终警察处分，则可以就调查行为的不当，单独提起行政复议、行政诉讼等。还有一些事实警察调查行为也可以单独救济。在我国，基于历史原因，受大陆法系影响较深，在立法上不同程度地对这一理论进行了吸收。警察处罚中的调查行为一般不单独成立，但是在调查中实施的扣押、查封等行政强制措施，相对人如果不服，则可以单独提起行政复议、行政诉讼。笔者以为，无论最终处理结果如何，警察调查行为都应具有独立存在价值。警察调查行为在警察处罚案件中是警察处罚行为的前置性行为，但是警察调查行为并非完全是为警察处罚服务的。即使在警察处罚案件中，警察调查行为也有其独立存在价值。这一独立价值的认识对于监督警察行为的规范性和相对人权益保障具有积极意义。笔者以为，如果经过调查并最终作出了处罚或不予处罚的决定，不宜实行完全的责任吸收。假设其中的调查过程存在程序违法甚至侵犯相对人基本权利的情形，相对人应有权获得相应的行政救济。仅仅据此认定最终处理决定无效并不能充分保障相对人权益。调查行为本身给相对人造成的损失，相对人应当有权获得国家赔偿。在我国行政法上，相对人事中享有的陈述申辩权、申请听证权在一

定程度上可以对抗调查行为的不规范性，无论将来处罚结果如何，都具有独立救济权属性，从反向肯定了警察调查行为的独立性，与笔者观点大体一致。如果在事后救济制度上再设计得更彻底些，完全承认调查行为的独立性，并允许相对人对调查行为享有完全独立的救济抗辩权，则更有利于相对人权益保障，更有利于公私权平衡，更有利于警察权的规范运行，对于警察行为与警察责任理论的发展完善也具有重要意义。

第七章　警察行政与警察刑事

第一节　警察权力属性与权力领域的界分

一、权力属性与权力领域

属性是事物的性质及其内外部关系的统称。不同的事物表现出的属性各有不同。属性使得特定事物有别于其他事物。属性是事物的内在特质，反映其独立价值。警察权力属性是指警察权力的性质及其内外部关系的统称。警察权力的属性是相对于其他国家公权力的属性而言的。近代以来，资本主义法学流派对国家公权力根据其属性不同进行了不同的划分，形成不同的观点，对资产阶级国家实践产生了深远影响。其中，影响最大的当属孟德斯鸠提出的三权分立和权力制衡理论。孟德斯鸠认为，一切国家权力分为立法、行政和司法三种，应交由不同国家机关行使，它们之间各司其职，互相监督，互相制衡。孟德斯鸠的理论率先在美国得到实践并迅速影响到其他资本主义国家。近代中国，西风东渐，孙中山先生在西方资本主义国家分权思想和我国传统国家治理文化基础上，提出了“五权宪法”思想。他认为，应将国家的政权与治权分离。选举、罢免、创制、复决四种权力属于“政权”，应由人民掌握。立法、行政、司法、考试、监察五种权力属于治权，应分别由立法、行政、司法、考试、监察五个机关独立行使，以防止政府之专权。无论是政权与治权的划分还是五权分治都是对国家公权力属性的划分，反映了国家公权力属性的不同以及相互间的关系。在马克思主义法哲学视野中，行政、审判、检察、立法、监察等仍然是作为相对应的权力属性的表达。根本区别是，马克思主义国家权力理论不但强调分权，而且强调国家权力的本源是人民，强调人民在国家权力谱系中的主体地位。同时，不但主张权力监督，而且主张设立专门的法律监督权（检察权）对各项国家权力的运行进行专门监督。无论是资本主义法学还是马克思主义法学视野中，国家公权力要分立分设并受到有效监督成为共识，警察权力作为典型的国家公权力亦不例外。马克思主义认为，警察权是国家行政权的组成部分，属于国家二级权力单位。基于其主动性、执行性、非终局性、非独立性等特点，警察权难以被划入立法权或司法权范畴，只能归入行政权范畴。警察权的这一属性定位决定了警察部门和警察人员的设立和地位，警察部门属于行政部门范畴，警察人员属于行政公务人员序列。

领域是事物的范围或区域，是事物的外在特质。领域反映事物的存在广度。警察权力领域是指警察权力的范围或区域。警察权力领域的划分主要由权力对象的属性决定，而不是由警察权力自身的属性决定。某一类警察权力对象集合在一起，就会形成某一类警察权力的领域。例如，对于道路交通违法行为人，警察权力领域就是道路交通秩序管理与处罚，对于经济犯罪嫌疑人，警察权力领域就是经济犯罪侦查，对于恐怖活动嫌疑人，警察权力领域就是恐怖活动的防范与打击。从整体上讲，国家公权力领域大体分为刑事、民事、行政等若干权力领域。其中的“行政”是狭义的行政含义，仅指警察主体以行政法直接规定为依据行使权力的领域。与狭义的警察行政领域相对应的是警察刑事领域。警察刑事领域是指警察主体依据刑事法直接规定为依据行使权力的领域。警察刑事执法行为在法律属性上仍然具有行政性，不具有司法属性，这在本书第四章已经进行了专题论述，不再赘述。在权力领域上，警察行政与警察刑事的界分，体现出各自执法对象、执法依据和执法后果等方面的明显差异，进行差别研究具有积极意义。

二、我国实定法上的警察权力属性与权力领域之混同带来的消极后果

在我国实定法上，多年来存在着警察权力属性与权力领域的混同。主要表现是，过分强调所谓刑事警察权的特殊性，努力将刑事警察权从行政权中剥离，试图将刑事警察权纳入司法范畴。2006 年发布的《公安机关组织管理条例》第 2 条规定：“……人民警察是武装性质的国家治安行政力量和刑事司法力量……”这一规定第一次以法律形式肯定了警察与警察权的刑事司法属性。从实行十几年来的效果看，不但没有确保警察权的规范行使，反而加剧了实践中的认识混乱和警察权的不规范运行，弊大于利。

事实上，早在 1957 年《人民警察条例》中已经对警察与警察权的法律属性有了明确界定。该条例第 1 条规定：“中华人民共和国人民警察属于人民，是人民民主专政的重要工具之一，是武装性质的国家治安行政力量。”该规定的贡献在于第一次以法律形式明确了我国警察的含义、属性和作用。其中，

警察的行政属性规定得非常鲜明。1994 年 12 月，在全国人大常委会上，提交审议的《人民警察法（草案）》曾经试图作出不一样的规定，试图将警察具有行政和司法双重属性写入立法文本。该草案稿第 2 条规定，“人民警察是人民民主专政政权武装性质的治安行政力量和刑事司法力量”。时任公安部部长的陶驷驹同志在所作的《关于〈中华人民共和国人民警察法（草案）〉的说明》中，对此解释认为，《人民警察条例》中警察的定义，比较准确地体现了人民警察的基本性质，但是考虑到人民警察还有刑事侦查、执行刑罚等刑事司法职能，人民法院、人民检察院还有司法警察，为了更准确地体现人民警察的性质，所以在草案中作了这一规定。但是，这一立法安排因为争议太大没有在全国人大常委会上通过，取而代之的是对我国警察范围的描述性规定："人民警察包括公安机关、国家安全机关、监狱、劳动教养管理机关的人民警察和人民法院、人民检察院的司法警察”（《人民警察法》第 2 条第 2 款）。2006 年，《公安机关组织管理条例》再次将警察和警察权的司法属性问题提了出来。该条例第 2 条规定：“（公安机关——作者注）人民警察是武装性质的国家治安行政力量和刑事司法力量”。这几乎是当年未获通过的《人民警察法（草案）》关于警察定义的翻版，只不过转换了一下立法形式而已。笔者以为，《公安机关组织管理条例》作为一部行政法规，对警察是否具有司法属性进行规定，本身就是一个在立法权限上引起争议的法律现象。而且在这部条例第 3 条和第 19 条规定，各级公安机关在国务院和各级人民政府领导下负责本行政区域内的公安工作，公安机关人民警察使用的是国家行政编制。从这两条规定看，公安机关人民警察及其职权具有典型的行政属性。在现代国家分权理论中，行政权与司法权是并列并行的，不存在交叉运行或重叠可能。一种公权力要么是行政权，要么是司法权。虽然权力之间也会发生横向扩张，但从根本上讲，某一公权力属性是不会发生改变的。世界各法治发达国家均不存在警察和警察权的双重属性或者所谓的司法属性，只承认刑事领域警察权与狭义行政领域警察权的差异。在我国，即使人民法院、人民检察院存在司法警察，也并不说明警察的司法属性。司法警察权的任务仍然是执行性的，不带有裁决性。警察与警察权属性表述在立法实践中的曲折变化，从一个侧面说明了警察权力属性与权力领域的混同现状。

形式上警察权力属性与权力领域的混同，背后是“执法利益”的纷争。强调了刑事领域警察权的司法属性，就可以实现行政执法与刑事执法的恣意转换，从而规避法律监督，就可以借助司法属性提升警察权力部门的地位，至少能够与检察机关、审判机关并驾齐驱，甚至在实际影响力上超越它们，赢得最大的执法利益。正在修订的《人民警察法》和《公安机关组织管理条例》应该从根本上纠正这种混同做法，对警察与警察权的行政属性予以明确，不宜再错误地强调警察权的所谓司法属性。

三、以应然法之科学界分引领实定法上的警察理念变革

在以上探讨的基础上应当明确，本章专题探讨的“警察行政与警察刑事”是指警察与警察权的领域。这里的“行政”是狭义的行政，是与“刑事”相对应的另一权力领域。思考警察行政与警察刑事的联系和区别，有助于全面认识警察权的领域差异，进而更好地进行规制和保障。

在警察行政领域，警察主体是以行政执法主体身份行使警察权，行为依据是《治安管理处罚法》《道路交通安全法》《出入境管理法》等警察行政任务法规范，针对的是警察行政相对人（行政违法嫌疑人、行政违法受害人、行政利害关系第三人、行政强制相对人、被管理相对人、被服务相对人、被危难救助相对人等），遵循的是警察行政程序要求。在这一领域，警察主体不但有权对警察相对人的行为是否违法进行调查认定，还有权对警察相对人的违法行为作出最终的法律处分。同时，警察主体不但可以实施消极警察行为，还有义务依法实施积极警察行为，权力内容和行为方式表现出多元化和丰富多彩。在警察行政领域，警察相对人认为警察主体不作为和乱作为，有权控告申诉、申请行政复议、提起行政诉讼或者申请国家行政赔偿，警察相对人拥有相对充分的权利救济渠道。根据现代行政法的公开原则，除了国家秘密、商业秘密和个人隐私等特殊情况外，警察主体应当将执法过程和执法结果公开，接受相对人和社会公众的全方位监督。当前，北京市公安局等单位实行的行政处罚决定书网上公开制度体现出执法自信和接受监督的勇气，符合现代法治理念和改革趋向，值得肯定和推广。

在警察刑事领域，警察主体是以刑事执法主体身份行使警察权。行为依据是《刑法》《刑事诉讼法》等警察刑事任务法规范，针对的是警察刑事相对人（犯罪嫌疑人、犯罪被害人、犯罪利害关系第三人、刑事强制相对人、刑事执行相对人等），遵循的是刑事程序要求。在这一领域主要涉及两类情况：一是对犯罪的立案、侦查和相应的强制措施。在这类情况下，警察主体可以作出相应的警察处分，如移送提起公诉、撤销案件、转行政处理等。需要注意的是，移送提起公诉属于警察处分，但不是案件最终的法律处分。最终的法律处分是法院的裁判。二是对已经生效的部分刑事判决的执行。在我国，根据《刑法》第43条和《刑事诉讼法》第264条规定，被判处拘役的犯罪分子，由公安机关就近执行。根据《刑事诉讼法》第264条、第270条规定，对被判处有期徒刑的罪犯，在被交付执行刑罚前，剩余刑期在三个月以

下的，由看守所代为执行；对被判处剥夺政治权利的罪犯，由公安机关执行。在以上两类情况下，警察相对人认为警察主体不作为或乱作为，有权提出控告申诉和申请国家刑事赔偿，但无权申请行政复议、提起行政诉讼或申请国家行政赔偿。很显然，与警察行政领域相比，警察刑事领域的相对人救济渠道相对不充分。基于警察刑事执法中保守侦查秘密等原因，警察刑事领域的执法行为绝大部分不能公开接受监督，主要依靠内部监督和检察监督来规范其权力运行。这一领域的警察监督如何实现全方位、无死角，以及警察相对人的权利救济如何更充分，是下一步警务改革的重要内容。

第二节　警察行政与全面司法审查

一、行政领域的警察行为应普遍适用全面司法审查原则

司法审查原则涉及行政权与司法权的关系，是现代行政法学关注的重要领域。在现代行政法学视野中，通过行政诉讼对行政权进行全面审查监督成为普遍理念。当然，在不同国家不同历史时期，司法审查的范围有所不同。在我国，行政行为的司法审查制度经历了一个曲折发展的过程。以 1989 年颁布《行政诉讼法》、2001 年中国政府加入 WTO 组织和 2014 年实行行政诉讼立案登记制为标志，行政诉讼制度在经历了四个曲折的发展阶段，日益完善。特别是 2001 年，随着中国加入 WTO 组织和 WTO 规则在我国的生效，对政府行为进行全面司法审查监督的 WTO 原则如何落地实施成为被关注的焦点之一，也是中国实行依法治国、依法行政面临的重大挑战。多年来，我国的行政诉讼受案范围不断扩大，立案由审查制转为登记制，抽象行政行为由不审查到有限审查，先议后诉领域受到严格限定，复议机关的诉讼风险和诉讼责任不断加强，总的趋势是对行政的全面司法审查目标越来越接近。

警察行政是行政的重要组成部分。对行政行为的全面审查当然也包括对警察行政行为的全面审查。这既是当代法治国家建设的基本要求，也是警察公权规制的应有之义。

二、我国行政领域警察行为之司法审查现状

（一）具体警察行政行为基本纳入司法审查范围，但是在程序上仍然存在少量的先议后诉情形

在我国警察行政法中，警察行政管理、警察行政调查、警察行政处罚、

警察行政强制等基本的具体警察行政行为已全部纳入行政诉讼受案范围，并受到司法审查的有效监督。

从公民权利保障的角度讲，对于行政行为不服，警察相对人可以先申请行政复议，对复议决定仍然不服时可以再提起行政诉讼，也可以直接提起行政诉讼。无论相对人采用哪种救济方式，行政诉讼都是其权益保障的最后一道防线。这也符合司法的价值和功能定位。同时，或议或诉也成为现代行政法上处理行政复议与行政诉讼关系的基本原则。在或议或诉原则下，充分尊重了相对人的救济权选择，也充分发挥了行政复议与行政诉讼的各自法律效能，实现了公私权的有机平衡。但是，在反恐、缉私等某些特定情况下，法律制度设计也会适当选择公共利益优先的价值取向。在警察法学视野中，这些特定的制度设计很有必要，但是必须受到严格控制，不能泛化，否则公私权益平衡就会被打破。

就警察行政行为的司法审查而言，或议或诉同样是基本原则，复议前置、只能复议和复议终裁的情况只能是补充或例外。梳理现有的警察行政法规范发现，在警察行政救济中，目前只有两部法律存在全面司法审查的例外规定。一是《出境入境管理法》第 64 条的规定。该条规定："外国人对依照本法规定对其实施的继续盘问、拘留审查、限制活动范围、遣送出境措施不服的，可以依法申请行政复议，该行政复议决定为最终决定。其他境外人员对依照本法规定对其实施的遣送出境措施不服，申请行政复议的，适用前款规定。"根据该条规定，外国人对于出入境行政强制措施不服或者其他境外人员对遣送出境措施不服的，只能申请行政复议，不得提起行政诉讼，行政复议决定为最终裁决。很明显，该条规定属于或议或诉原则的例外。《出境入境管理法》之所以作出这样的例外条款规定，是因为考虑到涉外案件行政诉讼的复杂性和出入境案件的紧迫性，适用行政诉讼更加不便于相对人行使救济权利。二是《反恐怖主义法》第 15 条第 1 款的规定。该条规定："被认定的恐怖活动组织和人员对认定不服的，可以通过国家反恐怖主义工作领导机构的办事机构申请复核。国家反恐怖主义工作领导机构应当及时进行复核，作出维持或者撤销认定的决定。复核决定为最终决定。"《反恐怖主义法》之所以作出这样的规定，是因为恐怖活动组织与人员认定涉及国家核心利益且专业性极强，立法已经将其授权最高国家反恐怖主义领导机构统一行使，既表现出应有的法律谦抑，也展现了此类准国家行为的特殊属性，法院不具备司法介入的身份要件和专业要件，不宜介入。除以上两种情况外，目前警察行政行为领域，均为司法全面审查之范畴。当然，对于以上两种例外情况，在给予行政复议救济的同时，必须加强事前和事中救济权保障，以确保行政执法的规范性，尽量减少对相对人权益侵害的可能性。

（二）部分抽象警察行政行为有条件地被纳入司法审查范围

抽象行政行为是指行政主体作出的不针对特定事项、特定相对人的具有普遍和反复适用效力的行政行为。它是与具体行政行为相对应的行政法基本范畴。抽象行政行为在实践中表现为行政主体的行政立法行为、制定其他行政规范性文件的行为和部分行政指导行为等。在我国司法实践中，抽象行政行为被纳入行政诉讼司法审查范围，多年来几经争议。现行《行政诉讼法》在经过两次大修后，采取了折中立法选择，即对于部分抽象行政行为可以附条件地有限审查。抽象警察行政行为的处理亦如此。

1. 严格区分警察规章和其他行政规范性文件，只有警察主体制定其他行政规范性文件的行为可以司法审查。

在我国，行政法规的制定主体是国务院，行政规章中的地方政府规章制定主体是省、市两级人民政府，这两类主体都不是警察主体，所以关于行政法规和地方政府规章应否纳入司法审查范围的问题不属于警察法哲学范畴，本书不作探讨。警察规章的制定主体是公安部、国家安全部和司法部[①]，虽然制定主体是警察主体，但是依据《行政诉讼法》第53条规定，警察相对人对于部门规章不服，无权提起行政诉讼。立法的基本考量是，制定规章的行为属于行政立法行为范畴，在制定程序和制定条件上有着更严格的专业要求和法律要求。一方面，行政主体对于行政规章制定的启动比较慎重，又受到严格条件和程序的制约，还要向立法机关和上级行政机关进行备案审查，出错几率较小；另一方面，法院对于行政规章的审查缺乏立法专业知识和相应规范领域的专业把握，从而很难进行精准判定。所以，暂时不将行政规章的审查纳入司法范围是妥当的。等法院司法审查水平和能力得到进一步加强，以及第三方委托机制健全后，再逐步将行政规章审查权赋予法院可能更加可行。警察主体制定的其他规范性文件一般针对的是非重大事务，在立法技术和立法条件上不作严格要求，更多地追求效率，加上不要求进行备案审查，行政内部监督不足，实践中出错几率也更高，对其进行司法审查的必要性和可行性显而易见。

2. 审查对象严格限定为中央和地方各级警察机关的规范性文件，不包括其他抽象警察行为。

---

① 根据2019年国家“军是军、警是警、民是民”的警务改革精神，武警部队划归中央军委统一领导，《人民武装警察法》也在修改之中。中央军委制定的有关武警组织管理和执法勤务的规定，因其制定主体并非《人民警察法》和《公安机关组织管理条例》规定范围内的警察主体，不属于本书讨论的国务院部门规章序列，暂不列入讨论范畴。

按照《行政诉讼法》规定，抽象行政行为的审查主要是对国务院各部门、地方政府和地方政府各职能部门的规范性文件的审查。对于警察行政行为而言，审查对象包括公安部和各级地方公安机关的规范性文件，也包括其他的国家和地方层面的警察机关颁布的规范性文件，如河南省监狱管理局颁布的规范性文件等。与行政法规和地方规章一样，国务院和各级地方人民政府颁布的与警察执法执勤有关的其他规范性文件，因为主体不是警察机关，所以不属于警察法哲学研究范畴，本书也不作探讨。

在本部分需要特别探讨的是警察指导行为。警察指导行为是指警察主体基于国家法律、法规、规章和政策的规定而作出的，旨在引导警察相对人自愿采取一定作为或不作为，以实现一定警察目的的行为①。警察指导是现代警察法中合作、协商的民主精神发展的结果，是对警察主体治安管理各种职权行为的一个有效补充。在日本、韩国和我国台湾地区都有若干关于警察指导的法律规范，鼓励警察适用行政指导手段进行社会治安治理②。有些警察指导行为属于抽象警察行政行为，如警察主体发布社区警示性治安通告的行为，公安交警部门在高速公路上设置减速、慢行标志引导机动车驾驶人谨慎驾车的行为等。有些警察指导行为属于具体警察行政行为，如我国公安机关根据《保安服务业管理条例》规定指导某保安公司制定紧急情况应急预案的行为等。警察指导行为是属于警察行为还是警察相关行为在学术界尚存争议，但是警察指导行为具有自愿性和非强制性特点已是学界共识。对于警察指导，相对人可以选择服从，也可以选择不服从，警察主体均不得强制其服从。如果相对人选择服从警察指导行为，视为相对人个人意志的体现，产生的行为后果是相对人选择行为的直接后果，由相对人承受。警察指导行为本身不会产生必然的对相对人权利义务的实质性影响。所以，警察指导行为不应列入司法审查监督范围之列。必要的监督制约主要通过警察主体内部监督和社会监督来实现。这在很多国家和地区成为立法通例，在我国亦如此。

3. 严格限定在附带审查，不得独立审查。

《行政诉讼法》第 53 条第 1 款规定："公民、法人或者其他组织认为行政行为所依据的国务院部门和地方人民政府及其部门制定的规范性文件不合法，在对行政行为提起诉讼时，可以一并请求对该规范性文件进行审查。"据此，包括警察机关在内的行政主体制定规范性文件的抽象行政行为的司法审查，有了明确的法律依据。但是，《行政诉讼法》也同时规定了对规范性文件的司法审查仅限于附带审查，公民、法人和其他组织不得就行政规范性文件单独

---

① 师维主编：《警察法学》，中国人民公安大学出版社 2013 年 11 月版，第 171 页。

② 吴剑著：《警察行政指导研究》，载《中国人民公安大学学报》2010 年第 2 期。

提起行政诉讼。对于以行政规范性文件为审查对象单独提起的行政诉讼，人民法院应当不予受理。行政规范性文件的附带审查制度，标志着全面司法审查原则在我国行政诉讼中的进一步拓展，具有重要的理论和实践意义。

任何事物的发展变化都有一个从量变到质变的过程。量变积累到一定阶段，就会产生质变。全面司法审查原则在我国的实行也有一个这样不断发展的过程。行政规范性文件附带审查制度经过一段时间过渡后，迎来单独审查制度的落地实施，进而拓展到全部抽象行政行为的司法审查，将成为我国行政法治发展的一个可以预见的演进过程。

4. 司法审查无权直接判定行政规范性文件无效，只能阻断其司法依据效力并提出司法建议。

《行政诉讼法》第 64 条规定："人民法院在审理行政案件中，经审查认为本法第五十三条规定的规范性文件不合法的，不作为认定行政行为合法的依据，并向制定机关提出处理建议。"据此，对于相对人提起的附带抽象行政行为审查请求，法院在依法审查其合法性时受到两点权力限制：第一，在程序上，法院无权主动行使审查权，即使在审理中发现警察具体行政行为依据的规范性文件违法，也不能认定其违法。只有在相对人提出附带审查申请后才可以依法进行审查。也就是说，附带司法审查必须以相对人提出附带审查申请为前提，并受到申请范围的严格限制。这既保证了对行政权的必要司法监督，也充分尊重了相对人的意愿和警察主体的执法权威，实现了三者的有机平衡。第二，在依法审查后认为警察抽象行政行为无效的，法院不作为裁判依据，但是法律并未授予法院同时确认该警察抽象行政行为无效的权力，仅仅赋予法院司法建议权，建议规范性文件的制定主体修改或废止该文件。换句话说，法院的司法审查仅仅是阻断了警察行政规范性文件在该行政诉讼中的适用效力，而不是当然地废止该规范性文件的效力。法院最终提出的修改或废止该规范性文件的司法建议，制定主体应当慎重对待并作出相应答复，但并非一定采纳该司法建议。当然，如果不采纳，该制定主体或其下级行政主体据此作出的警察具体行政行为存在着再次在司法审查中被判决违法的法律风险。

（三）警察国家行为被排除在司法审查范围之外

国家行为是指特定国家机关根据宪法和法律的授权，以国家名义实施的有关国家和外交事务的行为。国家行为具有主体的特定性、行为的政治性和行为不受一般法律规则制约性三个特点①。警察国家行为是指警察主体根据宪法和法律的授权，以国家名义实施的有关国家和外交事务的行为。例如，公安机关人民警察根据《戒严法》第三章规定，在戒严实施机关统一指挥下实施的各项戒严措施就是典型的警察国家行为。此时，公安机关是《戒严法》规定的国家戒严执行机关，不再是常态勤务下的行政机关，人民警察是《戒严法》授权的国家戒严工作人员，与军事人员等其他戒严人员一样，也不再是常态勤务下的行政人员。依据《行政诉讼法》第13条第1项的规定，警察国家行为被排除在司法审查范围之外。所以，对于公安机关及其人民警察实施的戒严措施，警察相对人无权申请行政复议或提起行政诉讼。

（四）部分依据刑事法律授权实施的警察行为在实践中被纳入司法审查范围

经过多年来的探索尝试，以下几类依据刑事法律授权实施的警察行为在一些地方被纳入行政诉讼受案范围。在理论上，这些特殊警察行为的行政属性也逐渐得到认可。

第一，依据《刑法》授权实施的少年收容教养行为，涉及相对人的人身自由权是否被剥夺，但又不是司法机关判决，而是由警察主体依法作出的行政决定，应属于警察具体行政行为范畴，并未排除在行政诉讼范围之外。

第二，被取保候审的犯罪嫌疑人在违反取保义务性规定时，被没收保证金的行为，虽然依据的是《刑事诉讼法》，但因为针对的不是犯罪行为，不属于刑事处罚，只能是行政处罚，仍然属于行政诉讼范围。同样的，在此种情况下，如果是采取的保证人担保方式被取保候审，被保证的犯罪嫌疑人违反取保义务性规定时，对保证人的罚款行为虽然依据的是《刑事诉讼法》，但针对的也不是犯罪行为，本身亦不是刑事处罚，应属于行政处罚，仍然属于行政诉讼范围。

第三，在刑事案件立案前，公安机关实施的询问、勘查等案前初步调查行为，虽然是依据《刑事诉讼法》授权实施的行为，但因为还未进入正式侦查阶段，所以不属于刑事侦查行为。既然不属于刑事侦查，应当归属警察行政行为。实践中也有一些地方进行了对刑事案前调查行为给予行政诉讼审查的积极尝试。

第四，虽然有《刑事诉讼法》的明确授权，但是超出授权范围实施的警察行为，应当属于其他侵犯公民人身权、财产权的行为，应属于行政诉讼审

---

① 应松年主编：《行政法与行政诉讼法》（马克思主义理论研究和建设工程重点教材），高等教育出版社，2017年1月第1版，第436页。

查对象。例如，根据《刑事诉讼法》规定，公安机关对犯罪嫌疑人刑事拘留的期限最长不超过三十天。如果公安机关在三十天内没有提请逮捕或变更强制措施，也没有移送起诉或撤销案件，犯罪嫌疑人仍然超期羁押，那么对于超出法定期限的非法拘留行为，公安机关不再具有刑事侦查主体身份而是行政主体身份，其行为也应视为《行政诉讼法》第 12 条第 12 项规定的"行政机关侵犯其他人身权、财产权等合法权益的"受案范围情形。

除以上特殊情况外，公安机关依据《刑法》《刑事诉讼法》明确授权实施的警察行为，如警察侦查行为、警察刑事强制行为和警察刑事执行行为等，暂未列入行政诉讼审查范围。

（五）警察调解行为、警察合同行为和警察服务行为不属于司法审查范围

在现代社会公共安全治理多元化要求下，警察权的内涵和外延正在发生着深刻的变化。在原生性警察权基础之上，适应其自身拓展发展的需要，警察权逐步越过公权边界向私权领域延伸，演变生成了若干延伸性警察权，表现在实践中就是警察调解、警察合同、警察服务等新型警察行为。延伸性警察权和新型警察行为的出现是私法公法化的产物，是警察权扩张的产物，是现代社会公共安全治理多元化和民主化的产物。有学者将警察调解行为、警察合同行为和警察服务行为等新型警察行为被称为警察相关行为[①]。这些新型警察行为或者警察相关行为具有一个共同特点——非强制性。这些警察行为都是在充分尊重相对人意愿基础上作出的，与传统的具有强制执行力的警察行为有着本质上的差异，在行为过程中已经充分实现了相对人权益的最大化，基本不需要通过事后的司法干预对其权益进行救济。所以，警察调解行为、警察合同行为和警察服务行为暂未被列入行政诉讼审查范围。

三、全面司法审查原则下的警政改革

（一）慎用行政复议终局裁决制度

作为行政监督救济的两大基本制度，行政复议与行政诉讼各有长短，相互补充，但又不能相互替代。行政复议首在行政监督，适用全面审查原则，相对人救济次之，同时重在效率优先。行政诉讼首在相对人救济，使用有限司法审查原则，行政监督次之，同时重在公正优先。价值取向的不同决定了各自制度设计的不同。一般情况下，司法是社会纠纷的最后一道保障线，所

① 师维主编：《警察法学》，中国人民公安大学出版社 2013 年 11 月版，第 165 页。

有的社会纠纷，包括行政主体和相对人的纠纷，最后均可通过司法途径得以解决。所以，一般情况下，行政复议不设定终局裁决制度，否则有悖以上原则。现代行政法往往赋予相对人充分的救济选择权，既可以先申请复议，复议仍然不服时再提起行政诉讼，也可以直接提起行政诉讼。作为例外，有的国家行政法也会规定，行政复议作为行政诉讼的前置程序，或者相对人一旦选择行政复议时，复议决定即为终局决定。但这些例外规定因为涉及相对人程序性权利的剥夺，一般立法都比较谨慎。在警察行政领域，我国目前尚无行政复议前置程序的规定，但是存在行政复议终局裁决的情形。《出境入境管理法》第64条规定："外国人对依照本法规定对其实施的继续盘问、拘留审查、限制活动范围、遣送出境措施不服的，可以依法申请行政复议，该行政复议决定为最终决定。其他境外人员对依照本法规定对其实施的遣送出境措施不服，申请行政复议的，适用前款规定。"很显然，在外国人或其他境外人员对有关出入境行政强制措施不服时，只能申请行政复议，行政复议决定是终局裁决制度，相对人不得提起行政诉讼。如前所述，虽然此种行为具有案件复杂性和效率性的要求，但直接剥夺相对人的救济选择权似乎与现代法治要求格格不入。将救济选择权交给相对人考量，如果他想快速高效得到最终结果，可以选择行政复议，如果他想最大限度处理公正，可以选择行政诉讼。根据国际法上的同等原则，外国人和其他境外人员与中国内地公民应具有同等的法律权利，包括行政救济权利。因此，建议对《出境入境管理法》的以上规定进行适当修改，慎用行政复议终局裁决制度，赋予相对人相应的二次救济选择权。

（二）抽象警察行为的司法审查

在我国，抽象警察行为大量存在。全国各级公安机关每年制定、修改的规章或规范性文件均在数千件之多。另外还有大量普遍适用的警察指导行为的实施。如前所述，警察指导行为属于新型警察行为，基于其非强制性特点，一般不纳入司法审查范围。但是警察主体制定规章和其他规范性文件的行为，可否纳入司法审查范围一直存在争议。有学者认为，按照我国目前的体制，无论是体现为"法"形式的行政法规和行政规章，还是其他的行政规范性文件，均有与之相对应的监督机制。依据《宪法》《地方各级人民代表大会和地方各级人民政府组织法》和《立法法》的规定，行政法规和规章由全国人大及其常委会和地方同级人大及其常委会或者国务院负责监督。行政规范性文件由上级人民政府或同级人大及其常委会监督。这说明，对违法抽象行政行为予以改变或撤销的权力，不在人民法院，因而不能对其提起行政诉讼①。笔者以为，虽然经过多年依法治国、依法行政的努力，我们的法治化水平有了很大提高，但是将抽象行政行为纳入司法审查范围仍然存在一定的现实困难，可以暂不列入司法审查范围。然而，对行政行为的全面司法审查是法治发展的一般趋势并已在法治发达国家有所验证，即使立法机关和上级行政机关有了备案审查监督，也不能替代司法审查的作用。随着全面依法治国的深入推进，应逐步将抽象行政行为完全纳入司法审查范围。当然这需要一个过程。当前需要做的是，尽快缩短这一过程。抽象警察行政行为是抽象行政行为的重要组成部分。每年警察规范性文件数量占到行政主体规范性文件的比例约20%之多。抽象警察行政行为的司法审查改革任重道远。

（三）司法审查形式的多元化与警察刑事领域监督体制改革

我国广义司法文化语境下的司法包括检察和审判。警察刑事领域的监督也是从这一意义上讲的。目前，我国警察刑事监督主要包括以下几个方面：

第一，刑事立案的检察监督和审判监督。《刑事诉讼法》第113条规定："人民检察院认为公安机关对应当立案侦查的案件而不立案侦查的，或者被害人认为公安机关对应当立案侦查的案件而不立案侦查，向人民检察院提出的，人民检察院应当要求公安机关说明不立案的理由。人民检察院认为公安机关不立案理由不能成立的，应当通知公安机关立案，公安机关接到通知后应当立案。"根据最高人民法院、最高人民检察院、公安部等六部门关于刑事诉讼法若干问题的联合规定等有关法律解释，对于被害人有证据证明的轻微刑事案件，如果被害人直接向人民法院起诉的，人民法院应当依法受理；对其中证据不足，可由公安机关受理的，应当移送公安机关立案侦查。被害人向公安机关控告的，公安机关应当受理。据此，对于人民法院移送的证据不足的被害人控告的刑事案件，公安机关应当依法受理。这一规定从立案监督的角度界定了公安机关与审判机关的关系，可视为对公安机关立案的审判监督。

第二，刑事侦查监督。在我国，刑事侦查监督主要体现为刑事强制措施监督和移送审查起诉监督。公安机关采取的所有刑事强制措施和对于财产的查扣冻结措施均有期限、条件和程序要求，是否规范执法受到检察机关的全方位监督。特别是在刑事拘留是否超期和是否应当逮捕两个问题上，检察机关有着监督权和纠错权。另外，根据《刑事诉讼法》第三章规定，检察机关对于公安机关移送起诉的刑事案件有权审查，并作出是否退回补充侦查、是

① 应松年主编：《行政法与行政诉讼法》（马克思主义理论研究和建设工程重点教材），高等教育出版社，2017年1月第1版，第436~437页。

否提起公诉的决定。

第三，审判监督。相对于检察监督来讲，审判监督具有间接性特征。在审判期间，人民法院有权要求公安机关侦查人员和鉴定人员出庭作证，有权就公安机关是否存在违法取证进行审查，有权对案件作出无罪判决。在以审判为中心的刑事司法改革中，对于公安机关的审判监督影响越来越大，倒逼公安机关严格规范执法。

第四，刑事国家赔偿监督。《国家赔偿法》第三章设专章对刑事赔偿的范围、程序、赔偿请求人和义务人等内容作出了规定。刑事赔偿的总原则是“谁决定，谁担责，谁赔偿”原则。在刑事诉讼中，公安机关具有立案、侦查、采取强制措施（决定逮捕除外）、侦查终结移送起诉、撤销案件等多项警察行为决定权，也就意味着一旦行为违法并给当事人造成实际损害，将面临刑事国家赔偿的风险。作为世界各法治国家警察刑事监督基本形式之一的刑事国家赔偿监督，在保障相对人基本权益的同时，实现了对警察刑事执法行为的有效监督。我国警察刑事国家赔偿制度在吸收国际先进立法例的同时，也确立了违法归责的警察刑事国家赔偿原则，表现出鲜明的中国特色①。

应该说，以上四部分相互连接，相互补充，初步形成了一个以司法审查为主体的较为完善的警察刑事监督体系。

但是，这一监督体系并非尽善尽美，实践中仍然暴露出监督缺位或者弱化的很多问题。主要表现在：一是侦查监督不能全覆盖，大部分刑事强制措施仍然由警察机关自行决定。拘传、监视居住、取保候审、刑事拘留等对于人身的刑事强制措施和查封、扣押、冻结等对于财产的专门措施，公安机关根据侦查犯罪的需要有权自行作出决定。犯罪嫌疑人及其近亲属和代理律师有权申请变更强制措施，有权向上一级公安机关申请复核，但是没有其他更为宽泛的救济权利。对于侦查过程中大量使用的讯问、检查等调查行为，当事人救济途径也仅限于提出异议、申辩。检察机关虽然可以事后审查监督，

---

① 根据《国家赔偿法》第17条第2项和第21条第3款之规定，对公民采取逮捕措施后，决定撤销案件、不起诉或者判决宣告无罪终止追究刑事责任的，应当由作出逮捕决定的机关承担赔偿责任。在此种情况下，刑事赔偿实行的是客观归责原则，即只要案件被撤销、不起诉或者判决无罪，而嫌疑人、被告人又已经被决定逮捕过的，成立国家赔偿责任。此时，原逮捕决定是否合法在所不问。在此种特定情况下的客观归责原则，作为国家赔偿基本归责原则——违法责任原则的补充，充分体现了对嫌疑人、被告人基本人权的充分保护，体现出浓厚的中国特色。当然，实践中也程度不同地出现了逮捕决定机关为了规避国家赔偿风险从严掌握逮捕措施适用，致使一些该逮捕的嫌疑人、被告人不能及时逮捕的情况。如何完善逮捕与国家赔偿制度，需要进一步研究。根据《刑事诉讼法》第89条等条款规定，逮捕决定由检察机关或审判机关作出，公安机关是逮捕执行机关。所以，在此种情况下，刑事赔偿的义务机关是检察机关或审判机关，不属于本章研究的警察刑事赔偿范围之列。就警察刑事赔偿而言，根据《国家赔偿法》第17条等条款的规定，实行的均是违法归责原则。

但是有效的事前监督和事中监督基本缺位。大陆法系国家检察领导侦查模式和英美法系国家检警分工合作监督模式对于我国刑事侦查监督体制改革具有启发意义，在下一步警务改革中应当有所借鉴。二是警察出庭作证应成为一般程序，不出庭作证应是例外。警察出庭作证在国外法治发达地区已成成熟模式，对于法庭充分查明案情和加强侦查事后监督具有重要意义。在我国，警察出庭作证是近年来刑事诉讼改革中逐渐出现的新生事物，正在逐渐被接纳和完善。我国有着数千年的“官本位”法律传统和强势侦查为主导的侦审合一传统诉讼积淀，警察以附属角色出庭，接受审判方、控诉方和辩护方询问，缺乏法律文化基础，难以在心理上认同，导致实践中警察出庭作证执行得不十分顺畅。警察不出庭作证是现实常态，出庭作证反而成为例外。这一反常现象需要在全面推进依法治国进程中逐渐调适，需要以审判为中心的司法体制改革的有力推进，倒逼警察刑事执法监督实现全方位、体系化。三是警察刑事执行行为以驻监（所）检察和国家赔偿为基本监督形式，权力机关监督、监察机关监督、审判监督和社会监督等其他监督形式弱化，没有形成监督合力。警察刑事执行主要是对管制、拘役、有期徒刑和无期徒刑等人身罚的执行，以及刑事拘留、逮捕等刑事强制措施的执行。这些警察刑事执行主要以看守所、监狱、少年犯管教所、强制戒毒所等专门监管场所执行为主，以缓刑、假释、监外执行等场所外执行为补充。目前，驻监（所）检察监督和国家赔偿是基本监督形式。驻监（所）检察监督涵盖了事前监督、事中监督和事后监督，是一种常态化监督，国家赔偿是在发生意外伤亡等事件后的事后监督，是非常态化监督。实践中不断发生的监所意外死亡事件已经证明，警察刑事执行领域监督仍然存在死角和漏洞。在 2020 年上半年新冠肺炎疫情暴发期间，在全国部分省份监狱发生多起集体传染新冠肺炎事件，也从一个侧面充分证明，仅靠驻监（所）检察监督和事后的国家赔偿监督不能完全实现全方位监督。在国家监察体制改革强力推进的改革背景下，可以考虑在警察刑事执行领域如何有效引入国家监察监督。同时可以考虑主动监（所）务公开，接受社会监督，还可以考虑加强权力机关监督和审判机关对于判决执行情况的监督。警察财产罚的执行、警察财产类强制措施的执行也应当引入上述监督元素，从而实现警察刑事执行监督的体系化和多元化。当然，这些监督改革的顺利推进，离不开执法理念的革新。如果还是固守监所管理神秘化、封闭化理念，固守刑事执法的特殊性、独立性理念，改革很难深入。仅靠警察机关自身觉醒并自觉推进改革客观上也很难实现，需要自上而下、自外而内的强力推动，需要把警察刑事监督改革放在国家司法体制改革的大框架下一体完成。

第三节　警察刑事与检警关系检讨

警察刑事是指警察机关依据宪法和刑事诉讼基本法规定从事犯罪调查和刑事判决执行等活动的总称。它具体包括刑事立案、刑事侦查、刑事强制措施适用、侦查终结移送审查起诉或撤销案件、犯罪嫌疑人的羁押监管、刑事判决的执行等内容。警察刑事不仅是警察执法实践的重要领域，也是警察法哲学研究的重要领域。在这一领域，涉及警察权与检察权的关系、警察权与审判权的关系，内容十分丰富。在审判中心主义现代理念指引下，警察机关在出庭作证、部分刑事判决执行、部分刑事强制措施执行、警察刑事赔偿四个方面与审判机关产生直接法律关系。但相对于警察机关与检察机关的关系而言，警察机关与审判机关的关系内容直接而明晰，理论证成和实践互动方面都逻辑清晰，几无分歧或分歧很小。警察机关与检察机关的关系则因二者联系紧密，交织共融，利益博弈复杂，从而表现出理论争议较大、实践探索路径各异的状态。在本部分，重点探讨警察机关与检察机关的关系（简称检警关系），暂不讨论审警关系。

一、域外检警关系及其对我国的启示

基于历史传统、法治基础、民族文化等影响因素的差异，不同国家和地区的检警关系表现出不同的特点。以法域的不同为标准，世界各法治发达国家检警关系大体可以分为三种模式：检警二元模式、检警一元模式和混合模式。检警二元模式主要分布在英美法系国家，检警一元模式主要分布在大陆法系国家，混合模式则主要是日本、中国等为代表的国家采取的在以上两种模式基础上的变通模式。其中，同位混合模式，日本与中国在检警关系上表现出很大的不同。当然，近年来，不同检警关系模式的国家在改革和相互借鉴中寻求完善，已经很难说哪一个国家属于纯粹的哪一种模式，只能说是以哪一种模式为主体的国家。

（一）英美法系国家检警关系——检警二元模式

在英美法系，检警关系表现出二元化特点。一方面，检察机关在刑事诉讼中具有重要地位，特别是对于一些有较大社会影响或政治影响的案件，检察机关在诉讼中作用非常重要。独立检察官在美国刑事诉讼历史上曾经对很多重大案件发挥了决定性作用。对于哪些案件应当起诉，哪些案件可以进行诉辩交易，哪些案件将接受审理，以及文书制作、证据展示等方面的法律意

见，英美法系国家的检察官们都扮演了重要角色，他们是警方的法律顾问，他们的意见对于警察机关具有重要指导作用。另一方面，二者的权力分野也是明晰的。警察机关负责侦查，检察机关负责公诉，二者同属于司法部序列，属于行政权范畴，如果允许二者形成更加紧密的业务关系，甚至形成公权力共同体，则有权力滥用的巨大风险，不符合权力分设制衡的国家基本制度设计初衷，各司其职、相对独立的检警关系模式极为必要。检察机关的意见虽然对于警察机关侦查活动具有重要的指导作用，但是并不介入警察机关的具体侦查活动。事实上，在以英国和美国为代表的英美法系，警察机关的刑事活动除了受到检察机关的指导、监督之外，还受到来自审判机关和律师的直接监督制衡。如果警察机关认为需要对某一犯罪嫌疑人采取强制措施，必须向审判机关而不是检察机关申请强制令状。警察也必须根据法官要求在法庭上对有关侦查活动和强制措施的采取，以及证据合法性作出充分解释。律师有权全程介入刑事诉讼活动，就警察刑事行为和证据的合法性，以及犯罪嫌疑人的人权保障，提出异议，其意见可能影响法庭审判走向和裁判结果。所以，在公权力多元监督制衡体系下的英美法系国家，警察刑事活动受到全方位监督，检警关系只是警察刑事监督制衡的一个方面，二者之间虽然权力使命和诉讼目标一致，但是仍然是各自相对独立的，不存在领导关系。检察机关为警察侦查提供法律指导意见，是权利而不是义务。检察机关也需要警察出庭作证或协助查找新的诉讼证据等，配合自己顺利完成公诉。二者之间是各自独立、相互协作又相互制约的关系。这种模式既节约了国家司法资源，也充分发挥了警察机关和检察机关的追诉积极性，把分权制衡思想体现得淋漓尽致，具有鲜明的优点，但是过于强调庭审程序公正，对警察机关前期侦查活动的监督弱化的缺点也比较明显。

相比而言，我国在刑事诉讼改革中，对于英美法系国家提出的审判中心主义理念可以有条件地吸收借鉴，但是检警之间的纯粹诉讼合作与指导关系并非最理想设计模式，检察机关对警察机关刑事活动的不能全覆盖是我们在刑事诉讼改革中应当着力避免的问题。

（二）大陆法系国家检警关系——检警一元模式

在大陆法系国家，检察权被认为属于司法权范畴，警察权被认为属于行政权范畴，而且警察权行使具有很多不可控性和不可预期性，极易侵犯公民人权，在缺乏英美法系国家那样多元化权力制衡结构的前提下，仅靠行政体系内部的自我约束，难以实现警察权恣意妄为的严格控制。所以，在刑事诉讼中必须强化具有外部监督属性的检察权的作用，以司法权力管束警察权的行使。由此，在大陆法系国家就产生了不同于英美法系国家的检警一元化关系模式。这种关系模式的实质是检察机关享有刑事犯罪的调查决定权并领导警察侦查行为的实施。当然，大陆法系检警一体化模式的形成还有法治文化的深层次原因。在大陆法系刑事诉讼中，法官职权主义色彩浓厚，这一点不同于英美法系的当事人主义诉讼结构。在法官职权主义结构中，更加注重实体公正，对实体证据的要求极为严格，从证据收集源头上就对控诉方提出了严格要求，为了保证检察机关控诉质量，就必须赋予检察机关更大的诉讼权限，检察权向前端侦查阶段延伸也就成为必然，检查领导侦查的检警一体化模式的生成成为必然。检警一元模式的优点在于，有效实现了警察刑事活动的全方位监督，最大限度避免了警察权在刑事诉讼中对于公民基本人权的侵犯。但缺陷也是明显的，主要集中在两点：一是检察机关与警察机关在刑事诉讼中逐渐结成利益共同体，面对可能出现的执法司法错误和其他法律监督，会同频共振，共同产生本能的对抗，导致集体枉法。二是刑事法律资源出现不同程度叠加浪费。检察官毕竟不在侦查一线，作出的一些具体侦查要求有时与案件的实际情况不符，会招致警察抱怨①。过于在意实体公正和证据效力的强化，也不同程度削弱了对程序公正的重视，出现检察默许下的警察刑讯逼供等程序违法。

我国近代以来曾经深受大陆法系法治文化影响，其法官职权主义传统与我国历史上的纠问式司法模式具有形式上的高度契合性。因此，有学者呼吁近年来的检警关系改革更多关注并吸收大陆法系元素。笔者以为，大陆法系国家的检警一体模式固然有其优点和值得借鉴的地方，但是过多吸收甚至照搬大陆法系模式到我国则水土不服，这已经为实践所充分证明。当然，英美法系国家的检警二元化模式，如前所述，也不能照搬。必须立足我国历史和现实国情，适当借鉴吸收两大法系和其他世界优秀法律文化元素，探索具有鲜明本土特色和时代特色的中国检警关系模式。事实上，多年来，我们也是按照这样的思路不断推进改革的。

（三）混合模式——以日本为例

中国虽然也大体属于混合模式，但与日本表现出很大不同，这将在后文专门阐述，故本部分不再分析中国的混合模式，主要以日本为例谈混合检警关系模式的内容。

在日本，检警关系发展经历了一个“二战”前受法国法和德国法影响、“二战”后受美国法影响的过程，最终形成有别于检警一元化或二元化的混合模式。日本检警关系特点表现为两点：第一，对司法警察职员的侦查职权实

① 顾永忠、李晓著：《侦检一体化：理想与现实》，载《国家检察官学院学报》2005 年第 2 期。

行法律控制，保证检察官从公诉的角度履行侦查的领导职责。在自行侦查的犯罪案件方面，检察官有权调动警察力量参与案件侦办，并享有最终侦查决定权，但在警察自侦案件办理方面，检察官则主要是通过案件最终处分权、强制措施决定权和警察违法违纪惩戒权加强对警察刑事活动的监控，一般不参与具体案件侦查。这一模式既吸收了法德等大陆法系国家检警关系一元化模式的高效统一的优点，又充分尊重了警察刑事活动的主观能动性。第二，充分发挥警察维护社会治安和控制犯罪的优势，保证了侦查效率的提高。在大陆法系，检察官不但对警察刑事活动享有领导权和监控权，甚至享有直接实施侦查的权力，但有时因为人手不够，侦查的技术条件不具备，侦查专业要求达不到等因素，检察官的侦查指挥决定或直接侦查活动的效果并不理想。英美法系则注意克服大陆法系国家检警一元化模式这一缺点的基础上，构建的是各自独立互相协作的检警二元模式。在具体的刑事诉讼中，尊重警察控制犯罪积累的职业优势，给予警察刑事活动很高的自主空间，检察官主要是通过事中提供法律指导意见和事后决定是否中止诉讼来监控警察刑事活动，这种作用的发挥主要是事后的，与大陆法系国家的检警一元化模式有显著不同。日本在“二战”后受美国影响较大，在构建新型检警关系时注意克服这一缺陷，赋予警察较大的刑事自主权。实践证明，在日本检察官受理的案件中，警察侦查终结移送起诉的占到 99.7%，检察官自行受理侦查的案件仅占 0.3%①。对于警察机关移送来的案件，需要补充侦查时，检察官也主要是法律性、程序性的，事实上的侦查活动仍然是警察完成的。但是，日本检察机关对警察机关刑事控制弱化，并不意味着警察在刑事领域可以恣意妄为，立法还通过设立公安委员会等其他机构加强对警察刑事活动的监控。可以说，日本的混合模式是两大法系检警关系模式相互融合的结果，虽然并非尽善尽美，也有警察前端侦查监督较弱的缺陷，但大体代表了检警关系发展的一个趋势。我国与日本近代以来法治发展道路有很多相似之处，在历史传统上又有诸多相通之处，对于日本检警关系混合模式可以给予更多的关注和思考，如可以借鉴日本混合模式中赋予检察机关刑事案件撤销决定权和强制措施跟踪监督权等。

二、我国现阶段检警关系检讨

(一) 我国检警关系立法实践

我国检警关系立法实践走过了一个曲折发展的过程。现行《宪法》(2018

① ［日］田口守一著：《刑事诉讼法》，刘迪、张凌、穆津译，法律出版社 2000 年版，第 98 页。

年修订版）第140条规定，人民法院、人民检察院和公安机关办理刑事案件，应当分工负责，互相配合，互相制约，以保证准确有效地执行法律。现行《刑事诉讼法》（2019年修订版）第7条规定，人民法院、人民检察院和公安机关进行刑事诉讼，应当分工负责，互相配合，互相制约，以保证准确有效地执行法律。该法第8条还规定，人民检察院依法对刑事诉讼实行法律监督。该两部基本法的规定，为构建富有中国特色的检警关系提供了根本遵循。"分工负责，互相配合，互相制约"成为当代中国检警关系的基本内容和基本特点。2015年最高人民检察院发布《关于加强出庭公诉工作的意见》，实施探索刑事检察体制改革，对重大、疑难、复杂的案件，坚持介入范围适当、介入时机适时和介入程度适度为原则，通过出席会议等方式，对证据收集、法律适用等问题提出专业意见，以此取得侦查监督和引导取证之实效，意在从整体制度设计上逐步实现更加和谐有效的检警关系，更好地实现刑事诉讼目的。此后，在以审判为中心的司法体制改革指引下，从上到下展开了新一轮检警关系模式和警察刑事监督改革。

审视现行立法，应该说我们建立起的检警关系模式既不是大陆法系国家那样"检察领导警察"的检警一元化模式，也不是英美法系国家那样纯粹"分工协作"的检警二元化模式。在以上两大基本法框架语境下，中国刑事诉讼中的检察机关与警察机关既分工合作、互相配合，又互相制约。检察机关依据刑事诉讼法明确授予的法律监督权，在以公诉主体身份参与诉讼活动的同时，还以专门监督主体身份对警察机关刑事诉讼活动实行法律监督。笔者将这种模式称之为混合式检警关系模式。但这种混合模式与日本的混合模式亦有区别。例如，在前期的立案监督上，检察机关有着最终决定权；在人身强制措施的羁押监管方面，检察机关有着重要的监督问责权；在案件审查起诉上，检察机关有存疑不起诉和轻罪不起诉决定权等。当然，在拘传、刑事拘留、取保候审、监视居住和对财产的专门强制措施方面，检察机关缺乏足够而有效的监督制约手段是我国检警关系和警察刑事监督的不足，也是与日本的混合模式较为相似的方面，需要不断改进完善。

（二）我国现阶段检警关系检视

通过几年来"以审判为中心"的司法体制改革的努力，检警关系得到进一步理顺，警察刑事活动进一步规范，警察刑事监督体系正在全方位重构。特别是国家公职犯罪侦查职能转隶国家监察机关和检察捕诉一体化改革两件大事的落地实施，对于刑事诉讼资源重组和检警关系样态产生重大影响。当下我国检警关系初步改革后表现出以下优势：第一，检察机关进一步聚焦主业，审查起诉结果多元化更加凸显，案件公诉质量进一步提升。除了正常提起公诉案件外，认罪认罚从宽处理、存疑不起诉、轻罪不起诉等各类案件处理结果占有比重越来越大。这样的起诉审查结果反映出检察机关在案件追诉理念和证据标准上的变化，也必然传导到前端的警察刑事活动中，倒逼侦查理念调整和侦查质量的不断提升。以某市某区为例，2017 年 10 月至 2018 年 3 月，批准逮捕案件 731 件 1011 人，不批准逮捕 82 件 126 人，其中法定不捕 21 件 44 人，存疑不捕 24 件 41 人，相对不捕 37 件 41 人[①]。数据说明，不仅不批准逮捕的非羁押性案件成为了常态，不逮捕犯罪嫌疑人的具体原因也清楚明确，既有法定不批准逮捕，也有存疑不批准逮捕，还有相对不批准逮捕。这从一定程度上反映出案件办理的专业化程度有了明显提升。警察机关在办理刑事案件中必须适应这一变化，改变之前粗放型办案理念，以扎实的证据调查和精准的法律理解才能适应这一变化。第二，实行捕诉一体化后的检察机关对于警察的刑事监督进一步加强。从刑事案件立案到采取逮捕措施，再到审查提起公诉，有相对固定的检察官全程介入，对案件能够更好地把控，从程序上实现了监督的全过程覆盖，也明显提高了案件审查效率。比起原先的捕诉分离模式，检察机关对于案件的定性和证据要求，以及法律适用意见一以贯之，清楚明确，警察机关对于检方意见的执行也更有信心，诉讼流程更加通畅。

但是，现行改革后的检警关系也并非尽善尽美，在警察刑事监督方面仍有一些不足，主要表现为：第一，检察机关对于警察的刑事监督仍然没有做到真正意义上的全覆盖。例如，对拘传、刑事拘留、监视居住和取保候审等强制措施的采取，完全由警察机关自己决定和执行，既不像英美法系国家那样由审判机关签发人身令状，也不像大陆法系国家那样由检察机关审查决定。除了刑事拘留在看守所执行期间受到住所检察官监督外，拘传、监视居住和取保候审的适用基本上脱离检察监管。大量的侦查活动也是检察机关在案件移送起诉审查后才能进行程序性监督。第二，检察监督缺乏刚性约束。例如，立案监督，虽然按照我国刑诉法规定，警察机关在被通知立案时必须立案，但是立而不侦、先立后撤等现象却不同程度存在。对于一些经济犯罪案件，受经济利益驱动，个别警察机关先立刑事案件实现单向解决纠纷的效果后再撤销案件，检察机关亦无能为力。尤其是宪法修改和国家监察法出台后，大量贪污贿赂和渎职犯罪案件转隶国家监察机关管辖，检察机关虽然对于在办案中发现的侦查人员贪赃枉法、徇私舞弊等犯罪可以立案侦查，但是在程序上已经受到严格限制。检察机关作出不捕、不诉的决定时，警察机关甚至享

---

① 周新著：《检察引导侦查的双重检视与改革进路》，载《法律科学（西北政法大学学报）》2020 年第 2 期。

有较大的反制权，可以要求复议复核，则检察机关必须组织复议复核。诸如此类的规定在一定程度上削弱了检察监督权威，削弱了检察机关对于警察刑事活动的刚性制约。以上种种情况，又反向对侦查活动产生副作用，隐形助长了侦查活动的不规范。第三，对警察刑事监督在程序上具有滞后性。当前检察机关提前介入的案件限定为少数在社会上影响重大的案件。在大部分案件中，检察机关是不能主动提前介入的。在这方面，我国的检警关系承继了英美法系的事后监督形式，但却没有吸收它们事后监督的刚性约束和问责机制，以及警察刑事监督的多元化机制，导致一定程度上警察刑事监督的滞后性。第四，办案理念不尽统一，证据标准和证据效力上难以实现有机衔接。长期以来，在我国警察刑事执法中存在着根深蒂固的侦查中心主义理念，一旦不能按照侦查终结移送起诉审查意见顺利进行后续程序，如被退回补充侦查、不批准逮捕或者不起诉，则在情感上难以接受，产生抵触情绪，认为检察机关是不配合，是放纵犯罪。对于案件定性、证据标准和法律适用方面，检察机关也常常与警察机关产生意见分歧。实践中，以审判为中心的诉讼理念还需要进一步统一，努力实现侦查与审查起诉的有机衔接还有待时日。

三、警察刑事监督与检警关系改革

（一）从侦查中心主义到审判中心主义的蜕变

侦查中心主义理念指引下的检警关系乃至于刑事诉讼关系，强调警察机关的侦查作用，围绕侦查终结确认的事实推进诉讼活动。在这一模式下，检察机关的公诉只是侦查活动的延续，难以对侦查活动进行有效引领和反向制约。从控制犯罪和加强社会治安的现实需求出发，警察机关更多的关注点是尽可能地惩治犯罪，而非确定罪与非罪，在行为价值上与检察机关的监督制约和犯罪嫌疑人人权保障产生冲突，客观上导致检警分工合作的融合度差。实践证明，侦查中心主义模式与现代法治是格格不入的。法治国家刑事诉讼改革的大趋势在向着审判中心主义转进。我国的警察刑事监督和检警关系改革必须适应这一趋势，尽快实现从侦查中心主义到审判中心主义的蜕变。

审判中心主义或曰以审判为中心，对检警关系产生新的要求：第一，对检警之间指控犯罪的协作提出更高的要求。以审判为中心强调在法庭对抗中查明案件事实，检察机关要想高质量完成控诉任务离不开警察机关高质量的侦查支撑。警察机关的一切侦查活动都必须考虑将来在法庭上能否有效支撑公诉完成，否则案件会常常面临无罪判决，不但带来国家赔偿追责，还会影响到整体社会治安秩序稳定，影响到警察机关的社会满意度。所以，警察机关一方面要发挥自身侦查专业优势，充分收集证据；另一方面也要在案件定性、证据效力和是否符合起诉标准等方面主动取得检察机关的指导配合。检察机关为了高质量完成公诉任务，也必须主动介入警察机关侦查活动，通过指导和监督确保侦查活动合规，为即将开展的法庭公诉打下坚实基础。第二，强调了取证程序的正当性。审判中心主义必然要求法官和控辩双方在法庭上专注于证据的效力，取证程序的正当与否极为重要。在这方面，英美法系国家的程序正当原则被合理吸收。2017 年 6 月，"五部委"联合发布了排除非法证据的详细规定，"排非"的程序性辩护已成为辩方的重要辩护和攻击手段①。这一规定对警察机关的证据收集和检察机关的证据运用提出了更高的要求，也是对检警双方的证据协作提出了更高要求。第三，客观上促使检察机关更需要全面及时了解侦查动态，使侦查信息共享和对侦查的程序监督成为必然。在审判中心主义要求下，检察机关需要更严格地组织证据，更充分地准备庭审。如果能够在侦查阶段适时介入，能够及时掌握侦查动态，了解证据收集的方向和方法，则在庭审对抗中更能掌握主动，控诉会更加精准。另外，在审判中心主义要求下，更加注重被告人、被害人和证人的当庭陈述。检察官提前介入侦查活动，能够提早把握各方当事人和证人的思想状态和出庭陈述能力，避免在交叉询问中出现前后供述不一致甚至翻供可能，导致公诉陷于被动。以上检察机关对侦查活动的介入和信息掌控，改变了传统的检警关系和警察刑事监督状态，使得警察刑事活动完全置于检察机关监督视野下，从程序上最大限度避免了执法不规范、不公正。2018 年《刑事诉讼法》的修改，明确了检察机关对于公安机关的侦查监督权力，正是对审判中心主义改革的制度回应。顺着这一思路继续坚定不移全面深化司法体制改革，中国特色社会主义刑事诉讼制度将会更加完善，检警关系将会更加和谐，警察刑事监督将会更加有力，人权保障也将会更加充分。

（二）派驻检察官制与公安法制部门的取消

哲学上认为，思想是行动的先导。检察机关、警察机关和社会认知高度统一到审判中心主义司法体制改革上来，就为进一步理顺检警关系夯实了思想基础。解决了应然范畴的问题，还要解决实然范畴的问题。任何实质性改革都是重新切分"蛋糕"的过程，所以，实然范畴的问题解决必然艰难曲折。笔者以为，在制度层面至少应当从以下几方面入手加强检警关系改革：

1. 改革监所检察官派驻制，推行检察官派驻全覆盖。原先的监所检察机构设置和监所检察官派驻针对设置在公安机关的看守所、拘留所、收容教育所，设置在司法行政机关的监狱、少年收容教养所、戒毒所等监管场所，监

① 冯伟哲著：《以审判为中心的警检关系》，载《法制与社会》2019 年第 4 期（上）。

督领域涉及行政执行和刑事执行，监督对象涉及公安机关和司法行政机关，多年来在监督执法和人权保障方面发挥了重要作用，体现出浓厚的中国本土特色。然而，近年来，行政执法体制和司法体制改革快速推进，收容教育被取消，各级公安机关陆续设立执法办案中心和监察留置看护机构，原先的监所检察体制已经不适应新的法治发展需要，加之基层派出所和刑警之外的警种也大量承办刑事案件，警察刑事检察监督在覆盖面上也缺乏全覆盖，相应改革势在必行。在河南、江苏等地，已经尝试扩大在公安机关派驻检察官改革。具体地说，除了在监管场所派驻日常监督检察力量外，在各派出所也派驻检察官，主要业务是提前介入刑事案件侦查，在是否立案、案件定性、证据要求和取证方向、法律适用等方面给派出所提供指导性意见，指导派出所办案，同时也加强了警察刑事监督。人员紧张的地方，不实行常驻模式，而是有相对固定的检察官每周在相对固定时间到派出所工作半天或一天，集中解决派出所办理刑事案件中的疑难问题，并及时发现办案错误及时纠正错误。试行一段时间后取得了较好的效果。基层警务人员从最初的抵触到最后的欢迎有了明显态度转变，刑事案件办理质量和效率都明显提升。在这一改革尝试基础上，笔者建议，在新成立的执法办案中心和监察留置看护场所也应当实行派驻检察官制，以加强对刑事犯罪侦查询问、拘传适用和监察留置看护的检察监督。同时，建议设立检察机关侦查监督部门与公安机关各刑事办案职能部门的定期联络协商机制，确保信息及时共享和监督指导全覆盖。

2. 派驻刑事检察官应与捕诉检察官实行一体化改革。在公安派出所派驻检察官虽然取得了较好的效果，但也有不足之处。派驻检察官与最后提起公诉的检察官往往不是一个人，甚至不是一个部门，有时出现检查意见前后不统一现象。后期的审查批准逮捕、审查提起公诉人员需要重新熟悉案件后才能推动下一步诉讼进行，一定程度上也出现了检察资源重叠浪费、诉讼效率降低的现象。所以，派驻检察官制应当分为两类。一类是传统的监所检察监督，这类派驻检察官只专注于各类监管场所（不包括执法办案中心）是否违法监督，不负责刑事案件办理指导和监督。另一类是刑事检察监督，这类派驻检察官派驻在公安机关（包括派出所），可常驻在执法办案中心和派出所，主要职责是指导和监督各类刑事案件办理，同时兼顾执法办案中心和派出所询问室、留置室的拘传、传唤、询问（讯问）活动监督。就后一类派驻检察官而言，主要是受各级检察机关侦查监督与公诉检察部门的业务领导或者派驻领导，确保从立案监督、逮捕等强制措施监督，到证据收集、法律适用，直至最后的审查起诉的各个环节，实行派驻检察官一体化负责，从根本上克服检察资源重叠、前后意见不统一的问题，也从根本上实现了警察刑事监督的全过程全方位，构建起科学合理的检警关系。这其中一个不能忽视的问题是，检察机关的捕诉一体化改革必须同时进行，以审查是否批准逮捕为主要内容的侦查监督部门要与公诉部门合并，实现检察资源的优化组合。原先按照检察业务领域划分的检察机关各刑事业务部门可以考虑改为按地域或者按照刑事案件类别重新设置，如第一刑事检察处、第二刑事检察处等。派驻公安机关的检察官则由各刑事检察部门相应派出。当然，按照这样的改革思路，不仅对警察机关的刑事办案人员提出了很高的专业能力要求，对检察机关的派驻检察官也提出了很高的专业能力要求。这恰恰也是以审判为中心的司法体制改革希望达到的结果。所以，应当在全面深化司法体制改革的大背景下，强力推进派驻刑事检察官与捕诉检察官一体化改革进程，推动改革向纵深迈进。

3. 取消公安法制部门，警力下沉到侦查部门并实行主办侦查员负责制。如前所述，以审判为中心的司法体制改革对警察机关和检察机关的刑事办案人员专业能力都提出了很高的要求。客观上，检察官的担任基本条件是大学本科毕业和取得法律职业资格，准入门槛较高。加上近年来检察机关在队伍管理上的不懈努力，检察官专业能力得到明显提升。横向比较，警察队伍的整体执法专业水平则略逊一筹，尚需通过持之以恒的努力才能逐渐适应新的诉讼模式和检警关系要求。从我国公安机关内部因素来讲，公安法制部门的存在也是导致执法专业化水平提升缓慢的原因之一。自二十世纪八十年代以来，公安法制部门逐渐独立成为公安机关的案件审核把关部门，汇聚了一大批法制专家，成为公安机关执法水平的最高代表部门，在业务上也逐渐扩充了行政复议、行政诉讼应诉和刑事案件审核等内容。多年来，公安法制部门在执法规范化建设方面发挥了无可替代的作用。然而，各级公安机关负责人和各业务警种在执法办案方面对法制部门的依赖也越来越大。遇到问题找法制部门指导解决成为一种工作惯性。一线办案民警越来越不善于独立思考和判断。案件出了问题也习惯性地推给法制部门。公安法制部门的存在客观上导致了其他业务部门和一线民警执法专业能力在提升方面缺乏动力和压力。笔者以为，应在条件成熟时，适时取消公安法制部门，将法制民警下沉充实到执法办案一线，以点带面，带动各办案部门执法水平的不断提升，同时也在一定程度上缓解了警力紧张。各业务部门和一线民警失去了对法制部门的依赖，会被迫在提升自身执法专业化水平方面狠下功夫，以适应以审判为中心的诉讼新模式要求。在刑事执法中有什么困惑，办案民警可以及时寻求派驻检察官的指导。派驻检察官与公安法制部门在指导和监督属性上有根本差别，也更具权威性。科学合理的检警关系与警察刑事监督体系也自然形成。

（三）统一的刑事诉讼网上流程再造

经过多年的努力，全国各级公安机关已经建立起相对完善的网络执法监督系统。所有行政、刑事案件通过网上流转实现了全程执法监督，杜绝了线下操作的不规范。多年来的实践证明，网络执法监督系统的开发应用在警务执法规范化建设中发挥了不可替代的重要作用，也倒逼办案民警不断提高自己网上办案能力和执法信心。特别是随着近年来执法办案中心建设的推进，在执法办案中心提供看护、询（讯）问场所、过程记录、案件会商等充足保障情况下，民警在办案中心即可完成所有流程，大大提高了效率，也能在值班法制民警现场指导下，更精准地对案件定性、取证和采取强制措施。网络执法监督系统与执法办案中心的结合，大大提升了刑事案件办理的质量。

然而，事件中仍然存在一些问题需要着力解决。一是公安机关自身的网络执法监督系统还需要进一步提升完善，做到既加强了执法监督、提高了执法质量，又能程序简便易操作大大提高执法效率。个别执法环节缺少对应的文书，如对多人聚赌现场查获的案件，持有人不明的现场赌资的扣押文书就需要生成多人共同持有扣押文书。属于被害人明确或善意第三人的涉案财物，如需登记的，也缺少统一的登记文书。每一类典型案件必须获取的共性证据提示在网络系统中也没有很好地体现出来。这些都需要逐步完善解决。同时，不少地方为了保险起见，在网上走程序流程的同时，再走一遍纸质文书审批程序，人为造成资源浪费，需要进一步解放思想，努力实现真正的网络无纸化执法办案。二是公安机关和检察机关在刑事案件移送审查起诉衔接上还不能做到程序流畅。在很多案件定性或证据是否充分方面，公安机关与检察机关常常有不同意见，致使案件在双方之间反复流转。检察机关对有些案件是否应当批捕或者接受审查起诉有明确否定性意见时，拒绝接受移送案卷，也不出具书面意见。在检察机关和审判机关之间有时也存在类似问题。

2019 年 1 月 23 日，中央全面深化改革委员会第六次会议，通过《关于政法领域全面深化改革的实施意见》，2019 年 7 月 19 日，政法领域全面深化改革推进会在成都召开，提出要完善检察机关退回补充侦查工作机制，给公安机关开列补充侦查提纲，必须明确案件侦查方向、证据要求、取证意图，避免出现不必要的退回补充侦查。同时，建立公安机关办理重大、疑难案件听取检察机关意见建议制度，全面推行刑事案件法制部门统一审核、统一出口工作机制。最高人民检察院要求，要正确把握检察监督与检察办案的关系，“办案中监督，监督中办案”。要充分发挥“捕诉一体”优势，2019 年年内要全面落实捕诉一体化改革精神，做到上下贯通，左右贯通。北京市政法机关先行先试，在全国率先实行了全市公安机关刑事案件法制统一把关、统一出口机制，率先打造了公安检法司统一的刑事案件网上办理流程，加强规范化建设和制约监督。任何一个案件都要网上留痕，侦查阶段的案件期间届满必须往下一阶段检察机关流转，下一阶段检察机关须及时接收案件并作出审查意见。需要退回补充侦查的，必须在网上开具明确具体的退查提纲，说明退查理由，没有正当理由和退查提纲，案件无法在系统上退回。如果没有法定原因不及时接收网上传过来的案卷导致案件超期，也会在网上有明确显示并被追责。检察机关审查决定起诉后，要及时把案件向审判机关移送起诉，审判机关也要及时收卷，按流程进入审判阶段。作出裁判后，审判机关要及时移交司法行政机关或公安机关执行，也同样在网上流转。实践证明，建立统一的刑事诉讼网络办案系统是最大限度实现“分工负责，互相配合，互相监督”原则的有效方式。

（四）修改刑事诉讼基本法，构建中国特色社会主义警察刑事监督法律体系

在中央司法体制改革领导小组坚强领导下，围绕“以审判为中心”的改革精神，各领域司法改革深入推进。公安机关的执法办案中心建设和主办警官负责制改革、检察机关的捕诉一体化改革、审判机关的员额制改革等，均取得了明显成效。但是，在刑事诉讼基本法中这些改革成果并未得到充分体现。借助刑事诉讼法再次启动修改之际，建议将修法与改革有机结合起来，努力吸收成熟完善的改革成果进入刑事诉讼基本法。同时，依托“两高”司法解释和部委规章，对一些不适合进入基本法的具体问题作出统一规定，并在执行层面依托智慧公安、智慧检察、智慧审判、智慧司法行政建设，实现统一的刑事执法司法网络监督系统构建。经过不懈努力，完善的中国特色社会主义警察刑事监督法律体系将会逐步建立。

参考资料

1.《马克思恩格斯全集》第 1 卷，北京，人民出版社 1956 年版。

2.《马克思恩格斯全集》第 6 卷，北京，人民出版社 1965 年版。

3.《马克思恩格斯全集》第 2 卷，北京，人民出版社 2005 年版。

4.《马克思恩格斯全集》第 5 卷，北京，人民出版社 1965 年版。

5.《马克思恩格斯选集》第 3 卷，北京，人民出版社 1995 年版。

6. 马克思著：《黑格尔法哲学批判》，曹典顺译，北京，中国社科出版社 2009 年版。

7. 中共中央宣传部：《习近平总书记系列重要讲话读本》，北京，学习出版社、人民出版社 2016 年版。

8. 王名扬著：《美国行政法》（上册），北京，中国法制出版社 1995 年版。

9. 张文显著：《法理学》（第五版），北京，高等教育出版社 2018 年版。

10. 张乃根著：《西方法哲学史纲》（第四版），北京，中国政法大学出版社 2008 年版。

11. 惠生武著：《警察法论纲》，北京，中国政法大学出版社 2000 年版。

12. 陈晋胜著：《警察法学概论》，北京，高等教育出版社 2002 年版。

13. 高文英著：《警察法学专论》，北京，中国人民公安大学出版社 2019 年版。

14. 师维著：《警察法若干问题研究》，北京，中国人民公安大学出版社 2012 年版。

15. 吕绍忠著：《中外警察法治若干问题比较》，北京，中国人民公安大学出版社 2009 年版。

16. 高文英、师维主编：《警察法学》（第二版），北京，中国人民公安大学出版社 2017 年版。

17. 张兆端著：《警察哲学》，北京，中国人民公安大学出版社 2008 年版。

18. 陈兴良著：《刑法哲学》（第六版），北京，法学理论出版社 2017

年版。

19. 宋功德著：《行政法哲学》，北京，法律出版社 2001 年版。

20. 徐国栋著：《民法哲学》，北京，中国法制出版社 2015 年版。

21. 江国华著：《宪法哲学导论》，北京，商务印书馆 2007 年版。

22. 胡建淼主编：《中外行政法规分解与比较》，北京，法律出版社 2004 年版。

23. 韩延龙主编：《中国近代警察制度》，北京，中国人民公安大学出版社 1993 年版。

24. 王大伟著：《欧美警察科学原理》，北京，中国人民公安大学出版社 2007 年版。

25. 夏菲著：《论英国警察权的变迁》，北京，法律出版社 2001 年版。

26. 张小兵著：《美国联邦警察制度研究》，北京，中国人民公安大学出版社 2011 年版。

27. 刘伯祥著：《外国警察法》，北京，中国法制出版社 2006 年版。

28. 万川著：《中国警政史》，北京，中华书局 2006 年版。

29. 王大伟著：《中国警务改革比较》，北京，中国人民公安大学出版社 2000 年版。

30. 王大伟、付有志著：《世界警察理论研究综述》，北京，群众出版社 1998 年版。

31. 鞠旭远主编：《警察法学》，北京，中国人民公安大学出版社 2009 年版。

32. 孟庆超著：《中国警察近代化研究》，北京，中国人民公安大学出版社 2006 年版。

33. 高文英、严明著：《警察法学教程》，北京，警官教育出版社 1999 年版。

34. 高文英著：《警察法学理论研究综述》，北京，群众出版社 1998 年版。

35. 高文英著：《警察盘问留置百问》，北京，群众出版社 2006 年版。

36. 应松年主编：《行政法与行政诉讼法》（马克思主义理论研究和建设工程重点教材），北京，高等教育出版社，2017 年 1 月第 1 版。

37. 师维主编：《警察法学》，北京，中国人民公安大学出版社 2013 年版。

38. 戴文殿主编：《公安学基础理论》，北京，中国人民公安大学出版社 1992 年版。

39. 胡大成、周家镶著：《警察政治学》，南京，南京大学出版社 2004 年版。

40. 王大伟著：《欧美警察科学原理》，北京，中国人民公安大学出版社 2007 年版。

41. 张文显著：《法哲学范畴研究》（修订本），北京，中国政法大学出版社 2001 年版。

42. 余秀豪著：《警察学大纲》，但彦铮勘校，北京，法律出版社 2018 年版。

43. 梅可望著：《警察学原理》，台北，中央警官学校 1987 年版。

44. 钱定宇著：《中国违警罚总论》，（旧）正中书局 1947 年版。

45. 蔡震荣著：《警察职权行使法概论》，台北，台湾元照出版有限公司 2004 年版。

46. 邱华君著：《警察学通论》，台北，茂昌图书有限责任公司 1991 年版。

47. 李震山著：《警察法论》，台北，正典出版文化有限公司 2006 年版。

48. 李震山著：《警察行政法论——自由与秩序之折冲》，台北，台湾元照出版有限公司 2007 年版。

49. 阮光铭著：《警政概论》，但彦铮、刘晓琼勘校，北京，法律出版社 2018 年版。

50. ［美］罗伯特·兰沃西著：《什么是警察——美国的经验》，尤小文译，北京，群众出版社 2004 年版。

51. ［英］菲利蒲·约翰·斯特德著：《英国警察》，何家弘、刘刚译，北京，群众出版社 1989 年版。

52. ［美］博登海默著：《法理学——法律哲学与法律方法》，邓正来译，北京，中国政法大学出版社 1999 年版。

53. ［希］亚里士多德著：《政治学》，姚仁权编译，北京，北京出版社 2007 年版。

54. ［法］孟德斯鸠著：《论法的精神》（上），申林编译，北京，北京出版社 2007 年版。

55. ［法］卢梭著：《社会契约论》，施新州编译，北京，北京出版社 2007 年版。

56. ［日］田口守一著：《刑事诉讼法》，刘迪、张凌、穆津译，北京，法律出版社 2000 年版。

57. ［日］松井茂著：《警察学纲要》，吴石译，北京，中国政法大学出版社 2002 年版。

58. ［英］罗伯特·雷纳著：《警察与政治》，易继苍、朱俊瑞译，北京，知识产权出版社 2008 年版。

59. ［德］亨利·苏勒著：《德国警察与秩序法原理》，李震山译，北京，台湾登文书局 1995 年版。

60. ［德］黑格尔著：《法哲学原理》，范扬、张企泰译，北京，商务印书馆 2016 年版。

61. ［德］哈贝马斯著：《在事实与规范之间》，童世骏译，生活·读书·新知三联书店 2003 年版。

62. ［英］威廉·韦德著：《行政法》，徐炳译，北京，中国大百科全书出版社 1997 年版。

63. 王洪芳著：《对学界关于警察权性质认识的思考》，载《行政与法》2008 年 5 期。

64. 孙中华著：《从世界警察体制看我国警察体制改革》，载《浙江公安高等专科学校学报（公安月刊）》2003 年第 5 期。

65. 李元起著：《警察权法律规制体系初探》，载《河南公安高等专科学校学报》2010 年第 1 期。

66. 杨玉海著：《公安机关人民警察权力论》，载《公安教育》2000 年第 6 期。

67. 张盛国著：《警察权力与警察职权初探》，载《公安研究》2003 年第 4 期。

68. 陆子宝著：《试论公安管理体制改革》，载《浙江公安高等专科学校学报》2002 年第 1 期。

69. 周章琪著：《中西警察职能比较》，载《湖北警官学院学报》2005 年第 5 期。

70. 郝赤勇著：《警察权力论》，载《公安研究》2005 年第 9 期。

71. 姜明安著：《软法的兴起与软法之治》，载《中国法学》2006 年第 2 期。

72. 姜忠著：《我国与英美国家警察服务职能的演变及其启示》，载《公安研究》2008 年第 2 期。

73. 夏菲著：《论英国警察的职能》，载《新疆警官高等专科学校学报》2010 年第 4 期。

74. 程航著：《无所不能的美国警察》，载《世界博览》2004 年第 2 期。

75. 谢闻歌著：《英美现代警察探源及其社会调控职能透析》，载《世界历史》2001 年第 4 期。

76. 郭道晖著：《权力的多元化与社会化》，载《法学研究》2001 年第 1 期。

77. 李健和著：《关于公安机关职能问题的思考》，载《公安教育》2003 年第 7 期。

78. 张明楷著：《行政刑法辨析》，载《中国社会科学》1995 年第 3 期。

79. 顾永忠、李晓著：《侦检一体化：理想与现实》，载《国家检察官学院学报》2005 年第 2 期。

80. 高文英、孟昭阳著：《警察法学的研究现状及其发展完善》，载《公安教育》2002 年第 5 期。

81. 程琳著：《加强警察法学研究推进警察法治建设》，载《公安教育》2011 年第 2 期。

82. 缪文升著：《警察权与公民权的动态平衡：警察法学研究的逻辑起点》，载《公安研究》2014 年第 11 期。

83. 叶氢著：《关于公安学学科建设的几点思考》，《中国人民公安大学学报》1999 年第 5 期。

84. 尹春生著：《警察学的逻辑起点刍论》，载《中国人民公安大学学报》1996 年第 5 期。

85. 程小白著：《试论中国特色社会主义警察学的逻辑起点与范畴体系》，载《江西警察学院学报》2011 年第 1 期。

86. 胡玉鸿著：《人是法学研究的逻辑起点》，载《民主与法制时报》2017 年 9 月 14 日版，第 137 期。

87. 裴东波著；《论警察程序制度》，载《河南公安高等专科学校学报》，2005 年第 3 期。

88. 李平、王鑫鹏著：《人身能够成为行政法律关系客体刍议》，载《华北电力大学学报》（社会科学版），2005 年第 3 期。

89. 周新著：《检察引导侦查的双重检视与改革进路》，载《法律科学（西北政法大学学报）》2020 年第 2 期。

90. 冯伟哲著：《以审判为中心的警检关系》，载《法制与社会》2019 年第 4 期（上）。

91. 方世荣、袁曙宏著：《试论我国行政法律关系的构成形式》，载《中南政法学院学报》，1986 年第 2 期。

92. 袁曙宏、方世荣著：《论行政法律关系的产生》，载《江苏社会科学》，2000 年第 6 期。

93. 袁曙宏、丁丽红著：《略论行政法律关系的变更》，载《法商研究》，1998 年第 4 期。

94. 康大民著：《广义公安论与公安学基础理论研究》，载《福建公安高等专科学校——社会公共安全研究》1999 年第 5 期。

95. 卜安淳著：《警察行为的性质及其规范》，载《江苏警官学院学报》2012 年第 3 期。

法律规范全称与简称对照表

（以在本书中首次出现的时间排序）

1.《中华人民共和国人民警察法》——《人民警察法》

2.《中华人民共和国人民警察条例》——《人民警察条例》

3.《中华人民共和国治安管理处罚条例》——《治安管理处罚条例》

4.《中华人民共和国逮捕拘留条例》——《逮捕拘留条例》

5.《中华人民共和国宪法》——《宪法》

6.《中华人民共和国人民警察使用警械和武器条例》——《人民警察使用警械和武器条例》

7.《中华人民共和国刑事诉讼法》——《刑事诉讼法》

8.《中华人民共和国集会游行示威法》——《集会游行示威法》

9.《中华人民共和国行政处罚法》——《行政处罚法》

10.《中华人民共和国治安管理法》——《治安管理法》

11.《中华人民共和国行政复议法》——《行政复议法》

12.《中华人民共和国行政强制法》——《行政强制法》

13.《中华人民共和国国务院组织法》——《国务院组织法》

14.《地方各级人民代表大会和地方各级人民政府组织法》——《地方各级人大和各级人民政府组织法》

15.《中华人民共和国道路交通安全法》——《道路交通安全法》

16.《中华人民共和国消防法》——《消防法》

17.《中华人民共和国出境入境管理法》——《出境入境管理法》

18.《中华人民共和国武装警察法》——《武装警察法》

19.《公安机关人民警察内务条令》——《内务条令》

20.《公安机关人民警察纪律条令》——《纪律条令》

21.《中华人民共和国居民身份证法》——《居民身份证法》

22.《中华人民共和国道路交通安全法实施条例》——《道路交通安全法实施条例》

23.《中华人民共和国计算机信息系统安全保护条例》——《计算机信息

系统安全保护条例》

24.《中华人民共和国行政诉讼法》——《行政诉讼法》

25.《中华人民共和国反恐怖主义法》——《反恐怖主义法》

26.《中华人民共和国戒严法》——《戒严法》

27.《中华人民共和国立法法》——《立法法》

28.《中华人民共和国国家赔偿法》——《国家赔偿法》

后　记

在新的时代维度上构建中国特色社会主义警察法哲学

一、新时代呼唤中国特色社会主义警察法哲学

警察法哲学本就是一个交叉部门法哲学领域，而且是刚刚起步的部门法哲学领域，自身学科体系远未形成，大量基础性概念和范畴尚需进一步明晰和整合。然而，当代中国已经站在了新的起点上，国家安全与公共安全治理的现代化，对于警察和警察法实践提出了新的挑战。大量以前没有的新问题、新矛盾不断涌现，实然范畴产生的诸多矛盾、疑惑需要应然层面的理论回应。因此，从哲学层面思考当代中国警察与警察法治实践中出现的新挑战、新问题、新矛盾，并给出有效的引领，成为时代之需。这是警察法哲学在近年来逐渐被重视的客观原因。

从自身的发展来看，警察法学是否是独立学科多年来备受争议。否认警察法学是独立学科的一个重要原因是，它没有自己独立的研究对象。警察法学的研究对象是警察法。警察法是独立的法律部门，警察法学也就成为独立的学科。而警察法是否是独立的法律部门，关键看其调整对象是否特定化，调整对象特定化是一个部门法是否独立并区别于其他部门法的最重要标志。我以为，警察法的调整对象是警察关系，警察关系是警察主体在行使警察权过程中与警察相对人、警察监督主体或其自身警察人员之间的关系。这一关系跨越了警察组织领域、警察刑事领域和警察行政领域，甚至于还跨越了警察立法领域、国家监察领域和审判领域。警察主体在不同的领域不同的警察关系中可能角色地位各有不同，但是无一例外地都具有公权主体性，即都与警察权行使有关。单纯哪一个领域的社会关系都包含不了警察关系。公权主体性和领域综合性使得警察主体和警察关系具有了自身的独立特质，相应地，以警察关系为调整对象的警察法也成为独立的法律部门。以警察法为研究对象的警察法学成为独立学科至此也完成了逻辑自证。当然，在基础理论方面，仅有这一逻辑自证还远远不够，大量的基本概念、基本范畴、基本关系需要研究，以形成警察法学的基础理论。所以，警察法学自身的快速发展与基础

理论需求成为警察法哲学在近年来被重视和思考的主观的、内在的原因。

还有一个需要正面回应的问题是，我们不但需要警察法哲学，更需要符合国情的中国特色社会主义警察法哲学。这就需要在思考借鉴国外警察法哲学既有理论成果基础上，还要注重这一学科的本土化研究。

二、在公安学（警察学）和法学双重视角下展开问题研究

警察法学是公安学（警察学）和法学之下的交叉二级学科，警察法哲学的一般理论研究也必须在公安学（警察学）和法学双重视角下展开。法哲学和警察哲学的基本观点是警察法哲学的研究基础。离开了公安学（警察学）中最基本的警察含义、警察价值和警察功能的思考，警察法哲学将失去逻辑起点和应然定位，无所依从；离开了法学中警察权、警察法律关系和警察任务的思考，警察法哲学将脱离实然基础，成为无源之水、无本之木。但警察法哲学又有着自己独特的生命力，那就是用公安学（警察学）视角解读警察权、警察法律关系和警察任务等法律现象，同时用法学视角解读警察含义、警察价值和警察功能等警察现象，从而将两个领域的现象思考交互融合，得出自己独特的思考结论。实践已经证明，单纯地从某一个视角的研究都是不全面不系统的。这不仅仅是一个方法论问题，更是一个独立学科领域的学术魅力所在。沿着这样的思路，警察法哲学研究必将越来越繁荣昌盛。

三、《警察法哲学论纲》由来及其他

时光荏苒，从 2004 年开始接手警察法学课程教学任务算起，我从事警察法学研究和教学工作已有 16 个年头了。我感觉自己很幸运，能够在河南警察学院这个平台上开展警察法学研究，因为河南是国内比较早地开展警察法学研究的省份，研究基础较好。早在 1988 年河南就在全国第一个成立了省级警察法学研究会，开展了一系列学术活动，并提出了警察法学的学科建设问题。2004 年，在学院领导关怀支持下，我们成立了全国高校第一个警察法教研室，2007 年成立了河南警察法治研究所，研究队伍也不断壮大，学科建设不断成熟。在这个过程中，我个人的专业水平也不断提高。在 2013 年和 2014 年，我先后取得博士学位和教授职称。当年的博士论文也是在我的导师刘家俊教授以及华中科技大学洪明教授、黄长义教授、张峰教授等鼓励下，勇敢地选定了“中国特色社会主义警政理论与实践研究”作为课题，并最终顺利通过答辩。在多年的警察法学研究中，自己深切体会到学界关于警察法学基础理论的研究薄弱。于是，从警察含义与警察权性质研究入手，自己的学术兴趣逐渐向警察法哲学领域深入，并对警察价值、警察任务、警察法治等问题逐

渐有了一些深入研究，在思想上慢慢开始出现警察法哲学的框架性思考。在这一过程中，陈兴良教授的《刑法哲学》、宋功德教授的《行政法哲学》、徐国栋教授的《民法哲学》、张兆端教授的《警察哲学》、王大伟教授的《欧美警察科学原理》等著作给了我很大启迪，借此机会对以上学者表示衷心感谢。同时也感谢所在的河南警察学院警察法学研究团队中的师维教授、张超教授、张小涛副教授、张桂霞副教授、贾建平副教授、王敏老师、赵燕萍老师等多位老师多年的支持和帮助。还有中国人民公安大学程华教授、邢捷教授、高文英教授以及他们优秀的警察法研究团队，北京大学的湛中乐教授，中国人民大学的李元起教授、西南政法大学的但彦铮教授、北京市公安局华列兵先生等国内知名专家。他们都是多年来对我帮助很大的人，没有他们的鼓励和指导，就没有我一直以来的学术坚守。当然，我所在的河南警察学院一直给予我潜心警察法学研究的组织保障和物质保障。本书成果既是河南警察学院拔尖科研人才支持计划项目成果，是学院资助的系列学术品牌丛书之一，也是河南公安智库（河南警务战略研究中心）和河南警察学院中原治安研究中心的系列学术成果之一。对此，我一直心怀感念。

本书的合作作者孙卫华副教授是我多年来的学术同道，她勤奋敬业，对警察法学基础理论研究一直抱有浓厚的兴趣，并取得了很好的学术成就。在本书写作过程中，孙卫华副教授与我共同研究确定书稿内容和框架，共同就有关理论问题深入思考和探讨，并对对方执笔部分进行认真的修改完善，最终形成现在的成果。应该说，本书成果是我们多年来共同学术思考的结晶。我们深知，警察法哲学毕竟是一个尚待开垦的领域，拓荒性研究是需要巨大勇气的，也注定是艰难的。我们自己学识水平有限，很多问题考虑不够成熟，因此本书最后被定名为《警察法哲学论纲》，而非《警察法哲学》。希望在未来的学术道路上，能够在警察法哲学领域深耕细作，再出成就。

孙振雷

二零二零年冬于郑州龙子湖畔